U0463767

民国风华

我 的 父 亲 黎 锦 晖

黎 遂

————————————著

团结出版社
UNITY PRESS

图书在版编目（ＣＩＰ）数据

民国风华：我的父亲黎锦晖 / 黎遂著. -- 北京：
团结出版社，2011.10（2021.6 重印）
　　ISBN 978-7-5126-0682-1

　　Ⅰ．①民… Ⅱ．①黎… Ⅲ．①黎锦晖－传记 Ⅳ.
①K825.76

中国版本图书馆 CIP 数据核字(2011)第 203116 号

出　版：团结出版社
　　　　（北京市东城区东皇城根南街84号　邮编：100006）
电　话：(010) 65228880　65244790　（出版社）
　　　　(010) 65238766　85113874　65133603（发行部）
　　　　(010) 65133603（邮购）
网　址：http://www.tjpress.com
E-mail：zb65244790@vip.163.com
　　　　tjcbsfxb@163.com（发行部邮购）
经　销：全国新华书店
印　装：三河市东方印刷有限公司

开　本：170mm×240mm　　16 开
印　张：16.75
字　数：251 千字
版　次：2011 年 10 月　第 1 版
印　次：2021 年 6 月　第 2 次印刷

书　号：978-7-5126-0682-1
定　价：69.00 元
（版权所属，盗版必究）

目　录

引子

全国"通缉"《小兔子乖乖》作者

　　2006年10月7日,《重庆时报》刊登了一篇《全国寻〈小兔子乖乖〉的作者》一文。文章开篇写道:"'小兔子乖乖,把门开开,快点开开,我要进来。'一首《小兔子乖乖》,曾伴随无数人孩提时代的成长。但就是这首家喻户晓的儿歌,至今没人知道它出自哪里及创作者是谁。重庆一家企业在宣传时使用这首儿歌后,苦于找不到人来领取版权使用费,便委托市版权保护中心帮助其寻找原始创作人。市版权保护中心全国'通缉'儿歌权利人,但'通缉令'下了快半年,一直杳无音信。"两天后,该报又刊登了一篇《〈小兔子乖乖〉作者上海找到》的报道,报道说:"'小兔子乖乖,把门开开,快点开开,我要进来。'这首家喻户晓的儿歌作者到底是谁?本报一篇《全国寻〈小兔子乖乖〉的作者》一石激起千层浪,全国各大报纸、网站纷纷转载,无数热线电话响起,'原创者'终于现身⋯⋯他就是被誉为'中国儿童歌舞剧之父'的黎锦晖。"

　　这个逝去多年还被"通缉"的"原创者"、"中国儿童歌舞剧之父"黎锦晖,就是我的父亲。《小兔子乖乖》出自父亲写于1920年的儿童歌舞剧《老

中国邮政集团发行的黎锦晖纪念邮票
（2009年）　　　　中国邮政集团发行的黎锦晖纪念邮票首日封

虎叫门》。这一年，是父亲正式开始音乐创作的年份，《老虎叫门》是父亲比较满意的作品之一，直到现在，九十年过去了，还在被小朋友们传唱，估计还要被下一代、下下一代的小朋友们传唱下去……

父亲是民国时期有名的"黎氏八兄弟"中的老二。"黎氏八兄弟"（也有人誉为"黎氏八骏"）是指国学大师黎锦熙、音乐家黎锦晖、矿冶学家黎锦曜、教育家黎锦纾、铁道和桥梁专家黎锦炯、作家黎锦明、音乐家黎锦光、华裔作家黎锦扬，这八人都是一母所生的同胞兄弟，创造了民国时期文化史上一个家庭人才济济的一个奇迹。

父亲的一生，是风华无限的一生，是为普通老百姓歌唱的一生，同样也是毁誉参半、曲折坎坷的一生。岁月易老，弹指间，父亲离开我们已44年。44

年后，父亲创作的名曲《毛毛雨》《桃花江》《特别快车》等仍在海内外传唱，《小兔子乖乖，把门开开》仍是小孩们的最爱。人民喜欢的音乐家，人民是永远不会忘记他的。

44年过去，父亲的音容笑貌非但没有随着岁月漫漶，反而越来越清晰。父亲似乎并未走远，深夜的灯下，他仍在稿纸上涂抹；清晨的弄堂里，还有着他匆匆的背影；我的指头，还残留着父亲的体温；我的双手，总是习惯地去寻找父亲如山的肩膀；我的目光，总是追随着父亲的脚步……

父亲去了，留给我们的，是不绝如缕的思念；父亲的精神，永远激励我们前行。

当年的"黎氏八兄弟"，除了八叔黎锦扬尚在人世，其余七位皆已作古。现在我也已是垂垂老矣。随着年龄的增长，我想，得找个时间把父亲写下来。现在国内外研究父亲的人很多，发表的论文、出版的专著也日渐丰富，但这些都不能代替儿子对父亲的追忆。我想，我的回忆是独一无二的，将能丰富国内外学者对父亲艺术创作和生活的研究，也有益于音乐爱好者们对我父亲的了解，于是，我下决心凭记忆、访亲友、查资料、寻踪迹，希望用自己简洁的文字重现父亲当年的艺术风华、青春风采，描述他既富传奇色彩，又曲折坎坷的漫长人生……

湘潭晓霞白竹村

第一章

一·

1891年（清光绪十七年）9月5日（辛卯八月初三），我的父亲出生在湖南湘潭十都晓霞乡白竹村（今湘潭县中路铺镇菱角村长塘）。

白竹村离湘潭城百里，位于风景秀美的晓霞山下。晓霞山属衡山支脉，层峦叠嶂，山势雄奇，山中修竹遍植，多有巨木清溪。村落散落在山的皱褶间，农人日出而作、日入而息，民风甚是淳朴。

湘潭黎氏源远流长。族谱记载，湘潭黎氏自明朝初年就在湘潭定居并开枝散叶。据考证，1972—1974年间长沙马王堆汉墓出土的辛追夫人，是湘潭黎氏的老祖奶奶。经郭沫若先生考证过的《黎氏族谱》这样记载："黎氏之先出于高阳，……自汉兴，长沙王相朱苍侯于驮，而黎氏显。东汉建武年，长安守允通随父甲二公迁于潭州，遂为潭人。……"

作为湘潭黎氏分支的长塘黎氏，是自我的曾祖黎世绶始。

黎世绶，号葆堂，生于清道光五年（1825 年），幼年寄籍广西桂林府临桂县，清咸丰元年和咸丰五年两科举人，曾任广西、四川学政，又在广东、湖北、江苏等地担任过五品以下的地方官员。曾祖品行高洁，一生最喜与友人诗酒流连、赏画刻印，闲时含饴弄孙、侍花栽草，在湘潭大有文名，有《古人雅正》等著作传世；曾祖虽多年为官，但清廉如水，宦囊不丰，在长塘买地百余亩便已耗尽积蓄。曾祖晚年，正值清末社会动荡，家中添丁进口，又兼荒年，以致家道艰难。曾祖思之再三，以六十六岁高龄托人在益阳督销局谋得一份差事，所得薪水尽数接济家中。曾祖年高体弱，在益阳仅两年多便逝于任上，终年六十八岁。

曾祖遽然逝去，全家的担子一下子就压在了祖父黎松庵的身上。那时祖父才二十三岁，但已是三个孩子的父亲，大伯锦熙三岁、父亲锦晖两岁、大姑锦珈尚在襁褓之中。上有老母，下有弱妻幼子，祖父肩上的担子异常沉重。

父亲他们八兄弟在后世之所以享有"黎氏八骏"的美名，且黎氏三姐妹亦皆有所成，祖父黎松庵、祖母黄赓居功至伟，是值得大书特书的。

祖父黎培銮，又名松庵，字仪卿，生于清同治九年（1870 年），卒于新中国成立后的 1952 年。祖父天资聪颖，童年随曾祖读书习字，稍长，入塾拜湘中名儒马翼为师，1905 年与大伯锦熙一道考中清朝末代秀才，一时传为佳话。祖父早年在家乡教书，与诗友组织罗山诗社，著有《楹联大观》，博学多才，擅书法，为人刚直，奉行"天下有道则仕，无道则隐"的观念，潜心向学及教育子女。祖父与齐白石、胡沁园、朱屺瞻等人相交莫逆，过从甚密。

祖母黄赓（1870—1944），同样出生于湘潭有名的书香门第。曾外祖黄积远，清同治举人，著有《思恒复斋文集》；曾外祖母乐善好施，教子极严，曾捐田百亩兴办菱溪义学。祖母从小受其熏陶，家学深厚，能吟诗作对，书法亦甚为出众。多年后，母亲梁惠芳曾撰文回忆她的公公婆婆："……父亲黎松庵，是位书法家，湘潭的各类商铺招牌多出于老人笔下，……婆母也是一位有学问的人，一手毛笔字写得浑厚而漂亮，为人慈祥可亲……"祖母不但学问深厚，且自立精神极强，开明通达，对子女影响甚大。为此父亲在 1956 年《干部自传》中回忆说："我母亲黄氏，生子女十一人。我们受'母教'的影响更多且大。她一直反对用苟且行为去谋名利，反对不近人情的迷信，富于正义感和爱国心。对于子女们的学业和品德都很认真。因她从小入学，通经、史、诗、文，所以能帮助子女们求进步。"

父亲从小就在祖父母的督促下，三岁时就和大伯锦熙入家塾读书习字，那时家塾里聘请的老师是当地的饱学之士王仲言。到五六岁，在祖父和王仲言老师的教导下，不仅开蒙读了《大学》《中庸》《论语》《孟子》，也开始涉猎诗词歌赋，兄弟俩嬉戏玩耍时，平平仄仄仄平平、"上对下、左对右、阳春对白雪"地闹上一通，常常让祖父母忍俊不禁。

二

光绪二十一年（1895年），祖父与好友齐白石、王仲言等创办了"罗山诗社"，齐白石为社长，祖父佐理，社址就设在我家。罗山，又名"罗网山"，是坐落于我家对面里许的一座小山。罗山之美，齐白石在其日记里有过这样的赞叹："仰视罗山苍翠，幽鸟归巢；俯瞰溪水澄澈，见蟛蜞横行自若。少焉，月出于竹屿之外，归诵芬楼，促坐清谈……月已西斜，尚不欲眠。"

齐白石是我国近现代杰出的国画家，与祖父有着非同一般的友谊。两人相识，也是偶然。齐白石最初来我家做木匠，和祖父交谈之下，互相仰慕，遂成知己，后来一起研读古代典籍、观画治印、吟诗作对，双方都大有长益。1890年起，齐白石先后在黎家住了三四年，与祖父朝夕相处。黎家数代都是书香门第，以耕读为乐，家藏的书籍古画、名家篆刻极多，祖父毫无保留地拿出来与齐白石一起分享，两人每天都沉浸于书海之中乐而忘返。祖母黄赓和蔼大度，待齐白石如家人一般，这也是齐白石能在黎家一待就是几年的原因。

齐白石在他的《白石老人自述》里这样写道：

我三十二岁那年，……认识的人渐渐多了。住在长塘的黎松庵，名培銮，又名德恂，是黎雨民的本家。那年春天，松庵请我去给他的父亲画遗像，他父亲是上年故去的。王仲言在他们家教家馆，彼此都是熟人，我就在松庵家住了好多时候。……朋友们知道我和王仲言在黎松庵家，他们常来相叙……

　　……到了夏天，经过大家讨论，正式组成了一个诗社，借了五龙山的大杰寺内几间房子作为社址，就取名为龙山诗社。……社外的诗友也很多，常常来的有黎松庵、黎徽孙、黎雨民、黄伯魁……

　　光绪二十一年（1895 年），我三十三岁。黎松庵家里，也组成了一个诗社。松庵住长塘，对面一里来地，有座罗山，因此取名为"罗山诗社"。……那年，我们家乡遭逢了很严重的旱灾，田里的庄稼都枯焦得不成样子，乡里的饥民一群一群地到有钱人家里去吃饭。……乡里人称他们为"吃排饭"。……我们这些诗友，恰巧此时陆续地来到黎松庵家，本是为了罗山诗社来的，附近的人不知底细，说是长塘黎家存谷太多，被一批破靴党（意指不安本分的读书人）都来吃排饭了。

　　黎松庵是我最早的印友。我常到他家去，跟他切磋，一去就在他家住上几个月。我刻着印章，刻了再磨，磨了又刻，弄得我住他家的客室，四面八方满都是泥浆。他还送给我丁龙泓、黄小松两家刻印的拓片，我很想学他们两人的刀法，只因拓片不多，还摸不到门径。

祖父的好友、大伯和父亲的塾师王仲言的诗写道：

夜话和松庵韵

小小红炉暖酒杯，今宵同把好怀开。

眼中豪杰有如此，筐底诗歌何富哉。

走壑松涛倚枕听，窥人霜月破窗来。

残冬夜夜会难得，纪事还得共句哉。

晚眺和松庵

飘零书画半生痴，春来登临共赋诗。

落日衔山樵唱晚，断云拥树鹤归迟。

典衣沽酒浇愁绪，扫地焚香有梦思。

此业青霜惭愧久，宗风敢说绍羲之。

罗山诗社开办起来后，不断发展壮大，加入的诗友愈来愈多，名声愈来愈大。1897年，因人多屋窄，祖父另起书楼，名"诵芬楼"，楼内藏有黎氏历代搜寻的珍藏，让诗友们如饮甘醇。

罗山诗社并不仅仅只是为学诗作诗，诗词歌赋、书法碑帖、楷草隶篆、绘画金石等等尽皆包罗，又议论人生、评价社会、心忧天下，探讨强国富民之策。诗社中祖父黎松庵、齐白石、王仲言、黎雨民、谭子铨、胡立三、罗真吾被人称为"罗山七子"，诗名最盛。罗山诗社的诗友们中，很多人的作品曾付梓传世，除"罗山七子"外，还有胡沁园、张登寿、陈师曾、朱屺瞻、沈山人等。罗山诗社更是培养熏陶了一大批人才，齐白石自不必说，如罗醒吾、陈茯根东渡日本留学，胡沁园、朱屺瞻是名闻海内的学者和教育家。

可惜祖父的诗稿没有流传下来。1944年日本鬼子侵占湘潭，窜入长塘，一把火烧掉诵芬楼，楼内所藏图书碑帖、各种珍玩尽皆烧成灰烬，祖父的诗稿也荡然无存。后来父亲每思之，都痛心疾首，拍案大骂日本鬼子。

在长塘黎家的这几年，也是齐白石技艺大进、艺术修养逐渐提高的几年。他住在黎家的时候，黎家的藏书中有很多金石篆刻的书和拓片，他看完萌发了对篆刻的兴趣。齐白石后来自述：在黎家刻印章磨出来的灰石可装好多箩筐。每一颗石头，都是磨了刻、刻了磨，再到磨到无法再刻，再丢入筐内……

齐白石每年都会画幅画送给祖父，祖父把这些画挂在私塾的教室里，供大家欣赏观摩，后来祖父成立杉溪学校，同样把画挂到那边的教室里。齐白石很少画民俗画，却专为祖父画了三幅，一为《观音送子》，一为《钟馗戳怪》，一为《铁拐李》，都是堂幅卷轴。这些珍品，后来都被大伯家的女婿拿走，下落不明，黎家后代为讨要这几幅画，差点儿对簿公堂，后来不了了之。

祖父与齐白石的友谊深厚长久、纯洁诚挚，非为利非为名，一生都是君子之交淡如水。不但如此，齐白石与黎氏后人的关系也非比寻常，齐氏后人和黎氏后人之间也延续了前辈的友谊，成就了两个文化大家族之间的佳话。

三

罗山诗社的成立，最高兴的却是大伯和父亲两兄弟。那时大伯锦熙六岁，父亲五岁，正是活泼好动，对什么都有兴趣、都好奇的年龄。那时大伯和父亲在自家的私塾里读书已有三四年，在祖父和塾师王仲言的教导下，打下了扎实的中国传统文化基础。

诗社的开办，使家里比平日更为热闹，诗社的成员隔三岔五就来聚会，诗酒流连、臧否国事，"谈笑有鸿儒，往来无白丁"。黎家的家规是非常宽容、自由的，它从不禁锢孩子们的思想，顺从孩子们的天性自由发展，所以我的父亲从小就养成了既活泼又稳重、既含蓄内敛又热烈奔放的个性。

诗社成员聚会，并不禁止伯父和父亲参加。很多时候，伯父和父亲就坐在祖父的膝上听着社友们的谈诗论赋，品碑读帖，一点一点润浸着心灵；诗友们绘画、练书法的时候，伯父和父亲跟着抻纸磨墨，品味其笔底意蕴。这种环境的从小熏陶，对父亲今后的厚积薄发打下了坚实的基础。

伯父和父亲的身材从小瘦弱矮小，父亲成年后身高也才一米六多一些。社友们写诗作画时，伯父和父亲总喜欢在旁边看看，但身小体弱爬不上凳子，长辈们就把他们抱上来。齐白石对他们尤其喜爱，自己作画刻印时，从不禁止他们在旁玩耍观摩。1957年，齐白石逝世时，大伯锦熙心痛无比，含泪草就一副挽联，其中就写着："总角论先严，牵裾曾记陪诗酒"，就是缅怀孩提时的旧事。

天气晴好的日子，社友们就去附近的罗山踏青。春夏的罗山美不胜收，山上竹林茂密，古树参天，群鸥翔集，百鸟齐鸣，风光甚是旖旎，一行人携手入林，在古木之下、清溪之旁谈古论今。谈得累了，大家也不拘礼，摆酒排馔，在林间席地而饮，恍若有魏晋之风。这时候，正是伯父和父亲最为欢快的时候，兄弟俩一边玩耍，一边听着父辈学人们的高谈阔论，有时候祖父兴致好，也会考考兄弟俩的学问，让他们当众赋诗。兄弟俩有急智，作的诗词虽嫌稚嫩，但却有灵气，常让人刮目相看。祖父和众社友们不吝相教，所以兄弟俩的水平提高很快。

那时候乡下没有电，更没有电视、电脑什么的，农人过着日出而作、日入而息的简单生活。但对诗社的社员们而言，万籁俱寂的夜晚，正是夜话的美妙时刻，齐白石说："促坐清谈……月已西斜，尚不欲眠。"王仲言也说："走壑松涛倚枕听，窥人霜月破窗来。残冬夜夜会难得，纪事还得共句哉。""小小红炉暖酒杯，今宵同把好怀开"，形象地描述了诗友们夜话的情形。父亲小小年纪，就见识了诗友们或为了一句好诗、一段好词，或为了国家大事热烈争论、严肃认真的过程。齐白石为了治印，刻着刻着就忘了时间，经常通宵达旦，父亲早晨起来，看见齐白石双眼布满红丝，就知道他又是一夜未眠。

罗山诗社带给父亲的不仅仅是知识的积累、眼界的开阔，更重要的是，让父亲学到了对事业的坚毅沉静、永不放弃的精神。

那时正逢清末，社会急剧动荡，自 1840 年鸦片战争以来，清朝屡被外国列强肆意欺凌，丧权辱国的不平等条约接连签订，大片国土被瓜分，且国内太平天国起义、义和团运动、捻军起事等内乱不止，内忧外患让昔日"天朝上国"的脸面荡然无存。有感于国家衰败，一大批爱国知识分子越海求学，从西方寻找强国兴邦之道。西学迅猛涌入国门，国内各种社会思潮如雨后春笋般涌现。"洋务运动"就是在这种情况下开展起来的，他们提出"中学为体，西学为用""师夷之长技以制夷"，学习外国先进科技，开办机器厂，创办新式学校。"洋务运动"在历史上有不同的评价，但新式学校在各地的创办，开启了民智，让封闭已久的中国吹进了一缕清新之风。

黎家对子女的教育不仅仅沉迷于中国传统文化，而是勇于接受新生事物。祖父顺应形势发展，让孩子们尽量多地接触新学。1905 年，祖父将他办了多年的私塾关掉，重新开办一所新式学校"长塘杉溪家庭学校"。学校的课程除了《四书》、《五经》、古文诗词，后来又陆续增加了格致、算术、物理、音乐、历史、地理、自然和汉语拼音等课程，音乐课包括民间音乐、锣鼓、笛子、二胡等内容。学校老师除了祖父教古文，他的诗友教诗词外，又到长沙、湘潭等地聘请懂新学的年轻老师教授新学。这种中西学兼收、雅俗共鉴的教学内容和方式，在当时的乡下是闻所未闻的，即使在湘潭城里亦不多见，这说明祖父的思想并非食古不化，而是敢于吸收新思想，与时俱进。同时，这种兼容并包的教学方式，引起了学生们的极大兴趣，不仅给他们打下了坚实的中西文化的基础，开阔了学生的眼界与思想，也为他们以后专学、博学创造了条件。

学校所教的学生，都是黎家的子女，也有一些本族或本家的兄弟姐妹、侄儿侄女，还有本村贫困人家的孩子。一般适龄入学，也有年龄较大的学生。有趣的是，当教授新课时，齐白石也学过一阵子。看到长髯飘飘的齐白石端端正正和自己坐在一起认真听讲、认真做笔记，学生们一方面感到怪异，另一方面，也无不为其认真好学而折服。

先后在长塘杉溪学校就读的有黎氏八兄弟中的老五、老六、老七、老八，黎氏三姐妹中的老二、老三。父亲虽然没有在杉溪学校读过书，但洋溢在家庭里那种勤学思辨、宽容自由的良好氛围，无疑对他的一生影响极大。

四

父亲很小的时候，就迷上了音乐，并表现出非凡的音乐天赋。

湘潭地处湘中，土地肥沃、水网密布，不但是湖南商业重镇，同样也是中国历史文化名城、湖湘文化的发源地。湘潭历来文教发达，人文基础丰厚，民间音乐资源也非常迷人、非常丰富。

湘潭的民间音乐包括莲花落、三棒鼓、湘潭弹词、湘剧、汉剧、花鼓戏、打丧鼓、祀乐以及民间情歌等等，种类繁多，流派纷呈。父亲有闲的时候，也会给我们说说童年时的趣事。父亲接触的最早的"音乐"，应该是盛行于湘潭民间的莲花落了。

逢年过节，总会有一些走街串村的乡村莲花落艺人不请自来，倚门表演进行乞讨。莲花落的表演分单人和双人两种，他们一边打着竹板（七块竹板串起，竹板中间夹着铜钱；也有用小铁片串起的铁板），一边说唱着诙谐有趣、吉祥如意的韵词。莲花落音响简单，而且节奏明快，通俗易懂，语言精练，即兴编词，饶有风趣。

莲花落艺人上门一般这样唱："竹板一打响叮当,恭喜发财又健康;今日瞎佬上门讨,希望老板大大方。"如果主人不给钱,艺人又唱："竹板打来话就长,众位阿哥听一场;如果不是贵人赐,(我)瞎佬早已饿断肠。"这时候主人就会把早已准备好的零钱笑吟吟地递过去。

有时候又极其有趣。比如打莲花落的来到一家杂货铺门口,一人就唱:"掌柜的,大发财,你不发财我不来。"不料里面是个女的,一听打莲花落的说她家发财,心里高兴,想笑怕有失体面,不笑又憋不住,只好边笑边把脸朝里偏,用手把嘴捂住。另一人看见,接上就唱:"掌柜娘子偷着笑,莫非爱听莲花落。"他本想逗得掌柜娘子高兴,兴许能多给几文钱,谁料想里面的女子不是掌柜娘子,而是未出嫁的"姑儿"(女儿)。这姑儿一听把她叫"娘了",心中恼怒,骂道:"你眼睛瞎了……"先前一人心思玲珑,知道搭档弄错了,马上接着唱:"出门人,眼睛钝,大姑娘当成媳妇认。"另一人马上接腔给自己圆场:"刚才怪我没看清,你是掌柜的大千金。"女子见其一赔礼二认错三恭维,心中也不恼了,取过几文钱让打莲花落的走了。

黎氏是乡间望族,那些民间艺人来长塘,是必到黎家的,而祖父也怜惜这些乞讨的艺人,对他们从不小气。父亲被这些新奇有趣的玩意儿吸引住了,跟着他们走遍全村,兴味盎然地听他们说唱。艺人们也喜欢这个聪明伶俐、粉雕玉琢般的黎家二少爷。父亲但有问询,艺人无不耐心相告,父亲很小就弄清了,莲花落的唱腔牌子有"太平年""喇叭腔""五更调""路长断""哭腔""耍孩儿""叠断桥""靠山调"……

乡间的夜晚,静谧而迷人。尤其是夏天,劳累了一天的农人们,聚在禾场扯野狐禅,间或也有人讲书、吹笛子、拉二胡。父亲对乐声很敏感,听到音乐就不能自已。月光如水,蛙鸣如鼓,当乐声响起来的时候,整个禾场上静悄悄的,农人们都沉醉在飘荡的音乐里,仿佛忘了一天的疲劳。父亲小时候比较活泼调皮,但每当乐声响起,他就安静了下来,用心体味着那美妙声音里的意境,捕捉那不可意会的诉说。父亲向农人学习拉二胡、吹笛子,也学习擂鼓、敲钹、打镲等乡间响器,不多久,就玩得像模像样。在这点上,祖父并没有因其"粗鄙""淫秽""下里巴人"而禁止父亲的玩乐,而是给予了父亲相当大的自由，父亲一生都为此感激不尽。

湘潭民间，花鼓戏是流传最广的一个剧种，也是农人们的最爱。但花鼓戏在很长一段时间里，被当局当作"淫戏"禁演。但人民喜欢的东西是禁止不住的，大家就偷偷在夜间开唱，戏台是临时搭就的草台，有时请来民间戏班，那些戏班人员是农忙务农、农闲演出的农民；有时则干脆就是村里农人们自行组成的临时班子。隔壁胡子拉碴的王大伯白日里耕田使牛，晚上摇身一变，就成了台上的翩翩佳公子；王大婶就成了千娇百媚的深闺小姐，踩着莲步作娇羞状搅乱了无数农人的梦境。

湘潭花鼓戏源于民歌，经历了从民间歌舞到对子花鼓直到能够演出一整本大戏这样一个从简到繁的过程，多以反映民间生活为主，以生产劳动、男女爱情或家庭矛盾为题材，语言生动，乡土气息浓厚，表演艺术朴实、明快、活泼，行当以小丑、小旦、小生的表演最具特色。活泼诙谐、载歌载舞，且戏剧动作多从农村生活和民间艺术中提炼而成，带有浓郁的生活气息和独特的地方风味，形成了鲜明的艺术特色，为农民所喜闻乐见。

父亲一见花鼓戏，便不可救药地喜欢上了。花鼓戏和京剧、昆曲等别的剧种一样，亦有程式，是一些舞台化了的生活和生产的成套身段，如开门、进门、撩门帘、整装、掸灰、扯鞋、挥汗、端茶、推磨、抖碴、打铁、打鱼、砍柴、摇船、缝衣、补鞋等。花鼓戏在声腔上则有山歌风的特点，演唱自然流畅、婉转悠扬，生活气息极浓。花鼓戏用方言演出，无论是在剧本创作、作曲还是在演员表演方面，均突出喜剧效果。音乐多热闹欢快，表现力丰富，在表现形式上，它们大多以载歌载舞、短小精悍见长，在表演上既承袭了民间歌舞中的扇舞、手巾舞、矮子步、打花棍、打酒杯等表现手法，又从劳动生活中提炼了一些表现力极强、特色鲜明的表演动作，如犁田、使牛、推车、砍柴、绣花、喂鸡、纺纱等，惟妙惟肖，美不胜收。

父亲看不够，萌生了学花鼓戏的冲动。好在村里很多人都会唱几句，他们都成了父亲的老师。夜间的禾场上，常常会聚上一帮人，在二胡的伴奏下，咿咿呀呀地唱着花鼓，父亲铁定是其中一员。父亲会乐器，二胡、笛子什么的都通，年纪又小，很受乡民们的喜欢。日子久了，会唱很多出戏。那时大伯锦熙也喜欢花鼓戏，他和父亲两人常把一个叫罗二十瞎的小生招来家里，听他唱戏，边唱边记录歌词。罗二十瞎嗜茶，但平日里手头拮据，喝的都是乡间常见的大叶子茶。伯父和父亲就拿了祖父的好茶款待罗二十瞎。罗二十瞎喝得高兴，倾囊相授，使得父亲对花鼓戏的了解更加全面。父亲日后能编排出那么多的歌舞剧，从花鼓戏里受益良多。他在《我和明月社》一文中感慨地说："我童年玩弄过古琴和吹、弹、拉、打等乐器；也哼过昆曲、湘剧，练过湘剧、花鼓戏，有的没有入门，有的半途而废。十岁起，每年祀孔二次，参加习乐习舞；乡下做道场，被邀合奏《破地狱》的乐章；看花鼓戏时，也曾加入演出。读中学时有'乐歌'课……学过浅近的西洋音乐理论，……会弹老八度式的风琴。"

大伯锦熙在20世纪30年代写就的《现在大众语文学的调查与评判》（载1934年《人世间》第14期）里说："我们家乡湘潭南境十都咬柴一带的'花鼓戏'那可真算是Mass-recitation（大众表演）了，搭草台在山谷间，农夫土工们自由扮演，其乐曲之引人入胜，大非'阳春白雪'所能及。约当三十年前，我和舍弟均地髫龄，常秘招小生罗二十瞎来家吃茶，尽传其歌词乐谱……他们绝对只能口授，由我们笔之于书，谱之于管紫。

"不久我出门了，不研究了，而吾家锦晖却以编排歌舞为业，我们现在能够判别的，他那几种流传最广的儿童歌舞剧，如《葡萄仙子》就包含'呆子吃醋'和'卷珠帘'；《月明之夜》就包含'铜钱歌'和'十杯酒'；《三蝴蝶》就包含着'出台子'和'采茶歌'；《麻雀与小孩》是他的最早的作品，就包含着一支最村俗的'打铁歌'，……这个经验，证明歌曲所以风行者，有本有源。"

父亲在文章里提到的祀孔，是指祭祀孔子。祀孔分春、秋两祭，是所有乡民们盛大的节日。祀孔的歌舞一般采用中和韶乐。韶乐，史称舜乐，起源于5000多年前，为上古舜帝之乐，是一种集诗、乐、舞为一体，规模盛大的综合古典艺术。鲁昭公二十五年（公元前517年）孔子入齐，在高昭子家中观赏齐《韶》后，由衷赞叹曰："不图为乐至于斯！""学之，三月不知肉味。"《韶乐》曾是中国古代宫廷音乐中等级最高、运用时间最长的雅乐，但到了唐宋，史籍里再也找不到《韶乐》的记载，《韶乐》已被历史湮没了。中和韶乐是明清两朝用于祭祀、朝会、宴会的皇家音乐。中和韶乐和以律吕，文以五声，八音迭奏，玉振金声，融礼、乐、歌、舞为一体，以表达对天神的歌颂与崇敬。当然，乡间的祀孔歌舞是不可能有上述这般繁复而齐备的，但其庄严沉穆，和欢快活泼的花鼓戏等大是不同。雅乐在庙堂之上独享尊荣，俗乐却在乡间如野草般疯长。雅乐和俗乐就如此并行不悖、共存共荣。

湘潭的民间歌谣，也极具特色，尤其是情歌令人难忘。水陬间、山皱处，凡有人的地方，无不滋生着一串又一串热烈缠绵的情歌。男子在田里劳作，抬头看见对面山道上走来一位娇俏的女子，男子吆停牛，手扶着犁把张口就唱道："对门姐姐出了门，皮肤白嫩爱死人，今年爱死张果老，明年爱死吕洞宾，三年爱死两个人。"或是："见妹实在生得乖，蓝袄汗衫红绣鞋。两眼好比青铜镜，抬头照亮九条街。"再如："想妹想得疯又癫，拿起犁头去砍树，拿起斧头去犁田，接连砍了好多年。"俏皮而深情。女子唱起情歌来也是火辣辣的："唱了歌，忘了歌，野猫拖鸡忘了窝。相公提笔忘了字，姐织绫罗忘了梭，一心只想我情哥。""想给情哥做双鞋，没有尺寸难剪裁，抓把石灰撒路口，悄悄等他走过来。"多年后父亲远在新加坡谱写《桃花江》的旋律的时候，脑子里回想的，不但有故乡的山水，也有故乡这些深情款款、热辣直白的民间情歌。

那时农村苦寒，又兼社会动荡，农民的生活亦是艰难，就有许多不平的歌谣从农人们的口里喷溅而出："泥瓦匠，住草房，纺织娘，没衣裳；卖盐的老婆喝淡汤。种田的，吃米糠，磨面的，吃瓜秧，炒菜的，光闻香。编凉席的睡光床，抬棺材的死路旁。""唱支山歌看世情，世上几多不均匀。几多大户烂了谷，几多娘娘没嫁人。几多朱门酒肉臭，几多路上饿死人。"父亲对农民一直怀有着深深的感情，哪怕是后来到了灯红酒绿的大城市，也一直未曾忘怀家乡的人民。后来他写了《可怜的秋香》，就是受了这种情愫的深深影响。

沅湘之间这些看来土里土气的民歌，其实大有来历，它原名"竹枝"或是"竹枝歌"，在春秋战国时期就流传开来，屈原作《九歌》，就是记录了"竹枝"中祭神歌后加工整理而成的。到了唐代，刘禹锡把它整理成一种新的、流传至今的诗体"竹枝词"。他在《竹枝词》的引言里写道："岁正月，余来建平。里中儿联歌《竹枝》，吹短笛击鼓以赴节。"《新唐书·刘禹锡传》记载："宪宗立，叔文等败，禹锡贬连州刺史，未至，斥朗州（今湖南常德）司马。州接夜郎诸夷，风俗陋甚，家喜巫鬼。每祠，歌《竹枝》，鼓吹徘徊，其声伧伫。禹锡谓屈原居沅、湘间作《九歌》，使楚人以迎送神。乃倚其声，作《竹枝》十余篇。"刘禹锡有首"竹枝词"是这样写的："杨柳青青江水平，闻郎江上踏歌声。东边日出西边雨，道是无情却有情。"试和一首流传在沅湘之间的情歌比较："你看天上那朵云，又像落雨又像晴。你看路边那个妹，又想恋郎又怕人。"稍一对照，其比兴手法、谐音修辞如出一辙。父亲喜民歌，曾和父辈们学填过"竹枝词"，又长年浸润在这种如歌的氛围里，对他以后的创作有极大的影响。他在《我和明月社》一文里说："中国音乐应以民族音乐为主，民族音乐应以民间音乐为重点"，也是源于他在童年、少年时对民间音乐的了解和喜爱。

民主革命的才子

第二章

一

1905 年 7 月，祖父黎松庵带着伯父黎锦熙、父亲黎锦晖在省城长沙参加清廷的"院试"。祖父和伯父同时得中"秀才"，父亲落榜。这是父亲第一次离开长塘老家走进大城市。也就是这一年，父亲以第一名的成绩考入离家百里的昭山西部的一所新式学堂——昭潭高等小学堂，编入高小三年级最后一学期的班级就读，次年春，考入湘潭县初级中学。

湘潭县初级中学同样也是一所新式学堂，除了正常的课程，此校对音乐较为重视，这让父亲喜出望外。四年时间里，父亲在这里通过乐歌课学习了浅近的西洋音乐理论知识，在此期间，自学古琴及吹、弹、打、拉等民族乐器；对昆曲、湘剧、汉剧、花鼓戏等甚为喜爱。

来到城里，父亲的眼界大开。世纪之交的中国，政局动乱，各种思潮并存，清政府在风雨飘摇中苟延残喘。自从康梁变法，湖南是接受新政较快的省份之一。1898年，在湖南巡抚陈宝箴等开明官吏的支持下，戊戌六君子之一的谭嗣同与熊希龄、唐才常等"思保湖南的独立"，使南中国"可以不亡"，创立南学会。南学会突出御侮救亡，利用时务学堂讲授学术、政教、天文，传播了解万国大事及政学原理、社会学说、自然科学知识，又有《湘报》配合宣传，思想甚为活跃，影响也相当广泛。以长沙南学会总部为首，在全省各地创办了农、工、商、矿、武备、水师、女学各学会、学堂，成员众多，会友之间一律平等，无贵贱尊卑之分，对促进湖南推行新政、转变社会风气，起了重要作用。南学会在长沙成立后，湖南各府县州纷纷响应，竞相成立各色学会。较著名的有长沙的"湖南不缠足总会""延年会""积益学会""学战会""公法学会""法律学会"，浏阳的"群萌学会"，衡州的"任学会"，郴州的"舆算学会"，龙南的"致用学会"，常德的"明达学会"，等等。这些学会活动内容虽有不同，但均以南学会为总会，自为分会；且都抱定"联通群力，振兴新学"的共同宗旨。所以南学会不但促进了湖南新政的开展，而且促使湖南省"民智骤开，士气大昌"，对社会风气的转变及知识分子思想的解放起了推动作用。此后，新学在湖南流传，1902年湖南改变学校制度，兴办学堂，派人出国留学。1903年成立武备学堂及兵目学堂，1905年又成立陆军小学，开始训练新军，各类新式学校随之在全省兴起。1904年，同盟会元老、湖南人黄兴在湖南组织反清革命团体——华兴会，黄兴为会长，宋教仁、刘揆一、秦毓鎏为副会长。会员多达数百人，宗旨为"驱除鞑虏，振兴中华"；方略为湖南发难，各省响应，"直捣幽燕"。华兴会是中国内地建立的第一个地域性的资产阶级革命团体，"开中国内地革命之先声"，使长沙成为辛亥革命的重要策源地之一，推动了内地其他革命团体的建立，为全国统一的资产阶级革命政党的建立奠定了基础。

湘潭离长沙不足百里，水陆交通皆宜，长沙风云变幻，湘潭亦多响应。华兴会中有许多湘潭人，和大伯黎锦熙熟悉，所以父亲比一般人更多了解革命进程。每次大伯从长沙回乡，父亲总缠着大伯打听在省城发生的事情，如饥似渴地阅读大伯带回来的革命刊物。父亲最喜欢读的，是梁启超主编的《新民丛报》和谭嗣同主办的《湘报》。《新民丛报》是辛亥革命前资产阶级改良派的重要刊物之一，它以其清新明白的语言，生动犀利的文笔，着重介绍西方资产阶级政治学说，极力宣扬变法维新，力倡民族主义，激烈抨击以慈禧太后为首的清政府的腐败无能和屈辱卖国的卑鄙行径，深得进步人士的欢迎。《湘报》是湖南最早的日报，于1898年由谭嗣同、唐才常等创办于长沙，是南学会的主要言论阵地。《湘报》集中了湖南维新派的精英，它以"开风气、拓见闻"为宗旨，宣传爱国救亡，倡导变法维新，主张"君民共主"的立宪政治，认为只要"利之所在，听民自兴之；害之所在，听民自去之"。《湘报》文字浅近、通俗易懂、犀利酣畅、力戒浮谈。《湘报》作为南学会的机关报，同时也是维新派在湖南乃至在华中地区最重要的舆论阵地。它的存在，对维新变法时期湖南维新运动的迅速发展，起到了不可抹杀的作用，同时湖南也成为了维新运动时期最活跃的一个省。

父亲不仅自己读，还把这些刊物推荐给周围的同学、老师。那时父亲是个热血少年，在"铁幕"般的黑暗腐朽社会里一心追求光明与梦想，以"革命的才子"自居，在报刊上发表一些抨击时政、鼓吹革命的文章。父亲在学校里大名鼎鼎，校内外很多人都知道"革命才子"黎锦晖的大名，以至知县老爷也表示"关切"。有些朋友提醒父亲要注意些，但父亲依然故我，丝毫不见收敛。祖父在乡下老家听了一些不清不楚的传言，以为父亲在城里做下了什么大逆不道的事情，也担心起来，专门跑到城里，听了父亲的解释才放下心来。

其实祖父也是一个"革命者"。1926—1927年大革命时期，在中国共产党的领导下，湖南兴起了如火如荼的农民运动，祖父和祖母全身心地投入到了这场史无前例的革命洪流之中。祖母黄赓担任湘潭县第一任农民协会妇女会长，祖父黎松庵利用杉溪学校场地开办农民夜校，把不识字的农民组织起来学文化。后来随着大革命的失败，白色恐怖笼罩中国大地，杉溪学校也终于寿终正寝。

二

1908 年，父亲十七岁。那一年寒假，父亲奉祖父母之命，和徐珊珂结婚。翌年，父亲从湘潭初级中学毕业，我的大姐黎明晖出生于老家长塘。

新婚和孩子的出生，并未影响父亲求学的步伐。1910 年春，父亲遵从祖父的意愿，考入长沙铁道学堂就读。

黎氏八兄弟中，有三位先后报考铁道学校。大伯黎锦熙于 1907 年考入北京铁路专修学堂，父亲考入长沙铁道学堂，五叔黎锦炯（黎亮）于 1921 年进入唐山交通大学铁路及造桥工程系。之所以如此，与谭嗣同对祖父黎松庵的影响有关。

谭嗣同（1865—1898），字复生，号壮飞，湖南浏阳人，是中国近代著名的政治家、思想家，维新志士。他主张中国要强盛，只有发展民族工商业，学习西方资产阶级的政治制度。公开提出废科举、兴学校、开矿藏、修铁路、办工厂、改官制等变法维新的主张，抨击清政府的卖国投降政策。谭嗣同得光绪帝支持，光绪下诏给他和林旭、刘光第、杨锐等，令其参与新政，史称"戊戌变法"。"戊戌变法"被西太后为首的顽固派扑灭，谭嗣同舍弃逃生的机会，慨然道："各国变法无不从流血而成，今日中国未闻有因变法而流血者，此国之所以不昌也。有之，请自嗣同始。"竟从容赴死。1898 年 9 月 28 日，他与其他五位志士英勇就义于北京宣武门外菜市口。临刑时，围观者万人，谭嗣同望天长啸："有心杀贼，无力回天，死得其所，快哉快哉！"1899 年，他的遗骸运回原籍，葬在湖南浏阳城外，湘人闻之，无不泪下。

湘人视谭嗣同为不世出的英雄，其绝命诗"望门投止思张俭，忍死须臾待杜根。我自横刀向天笑，去留肝胆两昆仑"湘人多能诵之。祖父黎松庵对谭嗣同的人品、学问、风骨、主张都极为钦佩。谭嗣同 1897 年在长沙开创新政，先后设立时务学堂、《湘学新报》《湘报》、南学会、武备学堂等，并且筹办内河轮船、修筑湘粤铁路、开办矿产等，对湖南知识分子产生了极大的影响。中国第一条铁路是 1876 年英国商人在上海修建的淞沪铁路，在此以前，英国商人曾在北京宣武门外建筑一条 500 米长的小铁路，只能供人玩赏。1881 年河北省唐山开平矿务局为了运煤而修建了从唐山至胥各庄的唐胥铁路，从此铁路这一新的科学交通工具逐渐得到重视和推广。1889年清政府成立中国铁路总公司，1903年清政府颁布《铁路简明章程》，允许组织商办公司修建铁路，1909年邮政部铁路传习所在北京设立，此后，一些省也有了铁路学堂。

祖父认同谭嗣同实业救国的治国理念，认为发展实业才能强国富民，是"富强之大本"，尤其铁路交通对国家功莫大焉，于是遂使大伯、父亲和五叔报考铁路学校，以冀报效国家。父亲对此并未抵触。父亲在湘潭读中学时，就已通过阅读梁启超办的《新民丛报》、谭嗣同办的《湘报》了解了实业救国的理念，且父亲对谭嗣同也是满心崇拜，于是听从父嘱，到长沙铁道学堂就读。

但父亲终是音乐的"奴隶"。国立长沙高师的音乐气氛十分浓厚，父亲早就向往。在长沙铁路学堂读了一学期后，父亲如愿转入国立长沙高师。

三

国立长沙高师学风开放，父亲在这里如鱼得水，是音乐和戏剧活动的活跃分子及组织者。父亲参加了最早的话剧团体"春柳社"和昆曲团体"南社"，以其高出同侪的音乐才能和组织能力，迅速成为两社的骨干分子。

春柳社和南社都是进步团体。春柳社1906年冬由中国留日学生组建于日本东京，以研究各种文艺为目的，并最先建立了演艺部。春柳社强调戏剧作为一门综合性艺术所特有的社会功能，认为在制造社会舆论上，声形并茂的戏剧，既能弥补"与目不识丁者接，而用以穷"的报章之不足，又优于有声无形的演说及有形无声的图画。父亲与春柳社的欧阳予倩、田汉等是好朋友，常在一起探讨国是，研究戏剧，结下了深厚的友谊。南社是一个曾经在中国近现代史上产生过重要影响的资产阶级革命文化团体，1909年成立于苏州，其发起人是柳亚子、高旭和陈去病等，取"操南音，不忘本也"之意，鼓吹资产阶级民主革命，提倡民族气节，反对清王朝的腐朽统治，为辛亥革命做了非常重要的舆论准备。父亲在这两个团体中，不仅音乐才能得到了进一步的锤炼，而且结识了大批革命者，对革命愈加向往。

在国立长沙高师求学期间，父亲受聘为湖南教育会主办的单级师范传习所及广育师范的兼职乐歌教员。那时辛亥革命爆发，革命党人焦达峰任湖南都督，主政才十日就被叛军扑杀，湖南风云激荡、形势变幻莫测，长沙的学校大多停课，外地来长人员恐惧战火波及，纷纷逃离，原来各校所聘的江浙籍音乐教员更是逃得一干二净。但学堂乐歌活动方兴未艾，而音乐师资奇缺，父亲凭着一些粗浅的音乐知识，硬着头皮上任了。

　　单级师范传习所的学员，是由湖南教育会征选的全省各县的塾师。此时是1912年，虽然民国已经建立，但塾师中仍有不少顽固忠于清廷的腐儒，他们穿着长袍马褂，脑后拖着灰白的长辫，言必之乎者也，动必作揖打拱，透着保守的一股酸腐顽冥之气。

　　父亲虽已从高帅毕业，却从未上过讲台，尤其是面对这一群老学生，内心十分紧张。在父亲的记忆里，塾师都是很严厉的。祖父做塾师时就专备了戒尺，对付调皮捣蛋的学生，父亲年幼也曾被祖父、塾师打过手板、罚过站。让父亲站在一群足以做他父亲、祖父的"学生"面前，他怎么能不紧张呢？

　　当父亲新理了短发、穿着新做的中山装精神抖擞地站在讲台上时，眼睛朝下面一望，顿时冷汗直下。台下几十位老者，皆瓜皮小帽、青皱面孔，脑后小辫或灰白或全白，无人说话，那几十双浑浊的眼睛如聚光灯般盯着台上那尚显稚嫩的小老师，气氛沉穆静谧，要是换个心理承受能力差的人，怕是当场就崩溃了。

　　传习所主任在例行讲话中介绍父亲是湘潭黎氏子弟时，台下的老学生们才开始重新打量这位小老师。湘潭黎氏虽僻处长塘，但世代书香、闻名遐迩，在读书人的圈子里是有分量的。

　　父亲生性活泼开朗，有睥睨之气，在湖南高师读书时已经锻炼出卓越的组织能力，乘着传习所主任讲话的这一小段时间，父亲已平静下来。

　　传习所主任走后，父亲开讲道："……所谓音乐，是一种声音符号，表达人们的所思所想，是人们感情的语言，是人们思想的载体之一。……在古代，音和乐是分开的，《礼记·乐记》云：'凡音之起，由人心生也。人心之动，物使之然也，感于物而动，故形于声。声相应，故生变，变成方，谓之音。比音而乐之，及干戚、羽旄，谓之乐。'到了后世，音和乐浑成一体，合称音乐。

"音乐从什么时候开始产生的呢？……传说在黄帝时代，有个人名叫伶伦，入昆仑山伐竹制笛，恰闻五凤鸣唱，其声优美，其调典雅，便合其音而定其律。我们中华民族的始祖之一伏羲也是一位音乐家，传说他有张五十弦琴，但其音调过于悲伤，黄帝将其琴断去一半，改为二十五弦。……其实，在人类还没有产生语言时，就已经知道利用声音的高低、强弱等来表达自己的意思和感情。大家都听过鸟叫吧？鸟鸣时，或悲伤，或欢欣，或惶恐，我们用心听，都能听出来，这是鸟儿在用声音表达情感。人亦如此。……随着人类劳动的发展，人类生产力逐渐提高，语言开始慢慢产生，开始有了统一劳动节奏的号子和相互间传递信息的呼喊，这便是最原始的音乐雏形。乡下筑房基、筑堤都要打夯，当人们举起石硪，喉咙里发出'哦嗨哦嗨'的声音，那是音乐；当人们在水车上为统一节奏唱起踏水谣，那也是音乐……"

随着父亲的讲述，台下的老学生们从满脸不屑逐渐平静下来，开始认真听讲。父亲讲课用的是白话文，旁征博引，通俗易懂。随着时间的流逝，父亲也平静下来，越讲越有信心，越讲越放松："时人多崇雅乐，而看不起俗乐，这是十分错误的，雅乐自在庙堂之上，俗乐自在民间滋长，这样音乐才丰富多彩，才能有生存的最肥沃的土壤。……打丧鼓，大家都知道吧？家里亲人过世，无论穷富，都要请人打丧鼓的。打丧鼓的渊源其实十分久远。上古的时候，楚人征战客死沙场，战友们歌以葬之，牵引他们的灵魂回到故土，这就是丧歌的源头。《山海经》载巴人'干舞，用兵以襄'。这种舞史称为'武舞'，约在四千年前有之。《华阳国志·巴志》载：'巴师勇锐，歌舞以凌殷人，前徒倒戈，故世称之，武王伐纣，前歌后舞也。'屈原作《国殇》，实是丧歌，唐代《蛮书》中记载：'其父母初丧，击鼓以道哀，其歌必号，其众必跳。'……记得打丧鼓的开场歌是这样唱的：'天地开场，日吉时良。鲁班到此，修下华堂。秀才到此，作篇文章。歌郎到此，开下歌场。'歌郎们敬奉的师祖，就是我们楚人中杰出大学问家庄子。庄子妻死后鼓盆而歌，楚人敬之，歌郎遂奉其为祖师爷。……以打丧鼓为例，雅乐和俗乐之间，并无绝对的分割线，雅俗只在心间。勤于向民间音乐、民族音乐学习，将使我们的音乐永远有活力……"

　　　　　　　　　　　　　　　　　　民国风华：我的父亲黎锦晖

台下的老学生们这才彻底折服，情不自禁地鼓起掌来。父亲接着道："当下国家板荡，内忧外患，正需国人出力。在此我想高歌一曲《满江红》，与诸位共勉。"

当时岳飞的《满江红》让人配曲，流传甚广。父亲肃然站立，有顷，仰天唱道："怒发冲冠，凭阑处、潇潇雨歇。抬望眼，仰天长啸，壮怀激烈。三十功名尘与土，八千里路云和月。莫等闲、白了少年头，空悲切。靖康耻，犹未雪；臣子恨，何时灭？驾长车、踏破贺兰山缺。壮士饥餐胡虏肉，笑谈渴饮匈奴血。待从头、收拾旧山河，朝天阙。"父亲吐词清晰，音调宽广雄阔，双臂随着音律舞动，面容刚毅沉肃，那慷慨激昂之态，纵是老朽，亦不免心神俱动。

直等到父亲出了教室门，一屋子的老学生们才反应过来，把最热烈的掌声送给了这位小老师。

父亲在传习所任教的时间不长，但他在极短的时间内，就利用自己音乐素养和亲和魅力，和那帮老学生打成一片。学生们也顾不得为老不尊了，或跟着父亲哼着民间的小调，或扯着嗓子唱《满江红》，或正襟危坐学弹古琴，或跷着二郎腿拉着二胡。父亲的课在传习所极受欢迎，常有别班的老师和学生偷偷跑过来听课，父亲也不禁止，这让当初还担心父亲能力的所长大人彻底放下心来。

在这段时间里，父亲通过反复摸索"把真假嗓子连起来不露痕迹的演唱方法"日臻成熟。"假嗓子"并不是假唱，而是一种声音运用的技巧，大概类似于现在的"气声"。在传习所的教学经历，使父亲深受鼓舞，也从此促使他走上了音乐之路。

行走官场不如意

第三章

一

父亲骨子里向往革命，来到长沙这座革命的城市，如鱼得水。那时大伯黎锦熙在长沙，和张平子等人于1911年创办了《长沙日报》和《公言杂志》。大伯一边任教，一边担任《长沙日报》总编辑。不久《长沙日报》被当局查封，大伯和张平子等人紧接着又创办了《湖南公报》。

在长沙的日子里，兄弟俩走动频繁，闲时就聚在一起探讨革命，纵论国是，有时通宵达旦。大伯革命立场十分坚定，父亲通过大伯，结识了众多的革命志士，如欧阳予倩、张平子、李抱一、李凯南、张秋尘、龚芥弥、龙寿彝、杨绵仲等。1912年民国建立。这一年上半年，在朋友的推荐下，父亲加入同盟会。

父亲喜欢舞文弄墨，早在湘潭读中学时，就经常在报纸上发表文章，卓有文名，到长沙后更是一发不可收拾。父亲在《长沙日报》上经常有文章发表，内容驳杂，既有音乐、民俗等，也有时政方面的。

未承想，父亲的文章惹了祸。当时长沙的驻军军纪松弛，常常扰民，父亲气愤不过，在报纸上连发文章予以揭露批评，引起强烈反响。这下子惹了马蜂窝，驻军营长恼羞成怒，扬言要父亲的脑袋。开始父亲还不以为然，后来都督署里的朋友偷偷赶来通知父亲，让他赶快远离长沙，保全性命要紧。秀才遇到兵，有理说不清，父亲未曾想到，几篇文章就能让脑袋落地。父亲别无他法，在长沙一些老党员（1912 年 8 月 7 日，在宋教仁的组织下，同盟会、统一共和党、国民公党、国民共进会和共和实进会联合在北京成立国民党，孙中山为理事长，宋教仁为代理事长）和议员的推荐下，父亲于 1912 年 7 月远走北京，任《大中华民国日报》编辑兼主笔。

二

1912 年 2 月 12 日，清廷正式宣告灭亡，几千年的封建王朝体制就此寿终正寝，民国正式成立。但辛亥革命的成果却被北洋军阀袁世凯窃取。此前南方十七省选举孙中山担任中华民国第一任临时大总统，1912 年 1 月 1 日在南京宣布民国成立，孙中山就任。但袁世凯一面以武力镇压南方革命，一面暗中与革命党人谈判。革命党战事不利，节节败退，武汉三镇业已被袁世凯的北洋军攻下两镇。为结束南北对立，统一全国，孙中山被逼于 1912 年 2 月 13 日辞去临时大总统职务，2 月 15 日，南京参议院正式选举袁世凯为临时大总统。3 月 10 日，袁世凯在北京宣誓就任。

1912 年的北京，清廷统治轰然倒塌，民国政府的有效控制尚未建立起来，管理出现了暂时的空白，百姓如无头苍蝇似的不知所措，但言论却突然自由起来。政治立场倾向于同盟会的《大中华民国日报》就在此时诞生了。

父亲从未有过办报经验，又兼年轻，是个刚从高师毕业的外地小青年，能做《大中华民国日报》的主笔，实在是机缘巧合。北京是风暴之眼，是袁世凯的老巢，爪牙遍地，是其势力最集中的地方，担任该报的主笔，处于斗争的最前沿，风险极大，且该报新办，影响力有限，也看不到什么名利，很多文化界的名人有的不屑干，有的不愿干，但该报是同盟会的舆论阵地，必须得由拥护同盟会且又有相当文化素养的人主持。父亲虽没有办过报，但在报上发表过多篇文章，视野广阔，文笔犀利，且年轻不畏风险，加上又有党人推荐，于是，在长沙惹了祸的父亲便北上办报了。

到了北京的父亲仍不知收敛，在报上连发抨击北洋政府的檄文。袁世凯上台后，中国正式进入军阀混战的混乱时期，北洋政府和国民党人之间的矛盾非但没有弥合，反而愈演愈烈，各地反袁斗争风云迭起，12月15日，袁世凯颁布《戒严法》，加紧镇压各地人民反抗。1913年2月，依据《临时约法》，举行了中国历史上第一次国会选举，国民党得392席，所占议席最多，按约法精神应由该党代理事长宋教仁担任内阁总理。但宋教仁却于3月20日在上海被袁世凯派人刺杀身亡，7月孙中山组织了中华革命党，发动二次革命，武力讨袁失败⋯⋯

年轻的父亲激情似火，不知疲倦地工作着，一篇又一篇辛辣的文章在报上发表，对专制腐败的北洋政府嬉笑怒骂，尤其对为虎作伥、充当北洋政府打手的京师警察进行抨击，令百姓拍手叫好，报纸很快风行京城，但同样也引起了北洋政府的嫉恨。短短几个月间，《大中华民国日报》便无可奈何地关闭了。

三

失业的父亲很快有了新的工作，到北洋政府众议院任一等书记，不久，又给众议院议长汤化龙做秘书。汤化龙（1874—1918），字济武，湖北蕲水（今浠水）人，毕业于日本法政大学，历任湖北省谘议局议长，湖北省军政府民政总长，南京临时政府陆军部秘书处处长，北京临时参议院副议长、众议院议长、教育总长兼学术委员长，是民国初著名立宪派头面人物，支持袁世凯独裁。曾与梁启超合组进步党，对抗国民党。袁死，转投段祺瑞，曾任段祺瑞内阁内务总长，不久失意，1918年被国民党人王昌刺杀身亡。

父亲能到国家最高机关工作，得益于同盟会老会员易先生的推荐。易先生怕汤化龙不任用我父亲，又央当时的湖南都督谭延闿写信推荐。谭延闿与大伯黎锦熙相识，又有易先生的说项，欣然写信推荐。就这样，父亲于1912年9月踏上了官场之路。

父亲的官场之路乏善可陈。一方面父亲不善钻营，也耻于钻营。秘书的工作很清闲，上班没有什么公务可办，大家聚在一起闲聊八卦，虚与委蛇，下了班则在四九城里吃馆子、泡堂子、听曲子、嫖婊子。父亲虽是走了议长汤化龙的路子，但却没有按照惯例上门称谢，也无意成为其心腹，让一干善于钻营、眼红其背景的同事大为不解。

另一方面，深入了官场，才知官场的可怕。宋教仁被刺案对父亲的影响很大。1913年初的国会选举中，国民党获胜，宋教仁将出任内阁总理，从而成为袁世凯独揽大权的最大政敌。袁世凯为了拉拢宋教仁，派人给他送去一张50万元的银行支票，但宋教仁不为金钱所诱，南下竞选。1913年春，宋教仁路经各地到达上海，沿途发表演说，批评时政，反对袁世凯专权，主张成立责任内阁，制定民主宪法，使袁世凯大为嫉恨。袁世凯收买宋教仁的阴谋破产，密令国务总理赵秉钧策划谋杀宋教仁，除掉心腹大患。1913年3月20日，宋教仁在上海火车站遭刺客枪击，次日逝世，年仅31岁。

宋教仁被刺后，袁世凯假装惊愕，悬赏一万元，限期捉拿凶手，还让国务院研究从优抚恤。嗣后国民党在北京召开追悼宋教仁大会，袁亦假惺惺派特使前往，以示哀痛。

其实明眼人对宋案真相都心知肚明。作为众议院秘书，父亲也参加了宋教仁的追悼会。宋教仁是湖南桃源人，是父亲的老乡，所以父亲对他的死尤为心痛。宋案让父亲认识到，政治冷酷无情，又肮脏龌龊。父亲自问没有在官场弄潮的本领，也不屑于阿谀奉承、逢迎拍马，心里去意渐生。

1913年7月，孙中山领导的二次革命爆发，两个月后，袁世凯取得完全的胜利。十月，袁世凯强令国会选举其为总统。1914年1月，袁又解散国会，停止参众两院职务。

国会解散了，父亲也失业了。父亲在京短暂停留后，于1914年4月回到长沙。

这是父亲一生中难得的一次官场经历。自此以后，父亲无心官场，全身心投入到文化活动中去。也正是如此，才有了他以后在音乐上的辉煌成就。

四

父亲结识了中国文化史上大名鼎鼎的蔡元培先生，这对他一生影响甚大。

蔡元培（1868—1940），字鹤卿，浙江绍兴山阴（今绍兴县）人，原籍浙江诸暨，革命家、教育家、政治家，中华民国首任教育总长，1916年至1927年任北京大学校长，1927年后担任国民政府常务委员、大学院院长、中央研究院院长等职。

父亲认识蔡元培的时候，蔡是教育总长。蔡在任上发表《对教育方针之意见》，批判封建教育制度，提出了五种教育：军国民教育、实利主义教育、道德教育、世界观教育和美感教育。他说："五者以公民道德为中坚，盖世界观及美育皆所以完成道德，而军国民教育及实利主义则必以道德为根本。"让人耳目一新。日后他任北大校长时，支持新文化运动，提倡学术研究，主张"思想自由，兼容并包"，实行教授治校，成为中国著名教育家。蔡是老同盟会员，政治上反袁，是文化界主张改革的著名激进人物，父亲对他很是钦佩，曾以《大中华民国日报》主笔的身份多次访问，并在报上发表鼓吹改革的文章。蔡虽年长，年龄、地位、学识高出父亲甚多，但蔡素来主张平等，耻以官高名重压人，而父亲年轻好学、尊重长者，所以两人相谈甚欢。

蔡元培愤于袁世凯的专制，毅然辞职。当袁为博取名声以"我代四万万人坚留总长"表示挽留时，蔡则坚定地以"元培亦对四万万人之代表而辞职"回答，最终辞去只当了半年的总长之职。蔡下台后，门庭冷落，父亲对他却更是敬重，时常上门拜谒，不敢有一丝懈怠。

"道不行，乘桴浮于海。"蔡元培怀着对国事备感失望的心情和对西方文明作更深入了解探讨的理念，于1913年秋踏上了为时三年的赴法游学之路，父亲曾专往送行。

周树人和许寿裳既是蔡元培绍兴的小老乡，又都在教育部任职，时常相聚，父亲得以认识并成为朋友。那时周树人虽未成名，但峥峥傲骨给父亲很深的印象。父亲记得，周树人时常穿一件朴素的中式长衫，头发像刷子一样直竖着，腰挺得笔直，上唇的胡须似是一个隶书的"一"字。

前几年，我特意去绍兴，代父亲向他的这些良师益友献上了敬意。

《四季相思》惹了『祸』

第四章

一

回到一别两年的故乡，父亲首先去看望的，是他的大哥黎锦熙。两人是亲兄弟，也是朋友和同志。久别相逢，自是欣喜异常。

这两年，大伯一直在长沙办《湖南公报》兼教书，在他及一帮同人的努力下，《湖南公报》的影响力日盛一日。在大伯的建议下，父亲在《湖南公报》做编辑，又干上了老行当。

对办报，父亲自是轻车熟路，且他在长沙有一批熟悉的朋友、同事，所以很快就融入了报社的氛围中，工作得心应手。年岁渐长、阅历日丰，父亲的文笔也日臻成熟老辣。他以"甚么"为笔名，针对国内外局势、当局的腐败、官场的黑暗、民生的艰难等话题予以抨击、讽刺、鞭笞，文风或辛辣，或活泼，或调侃，或暗喻。围绕"甚么"这个笔名，又衍生出很多笔名，比如表扬好人好事用"圣谟"、抨击当局用"胜魔"、讽刺文章用"肾膜"等等。这些文章几乎每日一篇，深得大众欢迎，父亲在很短的时间内，就拥有了很高的知名度，在长沙，甚至省内一些市县都有一大批忠实的粉丝，尤其是在青年学生中拥有很高的声誉，促进了报纸销量的增长。

父亲在长沙有很多朋友，其中有介于师友之间的徐特立、方维夏，也有新朋友蔡和森、毛泽东、陈章甫、田汉等。毛泽东在湖南第一师范学校读书时就与大伯相识。大伯锦熙当时在该校担任历史教员，只比毛泽东大三岁。他们两人名为师生，实为挚友，常在一起议论时政，研究学问。有一则流传甚广的故事这样说：大伯任《湖南公报》总编辑时，先后帮他誊写文稿的有三个人，这三个人以后的发展耐人寻味。第一个抄写员沉默寡言，每份文稿都老实抄写，连错别字也照抄不误，这个人很快就丢掉了工作，此后不知所踪。第二个抄写员非常认真，对每份文稿先仔细检查，遇到错别字、病句都认真改正，然后抄写，1935 年他写了一首词，当年这首词经聂耳谱曲后名为《义勇军进行曲》，他就是田汉。第三个抄写员则与众不同，他也仔细地阅读每份文稿，但他只抄写与自己意见相符的文稿，与自己意见相左的文稿则随手扔掉，后来这个人建立了以《义勇军进行曲》为国歌的中华人民共和国，他就是毛泽东。

毛泽东对"甚么"先生的文章也甚是钦佩，在长沙与父亲多有交往。

二

1915 年暑假，父亲重操旧业，经省教育会介绍，父亲一边在报馆上班，一边同时兼任明德、修业、周南、广育四所学校小学部的乐歌课。

原先在四校任教的两位浙江籍乐歌教员不约而同辞职归乡，使四校的乐歌课无法继续。四校无法，只好向省教育会求援。原省教育会主任萧翼鲲和大伯相熟，知晓父亲的名声，于是请大伯出面说项，父亲原喜音乐，又怜学子无教，于是答应下来。一人兼教四校，这事让长沙教育界很是轰动了一阵子。

明德、修业、周南、广育都是长沙城内有名的学校，学生要么家庭或官或富，要么学业优异，直至今日，长沙城内的学子仍以能考上四校读书为荣。

父亲有过乐歌教学的经验，这几年潜心向学，音乐素养比昔时又有了大幅的提高，自是不惧。

父亲没想到，他被"老奸巨猾"的萧翼鲲摆了一道。萧翼鲲说，每校每周只有一节音乐课，四校加起来才四节课，应是很轻松的。但真教下来，才发现每校都有不同的年级，不同的年级又有不同的班级，哪是一节课可以打发的？四个学校加起来，父亲每周要上三十六小时的课，又加上报社还有工作，父亲忙得喘气的工夫也没有，只有晚上加班做写文章、排版、编辑等工作。但父亲是重然诺的君子，既然答应了下来，不管多苦多累，仍坚持做下去。父亲其实也没有怪罪萧翼鲲的意思，那时候长沙确实请不到第二个音乐老师，父亲要是不教，那些学校只有取消乐歌这项课程了。

父亲年轻，工作虽然繁重，却也承担得了。父亲是有改革思想，也有改革胆略的。此前在北京时，父亲和蔡元培多有相聚，当面聆听过先生的教诲，对先生"五育并主""思想自由、兼容并包"等教育改革的思想深表赞同。现在有机会执教省内的名校，父亲就开始了一步一步的改革。一是用长沙本土方言授课。此前浙江老师用浙江方言授课，学生们听不大懂，听不懂就学不明白、提不起兴趣，音乐课就沦为了鸡肋，学生们都不喜欢上。现在父亲用本土方言上，语言交流上没有障碍，学生们本就是活泼好动的年龄，喜欢音乐乃人的天性，自然就有了兴趣。二是弘扬民族音乐。当时国内没有本土的流行音乐，也没有现成的音乐课本，原来浙江老师上课，通常采用日本曲调填词的教法。父亲对此很反感，民间有无数优美动听的曲子，中国历史上流传下来的如《高山流水》《十面埋伏》《阳关三叠》等无数名曲，音乐资源异常丰富，完全可以用我们自己的音乐授课。三是因材施教，有教无类。父亲把歌曲分为修身、爱国、益智、畅怀四类，划分年级，配定教材。高年级的同学，父亲就多教一些传世名曲，如《满江红》《阳关三叠》《浪淘沙》等。由于学生们也要求多学民族歌曲，父亲就用一些自己熟知的雅曲配上历代诗词，开始了初步的创作，很受学生们的欢迎。父亲还向学生们学习各地的民间音乐，教学相长，一方面丰富了父亲的音乐知识库存，另一方面也激起了学生们的兴趣和民族自豪感。

父亲第一次正式的音乐创作，应该是为明德的《明德校歌》谱曲。明德

学校的校名出于"大学之道，在明明德，在亲民，在止于至善"，由胡元倓
（胡子靖）创办于1903年，是湖南省开办最早的近代新式教育学校，1934年
天津《大公报》发表《湘省之教育》一文，曾评述："明德与南开，不啻南
北并行之两大学府。"《明德校歌》唱道："大学之道在明德，明德学校前途
无量……"

父亲在周南女中的学生中，有一位聪慧好学的女学生名向警予，给父亲
留下了很深的印象。向的另一位老师、著名教育家杨昌济先生1914年5月
13日在《达华斋日记》中记载向警予："昨至第一女子师范学校，……见本班
二年生向俊贤之日记颇有抱负……可谓女教育界中之人才。"向警予（1895—
1928），原名向俊贤，湖南省溆浦县人，是中共最早的女党员之一，中共早期
卓越领导人，中国妇女运动的先驱和领袖。

父亲与毛泽东、田汉、蔡和森、蔡畅、向警予都是朋友。父亲有报馆的工
资，又有四校教课的收入，手头阔绰，常常请朋友打牙祭，边喝酒边指点江
山、纵论国事。那时毛泽东和田汉都在《湖南公报》做校对，经常见到的情形
是，父亲在一旁赶写第二天要见报的社评，他们在另一旁做校对，有时父亲也
和他们一起校对清样、一起修改文章。毛泽东比父亲小两岁，田汉比父亲小七
岁，蔡和森、蔡畅、向警予之间的年岁相差也不是很大，大家情趣相投、思想
相通，相处得极为愉快。后来蔡和森和向警予情愫暗生，最终结为夫妻。

三

父亲惹了祸。

当时中国学生没有中国歌唱，连流行全国的《孔子歌》，亦是用日本国歌
的曲子配词，幸好那时候大家的版权意识不强，日本人也没想到要找他们的麻
烦。但堂堂大国，居然没有自己的流行音乐，这使父亲深感耻辱，时时想着怎
样用本民族的歌曲代替日本曲子。有天，父亲从街上走过，偶然听到一首叫
《四季相思》的曲子特别婉转动听，不禁驻足细听，陶醉之余拿出纸笔把谱子
记了下来。后来父亲把这曲子配上《四时读书乐》的词，词曲颇为相配，教给

学生们唱，学生们也唱得劲头很足。

但这事惹恼了周南女校的校长朱剑凡。《四季相思》本是流传民间的优美曲调，后来却成了妓院茶楼间的淫秽小调，与《十八摸》《打牙牌》等颇为风行。朱剑凡认为此等俚俗小调有碍周南校风、有碍师德，但父亲却认为，《四季相思》的曲子本不淫秽，配上《四时读书乐》的词后有教谕意义，且雅俗之间本无明显的界限。两人意见不一，朱剑凡严词斥责，父亲愤然辞职。朱剑凡是中国近代教育家，早年留学日本，因感"女子沉沦黑暗，非教育无以拔高明"，将私宅田产全部捐建周南女校，并大胆请男老师任教，思想开明、进步。数年后，父亲在上海组织明月音乐会，采用当地小调编曲，乐队却拒绝演奏，父亲悟出"原来会友都熟悉江浙小调，所以一听乐曲，便联想到那内容糟透了的歌词"，而当他把"北京、湖南等地的小调加工为器乐曲，或配上新的歌词，因会友都没有听到原有的歌词，毫无忌讳，相当满意，居然畅行无阻"。父亲这才明白朱剑凡反对的道理，同时对朱剑凡的不满也烟消云散。

这事给父亲以极深的教训，他后来写歌定下准则"十不写"，第一条就是"妓院唱的曲子不写"。他写过上千首歌曲，他的爱情歌曲唱出情爱词汇而绝无色情意味，通俗而不低俗。

惹恼了朱剑凡也就罢了，不幸的是父亲再一次惹上了兵痞。父亲用"甚么"为笔名在报上发表大量抨击时政、鞭笞腐朽的文章，早就惹恼了当局。湖南督军汤芗铭人称"汤屠夫"，在湖南大肆残杀反袁分子、革命党人，仅有名可查者即多达两万余人。汤芗铭是汤化龙的弟弟，开始还顾忌父亲曾是其兄的秘书，未曾有什么不利的举动，也就忍了下来。后来汤芗铭见父亲的文章越发辛辣犀利，终于"忍无可忍"，指使士兵把父亲暴打了一顿。

既得罪了教育界诸公，又不见容于政府当局，父亲在长沙已无立身之地。幸好那年袁世凯做了八十三天皇帝后黯然下台，未几病死，随后议会恢复。因父亲原在议院工作期间，能在短期内熟识六百多位议员的面貌、突击整理上万份议案，并大胆阻止违反法定人数的会议，受到了议会的嘉奖。于是父亲携妻挈女于1916年4月再上北京，仍受聘为众议院秘书厅秘书。

平民音乐的旗手

第五章

一

父亲带着大妈徐珊珂、大姐黎明晖来到北京，暂住在大伯黎锦熙家里。大伯在北京内城二龙坑租了一套小院，自命为"湘庐"。

此前在 1915 年 9 月，大伯黎锦熙应中华民国政府教育部教科书编纂处负责人熊崇煦的邀请，担任部属教科书特约编纂员兼文科主任。当时办了五年的《湖南公报》被"汤屠夫"汤芗铭查封，黎锦熙、张平子、李抱一等甚是气愤，重新创办湖南《大公报》。在此时刻，长沙的很多朋友反对他赴京，但他的学生毛泽东却支持自己的老师去"奋斗一番""观察一番"，另外老友杨昌济、王季范等也大力支持。大伯认为，通过政府的途径，普及全国的中小学教育，是一件功在千秋的事情，是一件有意义的事情，值得为之奋斗，遂成行。大伯来到北京的初期，由于袁世凯一意孤行"称帝"，政局激荡，教育部人心混乱，无心政务，大伯的工作无法开展。直到袁死后，大伯才编出一套《共和国教科书国民读本》计八册，并附教授法一册。之后，大伯开展国语运动，大力推广白话文，公布由其编创的注音字母，发表论文《论教育的根本问题》，积极提倡白话文、推广国语运动。在大伯工作的推动下，1917 年组成了以蔡元培为首的国语研究会，到 1918 年，有不少人开始用白话文写文章、采用新的标点符号，自此，白话文运动蔓延全国。

父亲重回众议院上班，一切都十分的熟悉。此时的议长仍是汤化龙，对父亲颇为照顾，父亲又是国民党员，所以很得同僚尊敬。汤化龙此前任教育总长兼学术委员长，对大伯的工作也很支持，与其弟汤芗铭颇有不同。

父亲是喜欢北京的，尤喜听戏。此前在北京两年，用他的话说是"听了一年半的戏"，和梅兰芳（畹华）、程砚秋、尚小云、荀慧生、王瑶卿、王凤卿、龚云甫、孙甫亭、胡琴大家孙佐臣等都相交莫逆、称兄道弟，尤其是和言菊朋交好，之间时有相聚。父亲和这些京剧名角相互学习，父亲向他们学习京剧，名角向父亲请教"音韵吐字"法等。后来父亲组织"明月音乐会"，言菊朋欣然参加，且成为骨干。

北京的一些师长、老友如蔡元培、周树人、许寿裳等仍在，又结识了一些新的师友如陈独秀、李大钊、胡适、钱玄同、赵元任、刘半农等中国近代史上大名鼎鼎的人物。

在众议院上班，那种无所事事的生活虽然悠闲惬意，却不是父亲想要的。父亲是个闲不住的人，先后在北京中央女校、怀幼中学和孔德学校担任语文、音乐、图画、历史科的兼职教员，其中在孔德学校任教的经历，让父亲受益匪浅。

孔德学校（今北京二十七中前身）是蔡元培、李石曾和北大教授沈尹默、马幼渔、马叔平等于 1917 年 12 月创办的，这个名称取自法国实证主义哲学家 Auguueste Comte 的姓"孔德"，蔡元培为此解释说："我们是取他注重科学的精神，研究社会组织的主义来做我们的教育的宗旨……"孔德学校注重科学的精神，各科教学偏重实地观察，不单靠书本和教师的讲授。要偏重图画、手工、音乐和体育运动等科，让学生练习视觉、听觉、筋觉，给学生时时有共

　　　　　　　　　　　　　　　民国风华：我的父亲黎锦晖

同操作的机会。孔德学校不仅把学校办成读书的场所，还要使它成为人格养成的地方。因此在学校教育中要"教"与"育"并重，要熔冶"思想的人""情感的人"和"实际创作的人"。该校采用自编的国语（白话文）课本，比北洋政府颁令改国文为国语的时间还早了一年。孔德学校的课余活动丰富多彩，每年春秋两季学校组织郊外旅行，体育活动有篮球、乒乓球等比赛，校庆会年年举行，从幼稚园到中学各班均须表演节目。这些经历，对父亲以后编写中小学教材、开展国语运动都有巨大的帮助，同样也使蔡元培先生对父亲的学问、人品有了充分的了解。1916 年 12 月，蔡元培就任北大校长，推行"兼容并包，兼收并蓄"，提倡"学术思想自由"，聘请教师的标准是"积学而热心"之士，使北大"学风不振，声誉日隆"。1917 年秋，蔡元培在北京丰泽园饭庄宴请陈独秀、胡适之、李大钊、刘半农、周树人、周作人、钱玄同、黎锦熙、黎锦晖、许寿裳等十位知名学者和教授，邀请他们到北大任教。父亲感谢蔡先生的信任，以自己才疏学浅婉辞，大伯以推行国语为重未予接受。此次聚会，是"五四"前夕思想界很重要的一次动员会，父亲躬逢其会，多年后亦引以为荣。

另外，父亲积极参加国语运动。父亲是教育部"国语统一筹备会"的首批成员之一。他的重要提案有《呈请教育部公布国音声调的标准案》，主张用北京话为国语声调标准，正是今天的普通话"以北京语音的声调为标准"的实施。他还提出《请教育部通令全国学校使用罗马字》的提案，教育部同意成立包括父亲及黎锦熙、钱玄同、赵元任、林语堂等人在内的"罗马字拼音研究委员会"，并公布"罗马字拼音法式"在全国学校推行。今日的拼音方案也正是借鉴了这个方案。在普通话的声调标准上，他和大伯黎锦熙一起不同意钱玄同"不分声调"的主张，也反对赵元任用北京话的"阴阳上去"声和南京话的"入"声意见，力主废去"入"声，这就是今天我们使用的普通话的四声发音。

随着新文化运动的发展深入，1918 年全国小学沿用已久的国文（文言文）改成国语（白话文），并且配以注音字母，实行读音规范化，父亲据此编写了《新教材教科书国语课本》。这部书经教育部审定批准之后，立即成为全国中、小学必用的课本。1921 年，父亲应河南省教育厅厅长之请，在开封两个小学班级用"国语"进行"过渡"教学法试验。此后父亲曾说："新，固然说都可以'新得好'，但无论如何失败，也比旧的有价值些。"这句话体现了父亲在新文化运动影响下的创新意识，也是他一生中敢为人先的思想基础。

二

参与国语研究和推广，是父亲日后投身音乐事业一个颇为难得的机会。为达到"语言统一、言文一致"，父亲苦研语言学、音韵学、发音学等，打下了厚实的中国语言学的基础，也获得了很多与当时进步知识分子接触、学习提高的机会，同时进一步受到了以科学、民主为主旨的新文化运动的影响。父亲在《干部自传》里写道："'五四'运动前后三年间，我在北大、孔德二校，受了蔡元培先生的启导，和钱玄同先生经常在一起问难答疑，思想上获得相当的进步。"

此时的父亲并未料到日后以音乐为终身职业，但对音乐的喜爱却日趋深沉。他在《我和明月社》一文中这样说："……晚上经常和我大哥黎锦熙观摩京剧。我们听京剧如同上课，我一早抄好戏码，从《戏考》上查出'戏文'（剧本），作为'讲义'（课本），打头一出听到末一出，为的是了解、体会京剧的内容和形式以及演员的风格、韵味等等。如遇风雨之夕，便召唤巷中喊叫开放话匣子（即留声机）的进来，先听京剧与曲艺的名角唱片。这两年的音乐生活，就这样集中于'皮黄'，旁及鼓书。"父亲与梅兰芳、程砚秋、言菊朋等许多京剧名角称兄道弟，虚心向他们学习，与其中很多人保持了一生的友谊。京剧也称"皮黄"，是在徽调和汉戏的基础上吸收了昆曲、秦腔等一些戏曲剧种的优点和特长逐渐演变而形成的。它耐人寻味，韵味醇厚。其舞台艺术在文学、表演、音乐、唱腔、锣鼓、化装、脸谱等各个方面有一套互相制约、相得益彰的格律化和规范化的程式。其虚实结合的表现手法，超脱了舞台空间和时间的限制，达到了"以形传神，形神兼备"的艺术境界。

父亲还喜欢到天桥和城南游艺园收集民谣小调。那时的天桥是北京第一等的热闹场所。"酒旗戏鼓天桥市，多少游人不忆家"，学者齐如山在《天桥一览序》中所述："天桥者，因北平下级民众会合憩息之所也。入其中，而北平之社会风俗，一斑可见。"当代著名艺术家新凤霞、侯宝林等都曾在天桥卖艺。都梁先生的小说《狼烟北平》曾对"天桥八怪"中的大兵黄、大金牙、蹭油的等作过形象的描述。父亲在北京的时候，天桥也有八大怪：训练蛤蟆教书的老头、老云里飞、花狗熊、耍金钟的、傻王、赵瘸子、志真和尚、程傻子。其中花狗熊因扮相似狗熊而得名，与妻子在天桥表演民间小戏，父亲曾多次听过他们唱戏，还请他们夫妻俩喝过酒。那时的天桥曲艺场子很多，书茶馆有福海居、五斗居、同合轩、同乐轩、海顺轩、西华轩、雅园、六合茶楼、长美轩、劈柴陈等，坤书馆有合意轩、楼外楼、天外天、藕香榭、德意轩、水心花亭、春园、德昌茶社、二友轩、环翠轩、绿香园等，杂耍园子有爽心园、春华园、天华园等。表现的艺术形式有相声、竹板书、西河大鼓、滑稽大鼓、山东大鼓、河南坠子、梅花大鼓、评书等。

现在很少有人知道城南游艺园了。辛亥革命后不久，以先农坛的一部分改为城南公园，其后又以外坛北面分建先农市场和城南游艺园。城南游艺园是北京文化生活和戏剧演出的一个大型文娱场所，它开张之日，轰动一时，京中士女，倾城来游。游艺场里设京剧场和文明戏场、电影场、杂耍（曲艺杂技）场等。许多京剧名角如余叔岩、梅兰芳、杨小楼等都曾在此演出。所谓文明戏，是一种在京剧基础上改革的新戏，以说白为主，也用锣鼓、胡琴等伴唱，间杂流行歌曲，既不同于京剧，也不是后来的话剧，通俗易懂，颇受一般市民的欢迎。可惜好景不长，瞬即消失。电影场演的都是黑白的无声片，如卓别林的笑片。曲艺有京韵大鼓、相声等，其中有叫刘宝全者，唱大鼓书，声清韵雅，余音绕梁，当时号称"歌王"，其《长坂坡》《战长沙》《闹江州》《大西厢》诸段子，脍炙人口，聆者叹绝，常有自天津赶来听曲又在当天匆匆归去者。

父亲流连于这些所谓的"下级民众会合憩息之所"，和这些"下九流"交朋友，欣赏他们的艺术、记录其曲谱，如饥似渴地从民间的音乐中汲取养分，这既有助于他对中国语言学的研究，又有利于民间传统音乐素材的积累，与他以后的音乐创作，特别是儿童歌舞剧的创作，具有很重要的因果关系。

三

1918年，父亲到北大旁听。

北大是五四运动的策源地。此时正处于"五四"前夕，国内各种思想激荡，交锋正烈，至1919年达到顶点。父亲来到北大，一方面接近了先进的知识分子，也接近了各种进步的思想。父亲阅读《新青年》《新潮》等进步刊物，新思想对他的影响日益加深，这对父亲日后的思想选择具有极其重要的意义。

《新青年》由共产党早期领导人陈独秀创办主编，是在20世纪20年代中国有影响力的革命杂志，在五四运动期间起到重要的思想引领作用。该杂志发起新文化运动，并且宣传倡导科学（赛先生，Science）、民主（德先生，Democracy）和新文学。《新青年》聚集了当时思想界一批重要的人物，如李大钊、陈独秀、胡适、钱玄同、鲁迅等。毛泽东曾以"二十八画生"的笔名在

民国七年工读图

《新青年》上发表《体育之研究》。十月革命后,《新青年》成为五四运动的号角,成为宣传马列主义、宣传反帝反封建思想的阵地。《新潮》与《新青年》精神相通,宣传民主与科学,抨击传统伦理道德,提倡新文学。这些思想和主张,在父亲的思想上引起了强烈的共鸣。

当时李大钊主张"工不误读,读不误工",他说:"在我们懒惰的人看来,多以为省出来的时间,只是为休息休息,哪知人家工作之外,还要读书。省出来的时间愈多,就是读书的时间愈多。使工不误读,读不误工,工读打成一片,才是真正人的生活。"湘潭黎氏是书香世家,讲究"耕读传家"。李大钊的主张,父亲深以为然,不仅身体力行之,而且特意到照相馆拍摄了一张"民国七年工读图"的照片。照片上,父亲右手搭在双手捧书的大姐明晖肩上,左手执铁锹,目视前方。父亲对这张照片颇为看重,曾多次提醒妹妹明阳保存好这张照片。这张照片反映了父亲思想上的重要变化,在他以后的歌舞作品中,这类作品占据了重要的地位。

四

1919 年,父亲受蔡元培邀请,参加由蔡任会长的"北京大学音乐研究会"(北京大学附设音乐传习所的前身)。该会课程设置除分古琴、丝竹、昆曲、钢琴、提琴、歌唱各组外,还开有乐理课和欣赏课,所聘的导师中,不仅有肖友梅、杨仲子等国内名家,还有钮伦(英国)、哈士门女士(荷兰)等外籍专家,成为中国近代音乐教育的中心。北京大学音乐研究会于是年 4 月 19 日举行建会以来首场音乐会,当日晚 7 点至 11 点,整场共 19 个节目,依次为昆曲、钢琴、古筝、合唱、丝竹、钢琴与提琴合奏、琵琶与古琴合奏、钢琴合奏、洞箫合奏等,最后以昆曲压轴,这台音乐会中西杂陈,穿插登台,相互辉映,引起全北京轰动。北京大学音乐研究会由此一跃成为中国音乐表演领域最具影响力的团体。

父亲在北大音乐研究会任中乐部通乐类潇湘乐组组长。父亲一边在北大学习,一边搜集、整理、演奏民间丝竹音乐。在此期间,除了演奏湖南古曲《满江红》、雅曲《鹧鸪飞》《木兰辞》等，并组织试奏父亲根据民间小调改编的《四季相思》《四时读书乐》等一些音调爽朗、感情丰富的民间音乐，结果被少数会员反对，说是"俚俗不堪"。但同时也有许多人支持，这让父亲看到了民间音乐受到平民大众欢迎的前景，益发燃起了让其走上大雅之堂的念头，坚定了发展民族音乐的决心，并由此产生个人组织音乐团体的动机，为日后从事歌舞演出事业播下了种子。

"五四"时期的中国音乐界在如何接受西方音乐与发展民族音乐方面，有很大的分歧。诚然，自"五四"始中国音乐开始有了新型的专业音乐教育，有了第一代中国作曲家，有了现代音乐学研究，中国音乐由此掀开了崭新的一页，但其初期，中国音乐界对中国传统音乐，尤其是对"俚俗不堪"的民间音乐，还是颇为不屑的。当时中小学生所唱歌曲除了外国歌曲之外，就是采用外国的曲调填上新词的所谓"乐歌"，直到1919年，《孔子歌》仍是日本国歌的旋律，可见我们自己的民族音乐是何等地萎缩。蔡元培先生主张"兼容并包"，他在北大音乐研究会同乐会的演说词中讲道："音乐为美术之一种，与文化演进有密切之关系……吾国今日尚无音乐学校，即吾校尚未能设正式之音乐科……所望在会诸君，知音乐为一种助进文化之利器，共同研究至高尚之乐理，而养成创造新谱之人才，采西乐之特长，以补中乐之缺点，而使之以时进步，庶不负建设此会之初意也。"蔡先生由此鼓励父亲创作新歌"作一番竞赛"，但父亲真做下去，却是困难重重、阻力甚大，他在1949年以后的《干部自传》里如此说："那时中国音乐家，均以西乐为正宗，唱中国歌就会被人笑话……可以说，拿民族的东西也是斗争。"

父亲选择了斗争。他在担任《平民周报》主编期间，通过发表各种民间说唱形式的文艺作品，提倡新事物、新思想，出刊后读者异常欢迎。父亲先后发表了《国乐新论》和《旧调新歌》等，表达他改进俗乐、提倡"平民音乐"，主张用各种说唱形式的民间文艺来宣传新事物、新思想，表达了新音乐运动也需要平民音乐的信念。在此期间，父亲利用业余时间编写了《民间音乐新编》和《民音采风录》，每种按地区分编若干册。这是父亲长期关注、研究民间音乐，尤其是他与众多民间艺人往来密切、亦师亦友的成果。

父亲从俗乐在北京大学音乐会遭到部分会员的鄙视这一事中，意识到实现平民音乐的主张靠一个人的力量是不够的，必须要聚集志同道合者，成立一个团体，来实现共同的主张。1920年中秋之夜，父亲在北京斗鸡坑寓所内，邀集了潇湘乐组有志于平民音乐的年轻人。那夜月明如水，大家一边赏月，一边就平民音乐纷纷发言，气氛轻松而又热烈。聊到兴头上，大家倡议组织音乐社团，父亲大声叫好，其宗旨就是父亲提出的："兼容并包之内，更为重视民间音乐。"关于团体的命名，大家争执不下，父亲思索良久，站起来慷慨激昂道："我们高举平民音乐的旗帜，犹如皓月当空，千里共婵娟，人人能欣赏，就叫'明月音乐会'吧！"大家齐声称好。自此，父亲正式亮出了平民音乐的旗帜，我国近现代第一个由文化人组建的平民音乐团体也正式诞生。

　　明月音乐会是一个松散型音乐团体，实际上它始终没有订过会章，没有挂过招牌，也没有印过会员名单。谁有一技之长，自愿参加，就算是会员，经过勤排勤练，就可参加演出。虽是松散型团体，它的历史作用却不容小视，特别是对中国儿童音乐、儿童歌舞剧的开创，它有着重要的贡献。

五

　　明月音乐会于1920年成立，父亲正式开始音乐创作也在这一年。这一年，他除了创作在1986年后被"通缉"的《老虎叫门》外，还写了《三个小宝宝》等歌舞表演曲及略具儿童歌舞剧雏形的《麻雀与小孩》。

　　父亲认识到了儿童歌舞剧对儿童启蒙教育的重要性，他在《麻雀与小孩》的卷首语中写道："1.学国语最好从唱歌入手；2.学校中各科的教材，有许多可以采入歌剧里去；3.儿童的模仿本能十分发达，习演歌剧可以借此训练儿童一种美的语言、动作与姿势，也可以养成儿童守秩序与尊重艺术的好习惯；4.一切布景和化装都要儿童们亲自出力，因此除了能采入手工、图画等作业以外，还可以锻炼他们思想清楚、处事敏捷的才能；5.学校演歌剧对于社会教育也有裨益，可以使民众渐生尊重一切艺术的心情。"基于以上考虑，父亲较为全面地继承和发扬了"学堂乐歌"的音乐传统，歌词都有口语化的特点，旋律简洁明快、富于儿童特性。如《麻雀与小孩》的歌词是：

> 小麻雀呀，小麻雀呀，
> 你的母亲，哪儿去啦？
>
> 我的母亲飞去打食，
> 还没回头，饿得真难受。
>
> 你是我的好朋友，我是你的小朋友，
> 我家有许多小青豆，
> 我家有许多小虫肉，
> 你要吃吃喝喝和我一同走，
> 我的小麻雀。
>
> 我的好朋友，
> 走吧走吧走吧走吧走！

　　《麻雀与小孩》是中国第一部儿童歌舞剧，或说是新歌剧，该剧后来被广泛上演，1922年在《小朋友》周刊上发表，流行了五十多年。

　　为了使作品能够广为流传，父亲广泛地吸收中国各地的戏曲、民歌及民间器乐曲的曲牌等音调与曲体结构素材。如在《麻雀与小孩》中他就借用了市井小调《苏武牧羊》《银绞丝》与民间传统曲牌《大开门》等音调。这些努力，使父亲"五四"时期在儿童音乐创作方面获得了卓越的成就，无愧是新音乐运动中"儿童歌舞剧"形式的奠基者。

中华书局一闯将

第六章

一

　　1921年春天，父亲应中华书局总经理陆费逵的盛情邀请，离京来到上海，出任中华书局国语文学部部长。

　　陆费逵（1886—1941），复姓陆费，名逵，字伯鸿，原籍浙江桐乡，生于陕西汉中，中国近代著名教育家、出版家。早年受新思想影响，倾向革命。1904年陆费逵到武昌设新学界书店，出售《革命军》《警世钟》《猛回头》等革命书籍，参与革命活动，同时任汉口《楚报》主笔，因抨击清朝向英法德等五国银行借款修筑铁路的卖国行为，报纸遭湖广总督张之洞查封。他逃至上海，先后任上海文明书局职员兼文明小学校长、商务印书馆国文部编辑、出版部部长兼《教育杂志》主编、讲义部主任。他在《教育杂志》上撰文宣传教育救国论，主张国民教育、人才教育、职业教育三者并重，因其思想新颖，在上海轰动一时。后来又发表《普通教育应当采用俗体字》，这是历史上第一次公开提倡使用简体字。1922年陆费逵发表论文《整理汉字的意见》，建议采用已在民间流行的简体字，并把其他笔画多的字也简化。

陆费逵于1912年元旦在上海创办中华书局时才25岁。他是一个有远见卓识的出版家，早在辛亥革命爆发时，他以独特的政治敏感，预料到革命一定成功，赶紧组织人员编写了一套《中华小学教科书》，受到当时的教育总长蔡元培、第一任临时大总统孙中山的重视，亦受到各省教育部门的重视。中华书局创办后，因受到实力强大的商务印书馆的挤压，经营上存在种种困难。在这种情况下，陆费逵来到北京，邀请黎锦晖南下上海。

那时父亲已不做众议院秘书了。1917年6月，张勋以"调停"黎元洪与段祺瑞的矛盾为名，从徐州率5000辫子兵进京。进京后，张勋急电各地清朝遗老进京"襄赞复辟大业"，随即在清宫召开"御前会议"，并于7月1日撵走黎元洪，把12岁的溥仪抬出来宣布复辟，这就是史家所称的"张勋复辟"或"丁巳复辟"。尽管复辟仅12天就破产了，但国会又一次解散了，父亲也跟着失业了。

此前父亲和陆费逵就有过交往。父亲编写的《新教材教科书国语读本》，就是在大伯和父亲的要求下，教育部交给中华书局发行的，此举一下子就扭转了书局的困难局面，这让陆费逵对父亲求才若渴。父亲一方面失去了在众议院的工作，另一方面，中华书局宣传新文化、新科学，鼓吹民主、自由，这让父亲很是心仪。陆费逵盛情相邀，直言要把中华书局变成一个新文化推广的前沿阵地，父亲于是欣然允诺。这是父亲人生中的一次重大转折，并由些开创了他在出版和文艺事业上的新天地。

二

初进中华书局，父亲担任教科书部的编辑，不久又任国语文学部部长。当时教育界有人主张小学一年级不教注音字母，父亲就着手编写另一部不带注音符号的《新教育教科书国语课本》，销路大畅，竟超过了素以出版教科书闻名的商务印书馆。

1921年11月，教育部"国语读音统一会"在上海兴办国语专修学校，经费由中华书局承担。陆费逵请父亲出任教务主任，次年1月，教育部委任父亲为校长。父亲半天教学，半天在书局工作，虽然忙碌，心情却是愉快的。

为了实验新编课本和新教法，父亲设立国语专修学校附属小学，大姐明晖也在这所小学就读。同时，他们再以语专的名义组织"国语宣传队"，到江、浙、沪等地的中小学校宣讲白话文和注音字母、新教法的好处。

1922年2月，国语宣传队分三路分赴各地，父亲带着大姐明晖和宣传队来到宝山、松江、苏州、无锡、镇江、南京、芜湖一带宣传。父亲已有了多年的从教经验，大学、中学、小学都教过，在北京时多次给山东、河南等省教育部门组织的暑期讲习班授课，听课的全都是小学校长和国语教师。他们又到河南开封进行过国语过渡教学法试验，所以给上海的这些校长、教师们讲起课来既风趣又通俗易懂，且其中许多新教法是这些老师闻所未闻的。父亲教得认真，台下的老师们也听得认真，都觉茅塞顿开，豁然开朗。

宣传队的另一大亮点，是语专附小的孩子们，大姐明晖也在宣传队里。父亲讲课之前，由大姐用国语音调唱白话文歌曲，父亲操小提琴伴奏。在父亲的教导下，大姐从小就学国语，此时已是12岁，国语已经很纯熟了，大姐长得美丽，洋娃娃似的，其歌喉又嘹亮动听，这样的宣传方式别具一格，很快就引起了轰动，也引起了老师和学生们的极大兴趣。宣传队每到一地都受到当地政府和教育部门、老师学生的极大欢迎，取得极好的效果，新文化运动的种子就此生根、发芽，继而蓬勃发展。

父亲还在语专增设了国语研究班、专修班、讲习班，每年举办暑期讲习科，招收的对象是各地的中小学校长和国语老师，每期学员都在千人以上。学生们来自沿海及内地各省，还有南洋各国的华侨，方言各异，彼此之间交流甚是困难。父亲想了个法子，和教员们一起动手，把各地的方言进行语系归纳，再据其发声特点、语法结构等与国语比较、对照，找出异同，制成对照表，方便学员们学习。语专及附属小学还举办示范教学，上海全市的中小学校长差不多全都听过课。

为了更好地实施新教学法，父亲特地把他在北京孔德中学的同事王淑周请来上海，担任附小的主任。王淑周熟谙启发式教育，善于以诱导的方式启发张扬学生的个性。所谓启发式教学，是根据教学目的、内容、学生的知识水平和知识规律，运用各种教学手段，采用启发诱导办法传授知识、培养能力，使学生积极主动地学习，以促进身心发展。孔子曾说："不愤不启，不悱不发"，也是这个意思。当时启发式教学在上海独树一帜，引起了很多学校校长、国语老师的兴趣，以后便渐渐推广开来。父亲在全校各年级使用注音白话文课本，鼓励学生们在校内只讲国语，形成一个人人都讲国语的封闭式语境。又开展丰富多彩的课余活动，如讲故事、朗读、演小型话剧等等手段，张扬学生个性，挖掘学生兴趣潜力，促进学生的全面发展。

父亲还有一大创举，那就是召开"同乐会""恳亲会"，和现代的家长会相似，不过气氛更为和谐活泼。"同乐会""恳亲会"邀请学生家长和亲友来学校观看学生的演出；又不定期举行纪念会，向校外各界人士做汇报演出，加强学校与学生家长、社会各界的互动联系，进一步扩大了学校的声誉和白话文运动的影响。

当时流行的《大众音乐课本》

后来父亲通过对白话文和注音字母的研究，发现国语词汇的音节轻重和四声升降可以用乐律表现，于是音乐便成为推广白话文的有力工具，也是极有趣味的工具。父亲在宝山讲学之时，曾和人姐明晖合作表演"琴语"。所谓"琴语"，就是观众随意写一句白话文，由父亲用小提琴拉出音调，背对观众的大姐就在讲台黑板上写出注音字母，用"词类连书"结合起来，随即译成汉文，与观众所写话语相同。这种"琴语"表演轰动全场，特别是沿途城镇的小学教师，更是带着听唱歌和看"魔术"的浓厚兴趣前来观看。多年后还有人叙说当时的盛况。1992 年，90 岁高龄的华东师大老教授许杰先生在《杂忆黎锦晖》的文章里讲了一个有趣的故事：当年许先生还是青年的时候，曾到"国语专修学校"去看朋友，正碰上学校文艺演出，由小学生演唱《麻雀与小孩》，表演结束后，学校老师搬来一块黑板，写上注音符号，让当时在校学习的小学生认读，以证明注音字母的可靠性。这时，有人在黑板上写上一排注音符号，点名要当时穿着男孩子衣服的大姐黎明晖来认读。黎明晖一看，就害羞了。大家以为她读不出来，催促她快念。最后，她红着脸念道："我不是男孩子"，大家哄堂大笑。这是人家故意给她开了个有趣的玩笑。七十年过去，许老还记忆犹新。

后来语专和附小的许多老师和学生也都能熟练地使用乐器学习国语和注音字母，还能练习歌舞。"同乐会""恳亲会"上的许多节目，除了明月音乐会的管弦乐伴奏帮助外，都是由学生们自己完成表演的。通过以上举措，语专和附小在上海独领风骚，名声甚至传到了北京，是上海教育界的奇葩。由于父亲在国语研究和实践方面的巨大成就，1923 年，兼任上海南方大学国语学教授，次年又兼任上海交通大学国语学讲师，同时任上海艺术大学校长。

在国语运动时期，斗争十分激烈，当时北洋军阀政府提倡"尊孔读经"之风甚烈，教育部规定"全国初小第四年级起读《孝经》"，当时的司法总长兼教育总长章士钊在他主办的《甲寅》期刊上，压制白话文，复旧文言文，竟公开发表启事"公告、征文不收白话"。大伯黎锦熙、钱玄同等立即公开上书章士钊，反对复古读经，还在《国语周刊》发表启事"欢迎投稿，不取文言"，进行针锋相对的斗争。父亲则在上海积极配合，创作了讽刺剧《校长夫人》与

《小小画家》，反对学生读经，愚昧儿童。稍后父亲创办《小朋友》周刊，自己带头用白话文创作，也专门刊登用白话文创作的儿童文艺作品，不使用文言文。

除了上述活动，父亲坚持"平民教育""平民音乐"的理念，还遭受了许多波折。父亲在任上海艺术大学校长时第一天对学生发表演讲，认为"民间音乐"虽是下里巴人的作品，但同样是艺术，同样可登大雅之堂；同样，工匠的作品也是艺术。他指着一个玻璃杯上的图案花纹说，这是"工业艺术"。他这话立即遭到艺大华林先生的反驳。由于父亲在教材编写上的巨大成就和影响，受聘任"教育部小学课程标准起草委员会"委员，但后来因在音乐教学方案上父亲坚持儿童必须学习民间音乐，惹恼了一些自视"高雅"的正统人士，被取消了委员资格。

1922年，父亲在《进德季刊》第一期上发表《说平民和平民主义》，为他的"平民教育""平民音乐"进行辩护：

> "平民"二字，我们古书上所载的，专指"庶民"而言。"庶"字做"多"字解，就是多数的百姓。我国人平常说话，每每说平民百姓，可见平民就是百姓。先解"平"字，平坦、平安、平和、平章、平均、平稳、平明、平旦、平行、平定、平治、平易、平复、平等、平顺、平议……等，都是很普通的词，还有无病的人，叫做平人；审明冤案，叫做平反；治世叫平世；安稳叫平康……倒转来说，也有太平、升平、治平、和平……

> 凡是人格平等、职业平等、权利平等、义务平等的人，就叫作平民。

> 什么叫作人格平等？——身体不给人做买卖品，不做强盗，不替人做走狗，不做没良心的事——自己的志向意思要独立，不因他人的唆使诱惑，即改变自己的志向意思，从人家的志向意思，才叫有人格。总而言之，要做清白的人，不要做卑污苟贱的人，人格才得平等。

> 什么叫职业平等？做官吏的——有良心的官吏，做警察的——有良心的警察，做教员的，做学生的，都是正当职业，——除强盗、娼妓、贪

官污吏之外凡是用心血、精力、技艺、学术去做的事业，都是正当的职业。职业平等，不是因得钱的多少——位置的高低、声望的厚薄上定出来的，是因职业正当不正当定出来的，——人家做官我做工，人家坐马车我走路，这不叫权利不平等，这叫势力不平等。凡社会上发生了一件公共的事，如果是正当的，是有益众人的，应当竭力帮忙，助他成；如果是不正当的，有害众人的，应当竭力反对，打消他，才叫做权利平等。

什么叫作义务平等？凡是为国为社会为团体的事，都应负责——如争青岛、排日货，或牺牲生命，或牺牲金钱，或牺牲光阴、学问、事业，总要将国家社会弄好，才叫义务平等。立意做个有正当职业的人，也叫作平等的义务。

以上四项都完全了，才能做真正的人，才能做平民。

"平民主义"是什么？要知道详细并不很难。我先把"个人主义"和"社会主义"作一个比较的说明：抱个人主义的，主张个人的生活，就是人生的目的，他人同社会，都是方便自己的，所以不承认有社会。抱社会主义的，就专以社会做人生的目的，个人不过是社会生活上的一分子，所以不承认有实在的个人。这两派，都是各走极端，个人既然离开社会，就没有社会了，没有社会，个人又如何生活呢？这是个人主义的不对。社会原来是个人集合起来的，若没有个人，又哪里有社会呢？这是社会主义的不对（不过这种社会主义，叫作绝对的社会主义）。自由、平等、公道、正义，一面不消除个人的性质，一面可以促进社会的进步，本着大家互助的精神，以谋多数人的幸福，这就是平民主义的真意。诸君思想，这平民主义，有什么不好？

人类一生一世的归宿，不在互相争斗，而在互相扶助；不在互相排斥而在互相联合。"自己负自己的责任，自己尽自己的义务，自己竭自己的能力，自己享自己的结果。"四句话，就是平民主义的精义。

《说平民和平民主义》一文是反映父亲早年世界观的一篇重要文章。父亲首先阐述了平民的内涵，接着阐述了平民主义的真意是"自由、平等、公道、正义，一面不消除个人的性质，一面可以促进社会的进步，本着大家互助的精神，以谋多数人的幸福"。父亲反问道："这平民主义，有什么不好？"

父亲认为"人类一生一世的归宿，不在互相争斗，而在互相扶助；不在互相排斥而在互相联合"。父亲的这种思想具有非常浓厚的理想主义色彩，在现实生活中几乎无法实现。但他不管，他是这样说的，也是这样实践的。比如他办明月歌舞团以及后来的明月社，都不收取学员们学习的费用，也不以契约限制他们成名后的进出，以至于三起三落犹不改其初衷。父亲的性格里，有一种天真烂漫的因子，虽被现实撞得头破血流，却从未想到要改变、要妥协，要向"个人主义"或"社会主义"靠拢。

父亲的这篇文章立刻遭到了民国政府的仇视，也遭到了奉行马克思主义的理论家的批判。因为平民也是有阶级的，而父亲恰恰忽略了阶级和阶级关系，忽略了阶级斗争，受到批判那是迟早的事。

黎白、张梦媛在《湘潭黎氏》里这样评述道："1921 年至 1925 年这个历史时期，锦晖在语言、教育、音乐等领域的奋斗，特别是通过'语专'及附小的新教育法实验，应当说是开中国教育之先河，是前人未曾有过的创举。可惜锦晖这个创举，并没有被理解。没有人宣传，没有人推广，随着历史的流逝，这套起过作用的新的教育法，渐渐湮没而无人知晓，或是知而不言。这是很不公平的。黎锦晖本人，终其一生从无辩解，从无埋怨。……"

三

1922 年 1 月，商务印书馆出版的由郑振铎主编的周刊《儿童世界》开始发行，其内容有插图、歌谱、诗歌、童谣、故事、童话、戏剧、寓言、小说、格言、滑稽画等，叶圣陶、赵景深、顾颉刚、胡天月等"文学学会"的成员积极为其写稿，内容新颖、形式活泼，开了通俗儿童读物之先河，所以一炮而红，很快就名声大振，行销国内。

郑振铎是我国现代杰出的爱国主义者和社会活动家，又是著名作家、学者、文学评论家、文学史家、翻译家、艺术史家，也是国内外闻名的收藏家、训诂家。父亲在北京办《平民周报》时，就与郑振铎、耿济之、许地山、瞿秋白等人相识，只是交往不多。父亲看了《儿童世界》，眼前一亮，对郑振铎很是钦佩，马上登门拜访，又邂逅在商务印书馆主编《小说月报》的沈雁冰（茅盾）。在沈的邀请下，父亲加入了文学研究会。

在陆费逵的支持下，由父亲创办的儿童文学刊物《小朋友》于1922年4月6日正式诞生，不久又针对五六岁的小孩子创办了《小弟弟》《小妹妹》两种彩色精印看图识字（注音）旬刊。父亲这样谈他的创刊动机："在茫茫的郊野中，建造一所小小的乐园，围着静穆的青山，绕着纯洁的流泉，种着健康的乔木，开着美丽的香花，结着甜蜜的鲜果，招来愉快的歌鸟、活泼的游鱼、勤劳的工蜂、清廉的舞蝶，并饲养着天真的玉兔、驯顺的绵羊、英伟的雄鹰、忠诚的小狗，让亲爱的小朋友们，逍遥游玩于园内、锻炼身体、增加智慧、陶冶感情、修养人格，一年年长成千千万健全的国民，替社会服务，为民族增光。"父亲在创刊号上对他的儿童读者写下如此纯真稚气的"宣言"："小弟弟，小妹妹，我愿意和你们要好，我就是你们的小朋友。……小朋友们呀，我爱你们，你们也爱我吗？"

《小朋友》印刷精美，装帧新颖，内容主要以民族的、民间的文化为主，包括歌曲、图画、故事、戏剧、诗歌、小说、谜语，它第1期就发行20万册，迅即成为风靡全国及南洋、日本等地的热销刊物，发行量最高时达到180万册之巨，为当时同类刊物之冠。当时没有人专为孩子们写作，父亲就动员"国语文学部"的编辑们为《小朋友》写稿，同时鼓励孩子们自己写作，杂志上也拿出一定的篇幅发表孩子们的习作，他自己更是热情高涨，乐此不疲。父亲把《小朋友》当作向孩子们宣传新文化、新思想，普及白话文和拼音，提倡教育救国的前沿阵地，教育孩子们"勇敢、勤奋、聪明、快乐、公平"。他在《小朋友》第110期的一篇文章里，将《小朋友》比喻成"火炉"和"扇子"："一到热天，小朋友们都放了假，我便忙起来了；一到冬天，小朋友们都放了寒假，我又忙起来了；所以，我是火炉，又是扇子。"其实，父亲就是小朋友们的"火炉"和"扇子"。

《小朋友》是中国现代历史上最为悠久的儿童刊物。从创刊起，父亲连续

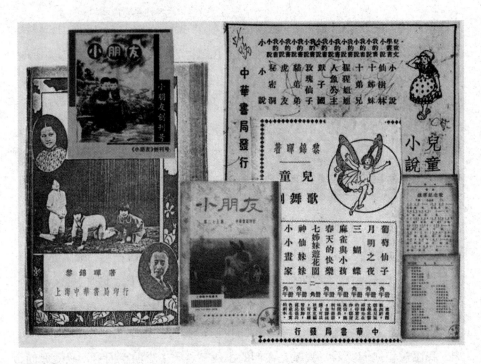

黎锦晖创办于上海的《小朋友》杂志

主编了四年，共有两百多期，为其写稿则长达八年。它使父亲的周围聚齐了一大批优秀的编辑，也培养了一批儿童文学家。这时期，父亲创作出童话《十兄弟》《十姊妹》《十个顽童》等数十篇，创作儿童诗歌、表演歌曲《三个小宝贝》《可怜的秋香》等五百多首，儿童歌舞剧《麻雀与小孩》《小小画家》《神仙妹妹》《小羊救素闻》等十二部，以及爱国歌曲《总理纪念歌》，都陆续发表在《小朋友》上面，之后由中华书局单独结集出版，又征集各地童谣万首以上，和吴启瑞、李实合编成《歌谣》八册等等。这些书一经发行便风行全国。"乒乒乒，乒乒乒乒，有人敲门……""排排坐，吃果果，幼儿园里朋友多……"等唱响全国乃至海外，直到今天其中许多儿歌仍在一代一代地流传着。可以说，全球有华人的地方，就有父亲的歌曲在传唱。

我国著名儿童文学家、1945 年 4 月在重庆接任复刊的《小朋友》主编陈伯吹先生在《怀念先行者黎锦晖先生》的文章里，热情洋溢，几乎是顶礼膜拜地评说父亲：

  ……中华书局出的儿童周刊《小朋友》，夸张一点儿说，其时风行全国，我在交通不便的乡间也接触到了。它不仅作为我给学生们选择课外读物的宝库，同时也作为我学习写作的蓝本，它是我在文学修养、写作实践上不出声的一位好老师，是它，循循善诱地引起了我的创作冲动，并展示了美好的学习榜样。

  ……《小朋友》的创始人黎先生，是一位文艺全才的有心人。他获得很有眼光又有魄力的陆费逵（伯鸿）先生的支持。一开始在文学上发表了"旧瓶盛新酒"的《十兄弟》与《丨姊妹》，赢得了小读者的欢心。他创作儿童音乐与儿童歌曲，受到国内外各界人士的欢迎。一点也不过甚其辞地说，真是家喻户晓，有口皆歌。例如《月明之夜》等等，这一歌唱与舞蹈的成就，非常出色，在当时，引起了全社会的轰动，几乎是前无古人，后无来者，时至今日，还在老幼口中乐意地哼着、哼着，特别在孩子们中，其影响之久远，夸张点儿地说，百世可传，此曲此歌只在当年有，而今也不会绝响。

  黎先生在儿童文学与音乐上，尤其是后者，创作的音乐性、兴趣性、娱乐性，这类且歌且舞的作品，为少年儿童和他们的老师、家长衷心地喜爱，所谓"功不可没"，黎先生其庶几乎！

上海社会科学院资深研究员、史学家盛巽昌先生在《黎锦晖和儿童文学》里以史学家的冷静客观评价道：

  五四以后形成的儿童文学文坛上，出现了许多有才华的作家。早期的黎锦晖就是以创办《小朋友》，创作大量儿童故事、童话和诗歌，特别是表演歌曲和歌舞剧而风行全国，在儿童文学领域独领风骚的。……

  ……早在 1914 年，黎锦晖就着手儿童诗歌的创作和编辑，他在一生中为孩子们写下了成千篇作品。……他的作品颇适合儿童的心理和兴趣；本着"教育救国"的愿望，作家的笔下常渗透读书救国的思想，诸如借美国姑娘在独立战争中的反英业绩，激励孩子们抵御侵略者于国门之外的《勇敢的安蕾》；在上海有关抵制日货、提倡国货的专刊上，他一人采用话剧、诗歌、故事、国画等形式，就发表了八篇，占登载作品的三分之一。

……辛亥革命以后的孙毓修、王蕴章（西神）、戴克敦、徐博霖（半梅），五四运动以后的郑振铎、殷佩斯、邵子风、沈志坚和顾均正，他们都在介绍外国儿童文学方面做出了应有的贡献，而大量利用、参照中国民间传说、神话，将其作为原料加工为作品的，黎锦晖可称是佼佼者。

四

1925 年 5 月 15 日，上海爆发震惊中外的"五卅"惨案，并很快席卷全国，形成了一场全国规模的反帝运动。五卅运动是中国共产党领导下的群众性反帝爱国运动，是中国共产党直接领导的以工人阶级为主力军的中国人民反帝革命运动，并且成为第一次国内革命战争时期全国大革命风暴的序幕。嗣后不久，省港大罢工、二七大罢工、汉阳兵工厂大罢工等罢工浪潮在全国各地频频爆发。1925 年 8 月，同在上海的商务印书馆发生了罢工。作为其竞争对手的中华书局，罢工风暴也在酝酿之中。

父亲组建中华书局国语文学部时，深知得有一个好的编辑团队，只有好的编辑，才能编出好书。父亲经过几个月的寻找筛选，陆续聘请了十八位具有新思想、新观念的青年编辑，号称"十八罗汉"。这些青年们干劲足、头脑活、思想新，曾创出一日编一书、年编辑出版 360 本书的奇迹，且本本质量过硬、销路不错，让陆费逵大喜过望，特批十天假全部去杭州游玩，费用由书局负担。

"十八罗汉"中，有两位分别叫王人路、潘汉年。王人路进入中华书局时才十七岁，其大哥王人旋是四叔绵纾的好友，以后更是成为我的二姑父，其父王正枢是大伯锦熙的好友。王人路虽是年轻，但朝气蓬勃、爱学肯钻，是父亲手下的得力干将。潘汉年是中国共产党的早期党员，后来成为中国共产党隐蔽战线上的负责人，当时也是父亲费心聘来的，工作极其认真负责。父亲和"十八罗汉"相处如家人，也没有什么等级尊卑之分。

1926 年初，在潘汉年、王人路等人的鼓动、领导下，中华书局排字工人发动罢工，要求增加工资、缩短工时、提高待遇等。由于领导工潮的潘、王等都是父亲的手下及好友，父亲又经常与排字工人接触，更由于领导上海及全国工潮的陈独秀、蔡和森等是父亲的老朋友，父亲遂被怀疑是工潮鼓动者。

有人的地方就有江湖。父亲在中华书局举足轻重，又得陆费逵倚为左膀右臂，早就引起了局里一些人尤其是一些老人的嫉妒；父亲思想又新潮，更是引起了一些守旧派的蔑视。父亲在《说平民和平民主义》中阐释"平民主义……使人民各人奋其利己心，很愉快地作业、很缜密地任事"。在生活中父亲也是如此，与普通工人、编辑相处无间。其实父亲自从 1916 年离开长沙来到北京，就逐渐远离政治，再不复是当年的热血少年。到了上海之后，潜心于国语教育、儿童文学和儿童音乐等，离政治就更远了，而且脾气也变得宽厚温和。那时父亲下班，门房若是有空，就叫："老黎，下一盘？"父亲多半会说："好。"蹲下来就和门房下象棋。有时晚了，还买点酒菜和门房一起边饮边弈。这些也引起了一些有着尊卑、门第观念的董事的愤恨。

当时的中华书局是国内醒狮派的大本营之一，其头面人物左舜生、陈启天、余家菊都在局内任职。醒狮派又称国家主义派，国民党左派和当时与国民党合作的中国共产党都认为，国家主义是欧战以后"无产阶级革命潮流高涨所激起的一种极反动的思想"，是"帝国主义的走狗""民族运动的死敌""干反革命事业的大集合""最反动势力的结晶"。该党党魁曾琦、李璜与左舜生等一起创办《醒狮》周报，故国家主义派又称醒狮派。

醒狮派众人与父亲的理念不合，又嫉妒父亲所取得的成就和父亲在局内的地位，所以左、陈、余等人趁机发难，四处宣扬说父亲是罢工的"幕后煽动者""后台老板"。陆费逵在众人的压力下也甚是难办，这让父亲很是失望，也懒得分辩，怒而辞去国语文学部部长之职。未几，失去了父亲这位好校长，国语专修学校也随之停办。

　　父亲和陆费逵这对事业上的黄金搭档分道扬镳，是令人惋惜的。但对父亲来说，未尝不是件好事。父亲脱离中华书局后，一心专注于音乐事业，终成大器。且父亲虽是离开了中华书局，仍为《小朋友》杂志撰稿数年，他是放不下他深爱的《小朋友》，也放不下心中"教育救国"的理想。

明
月
千
里
星
光
耀

第七章

一

　　音乐是父亲的至爱。随着时间的推移，音乐在他生活中的分量变得越来越重。

　　父亲的学历不高，他所取得的这一切成就，皆源于他的勤奋好学。世纪之初，白话文和国语都是新生事物，无可借鉴，以父亲的师范学历，本无可能参与其间的。在大伯的引导和帮助下，父亲通过艰苦的自学和实践，在语言学、音韵学方面打下了扎实的基础，遂使其编写的新教材、国语拼音学生新词典等风行全国，又通过多校教学，尤其是到上海后通过语专、附小的辛勤劳动，培养了大量会说国语的新型人才，又先后受聘为南方大学、交通大学教授和上海艺术大学校长，在上海教育界极具威望，在全国教育界也颇有影响。

　　来到上海后，父亲还是秉承以前好学的习惯。父亲从未受过专业的音乐训练，他也从不讳言自己非"科班出身"，老实承认自己的不足。他在后来《干部自传》里自谦道："（我）对和声和作曲的技巧没作深刻的钻研，仅凭感性的接触所取得的零星经验来创作。"所以，父亲不放过任何一个可以学习的机会。他在《我和明月社》里回忆道："每星期风雨无阻，必定要到公共租界市政厅去听一两次交响乐。在听乐前夕，一定要阅读张若谷在《申报》上发表的这一次交响乐节目的介绍与说明。并经常观摩意大利米兰大歌剧团、美国旦尼斯古典歌舞团、邓肯歌舞团和上海俄侨业余剧团演出的各种歌剧和舞剧。还自学戴逸青编写的《和声与制曲》。同时和上海、广州乐会、韩江乐会、江南丝竹乐团经常联系。再利用大量的唱片，听取民族、民间音乐……"

一次，父亲与田汉一起观看了米兰歌剧院演出的舞剧《旦尼斯向》，其舞蹈有古典和近代的印度舞、印第安舞；后来又观摩过邓肯舞蹈团演出的反殖民斗争的埃及舞、阿拉伯舞等，这些民族的、唯美的舞蹈使父亲感受很深。父亲对俄侨剧团的乐队有很好的印象，认为它们虽是业余剧团，但比较正规，有专职的作曲，编曲者用贝多芬等音乐改编，也有用中国民歌改编的，如用扬州民歌和老八板等，其中有用钢琴和小提琴演奏《梅花三弄》，但钢琴演奏出来就不像《梅花三弄》了。他还曾观看过日本播种歌舞团的演出，其表演形式舞的不唱、唱的不舞，给父亲的印象特别深。

观摩外国艺术团体表演，拓宽了父亲音乐、舞蹈视野。外国艺术团体表演的都是民族的、民间的歌舞，使他认识到"越是民族的，越是世界的"，也使父亲更加坚定了他践行平民音乐的主张；同时也为他日后的儿童歌舞表演曲和儿童歌舞剧的编创、为他的通俗音乐创作提供了不少音乐素材和舞蹈语汇，在表演形式上也提供了一些参照和借鉴。如他后来编创的《最后的胜利》，其剧旨和其中的一些舞蹈语汇与邓肯舞蹈团的演出不无关系；他的《葡萄仙子》中山羊唱的《咩咩》歌即是借鉴外国曲调；又如用歌队来配合舞蹈表演的《可怜的秋香》，舞的不唱，唱的不舞，各展其长，父亲明确表示是对日本舞蹈的借鉴；再如他创作的《花生米》《特别快车》，是受了外国爵士音乐的影响，颇有爵士音乐的风味。

父亲总是抓住一切机会观摩外国民族、民间音乐舞团，后来他带团在南洋各国巡演时，也不忘观摩当地的歌舞表演。比如他在泰国看到当地的扇子舞非常精彩，音乐也别有风味，便进行了有效的借鉴和学习。

明月音乐会在北京成立后，受种种条件的限制，活动一直不多。父亲来到上海兼任国语专修学校校长后，为开展课外活动，向陆费逵建议置备了各种乐器，成立语专附小歌舞部，使学校的各种课外活动红红火火，吸引了校内外一大批音乐爱好者。随后，父亲又恢复和扩大了明月音乐会，一些具有新文化思想的朋友如杨九寰等成为音乐会的骨干力量。

明月音乐会成立后，很快就投入了工作。明月音乐会有名为"爱美"的管弦乐队。"爱美"乐队是一支中西合璧的乐队，以中乐为主，将有些西乐的演奏中乐化。按父亲的想法，"爱美大都是吸收农民锣鼓丁子（乐队）和民间艺人奏乐的方法，加工编成乐谱，标新立异，在当时独树一帜"。这也是父亲实行"平民音乐"主张的结果。爱美乐队不仅为语专、附小排练节目伴奏，而且还为去江浙等重要城市巡演的国语宣传队伴奏，还接受上海市一些学校和社团的邀请公开演出。开始明月音乐会成员一直坚持业余排练和演出，演出亦不接受报酬。直到1927年，才正式成为专业团队，1928年去南洋巡演，广告上就登有"明月音乐会伴奏"的宣传语。

通过编写新教材、编辑《小朋友》等，父亲替中华书局成功地挽救了危局，使之走上了快速发展的道路，使中华书局成为和商务印书馆比肩的两大出版机构之一。"语专"和"附小"的设立，更使其成为推广新教材、新教法的阵地，也使中华书局名声大振，赚得盆满钵满，所以陆费逵对父亲提出的建议无有不准。

有了语专和附小作阵地，又有充足的经费来源，父亲将明月音乐会进一步扩大，成立乐队，配合语专的歌舞部一起活动。1922年，父亲又在语专创办上海实验剧社，杨九寰、陶天乐、贾存鉴、徐维邦、刘静芳等一大批爱好音乐和戏剧的人纷纷聚集旗下。那时父亲在上海与老朋友田汉意外重逢，又与欧阳予倩相遇。父亲协助田汉在上海成立了南国剧社，后来田汉主办南国艺术学院、南国电影学院，父亲也多有参与。父亲任上海艺术大学校长时，聘请田汉主持文科教务。上海实验剧社成立后，父亲与田汉、欧阳予倩等人多有合作。

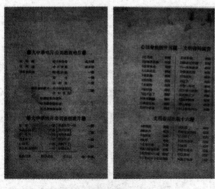

明月社出版的音乐刊物

　　万事具备，父亲开始了勤奋高效的创作。1921 年，《麻雀与小孩》经多次打磨，成熟定形。也在这一年，父亲首创了"儿童歌舞剧"这一新体裁，歌舞剧《可怜的秋香》《好朋友来了》问世，次年又有《五万元》《阴毒报》等愤世嫉俗的新剧以及《葡萄仙子》儿童歌舞剧、歌舞表演曲《寒衣曲》《春深了》等儿童音乐作品，此后更是一发不可收拾……

　　父亲认为，《葡萄仙子》是他的第一部儿童歌舞剧。这部歌舞剧表现了人性真善美的一面，宣扬要建设一个爱护动植物、保护大自然的和谐世界。这部歌舞剧获得孙中山先生的赏识，他安排大中华唱片公司录制唱片并推荐到 1925 年美国费城世博会参展，获文化类银奖。

　　从 1920 年明月音乐会成立起，至 1929 年，是父亲儿童歌舞演唱曲和儿童歌舞剧创作的鼎盛时期。他不断运用和改造民间音乐，利用民间音乐素材创作有民族风味的儿童音乐，并在明月音乐会积极配合下，通过多次实验，最后变成舞台演出的现实。

父亲走的第一条路子是利用民间音乐的旧曲填词。父亲一方面坚持认为中国歌应配中国调，一方面尝试着将北京、湖南等地的小调加工为器乐曲，或配上新的歌词，会友们都没有听到过原有的歌词，没有成见，相当满意，一致叫好。后来父亲吸取教训，很少利用江浙本地的小调，特别是那些原歌词内容庸俗的小调，运用的大都是外地甚或外国民间小调、中国戏曲等曲调。父亲曾总结经验说，试将外地民歌小调，删繁就简，省略花腔；或将主题加工升华，编成新作，然后配成儿童歌曲。很快，这种富有独特风格的新歌，不仅儿童喜爱，成人也乐于欣赏。如《麻雀与小孩》，基本采用的是旧曲填词方法。其中第一场的《飞飞曲》，是利用十七八世纪流行于英国民间的村舞音乐；第二场的《引诱》，是利用湖南民间歌曲《嗞嗞令》；第三场《悲伤》，利用的是"北大音研"长白山组搜集的《长白山曲》；第四场《忏悔》，利用东北古曲《苏武牧羊》；第五场《团圆》，利用的是京剧《探亲家》曲牌《银绞丝》。

　　父亲的另一条路子是用民众喜爱而且能结合现代口语的俗乐形式作曲，此系全新创作。如《小小画家》，此剧音乐全系新创作。但是在音乐创作中，吸取和发扬了民间音乐和中国戏曲善于刻画人物的特点。其中的《贵姓大名》这段音乐的节奏疏密有致，富于对比，旋律明快流畅，表现了剧中小画家天真活泼、无忧无虑的性格；"母诫"一场中的《教子歌》，运用似说似唱的曲调、口语化的歌词，如同戏曲中的数板，刻画了母亲望子成龙的焦虑心情；第二场"闹学"中的《背书歌》，更是一首富于戏剧特色的歌曲，颇具幽默讽刺的曲调，将小画家背不出书的窘态、塾师受戏弄的气急败坏的心情，刻画得淋漓尽致；剧终前的《赶快画》一曲，是一段富于舞蹈性的歌唱，并采取了戏曲一唱众和的形式。该剧所有唱词言文一致，明白如话，通俗易懂。

　　明月音乐会多次为父亲的音乐作品伴奏、灌制唱片。第一次是1922年，中华书局投资，灌制了《葡萄仙子》《可怜的秋香》《寒衣曲》等七张。第二次是1928年，大中华唱片公司投资，灌制了《落花流水》《人面桃花》以及《月明之夜》《三蝴蝶》《麻雀与小孩》十余张。当时灌音的是老会员严个凡、张遇羲、严工上、严折西、孙杏叔、黄继善、杨九寰七人参与。这七人加上父亲，当时在上海号称"灌音八仙"，他们常聚会研究实验音乐与唱腔的配合，平民音乐如何借鉴民间音乐、戏曲唱腔等课题。这些明月音乐会伴奏灌制的唱片当时十分畅销，有的还销往东南亚各国，这对于扩大父亲音乐作品的影响和保存当年音乐作品的原貌都起到重要的作用。

二

父亲在《我和明月社》里，回忆了他总结出的一套"不合古法"的器乐演奏新法："一、一种叫'珠联璧合式'。我新创作了一套器乐合奏曲，取名'湘江浪'。描写从溪流、瀑布汇成小河，经高峡、险滩集成大河，集众流成大江，波涛滚滚泻入洞庭。后来把它作为明月社公演的前奏曲。起初公开演奏时，排练不熟，将要结束前，有人看错谱，乱成一团糟，身边有一面用脚踩的大鼓，我急中生智，马上一面踩，一面把钢琴改奏大家最熟练的快板曲，全体跟上，奔放流畅，突然终结，整齐干脆，掌声大起。次日报上盛赞明月音乐会合奏的'对谱音乐'有高度的技巧……

"二、一种叫'众星捧月式'。用一种小唢呐奏主调，用花鼓、胡琴包腔，用钢琴代表锣鼓，曲名《曲带子》（出台子）。有一次排练时，朋友带一位女钢琴家来参观。乐曲起始，我紧捏右手食指与拇指使劲在高音部一个琴键上戳出连珠式的板鼓声。这种指法，自有钢琴以来史无前例，她顿时忍不住纵声大笑，直笑得眼泪汪汪，嘴里还说，好，好。当时我想，这也是一种新的创造。比方乐谱上有一种倒三角（▼）顿音符号，和简谱上圆点（·）高音符号容易相混，我把实心三角改为空心三角（▽），相沿成习，至今还在使用。

"三、'锦上添花式'。我把江南丝竹曲《三六》（又名《梅花三弄》）配合《花三六》和《花花三六》，予以调整，加工合奏，用中西乐器轮流交换主奏和协奏，别有风味。这种'中西合璧'，不是齐奏到底，而是灵活运用，抑扬有致。那时'山中无老虎，猴子称霸王'，我竟敢于站在台前用胡琴弓方式拉小提琴，真是胆大包天。同时，有人反对粤乐能手吕文成用小提琴拉广东调，我抱不平，主张西洋所有乐器，都应该为'国乐'服务，过去容纳外来的胡琴、羌笛就是先例，引起颇为热闹的争执。

"四、'红花绿叶式'。就像现在的评弹音乐，用拨弦乐器调节奏，伴唱腔，加入弓弦乐器和笛子的装饰乐句烘托感情与气氛。

"五、'自由式'。独唱者纵情表现，不受节奏的约束，钢琴伴奏随时编些'自来调'夹在歌腔中以资衬托。

"六、'独立式'。唱歌接近朗诵，伴奏乐曲按词意环境独立发挥，不是伴歌声，而是伴歌意。

"以上这些方法，由于打破了常规，适应了群众好奇喜新的心理，丰富了民乐演奏和作曲配器的方法，所以，演出效果是非常好的。"

父亲对表演程式，也有自己独到的研究，他在《我和明月社》里亦作了详尽的说明："我在上海时，曾用扬州小调配些反封建反迷信的大众歌曲，如《文明结婚》《瞎子瞎算命》等。在'语专'附小深入儿童生活后，将外地民歌小调，删繁就简，省略花腔。这种独特风格的新歌，不仅儿童喜欢，成人也乐于欣赏。独唱和对唱大都是近乎曲艺形式的'表演唱'，儿童喜欢这种生动活泼的唱法，促使的进一步发展，编成多种类型的'歌舞表演曲'。现从出过单行本的二十八种之中，举出有代表性的五曲为例，略述创作、表演经过和后来的影响：

"一、配合舞蹈化动作的表演唱。如《寒衣曲》。第一场，母亲边唱边做寒衣。第二场，游子收到母亲的信和包裹，边想边唱。乐曲模仿古琴曲，本来要求幽静，由于歌词有黯然神伤的别离情调，致使学生也有所感染。

"二、表演对唱，配以生活化的舞姿。如《好朋友来了》，三个小朋友陆续敲门进来，用对唱对舞表示朋友相见时的礼节和欢乐情绪。由于歌词完全是常用的口语，作曲时吸收了京韵大鼓中的某些旋律，低年级学生很爱唱，在学校、公园、胡同……凑成四个人就表演起来。这一类歌曲颇合儿童心理，它不光是舞台节目，已经化成随时随地的生活游艺了。

"三、对唱配合双人舞，把较长的过门作为舞曲。如《蝴蝶姑娘》。姑娘先问蝴蝶，边唱边跳，蝴蝶也跳；蝴蝶答复姑娘，边答边跳，姑娘也跳；后段副歌，齐唱齐跳。这一类的歌舞表演，演员爱演，观众爱看，因为它的结构类似北方的'二人转'、湖南的'杂戏'、江南的'文戏'……

"四、编队领舞，有领唱、齐唱，队列不断地变化。如《吹泡泡》，一人领唱领舞，多人队列齐唱群舞，按照音乐的段落变化队形。歌词内容，借助吹肥皂泡的游戏，引出人类利用自然现象的动态，借以抒发儿童愉快的心情。乐曲吸收了西洋歌曲的音乐语汇，结合民族传统曲式创作的。制成唱片后，由于节奏明显、匀整，不少学校用作早操音乐。这一类的集体歌舞，不拘人数，不限场地，也可利用花束、花球、响鞭、铃鼓……增强气势。后来由联华摄成四部彩色有声短片。

"五、用歌队配合舞剧的表演曲。特点是使唱的人专顾唱，尽力发挥声乐的技巧；舞的人注意力集中，不会因兼顾唱歌而分散力量。如《可怜的秋香》，用十分明白浅易的歌词，表现孤女秋香，早晚都在放羊，得不到人生的安慰，终身消磨在草地；衬以富家女儿——金姐和银姐，样样都有。表演把幼年、青少年、老年三个阶段，分三场用舞剧形式演出，强调富人鄙视穷人，以激起观众对秋香的同情，对当时社会的不满。舞台一角有小型歌队，前段独唱，后段齐唱，歌唱的感情也分为厌恶、愤恨、哀伤三个阶段发生变化，形象与声音结合，颇具感染力。这曲子是抒情的民歌。有人评为：'曲调亲切动人，旋律自如，曲式灵活自然，易学易教，故能流行全国。'但是它有一个特征，慢唱能悲，快唱能乐，柔唱轻快，刚唱昂扬。后来有人把它配上革命或爱国词曲，照进行曲一样唱；还有游艺场配成滑稽歌，职业化的管乐队用于庆吊场合。也引起了国内外音乐家替它配过好几种钢琴曲。一直到 1945 年，还有一个外籍作曲家把它吸收为一部大型纪录片《中国之抗战》的音乐主题。这种类型的表演方式，当年还发展成为《长恨歌》歌舞剧。追本溯源，还是受了皮影戏、木偶戏和相声等表演方式的启发。

"儿童歌舞剧是一种新的创作。由于我国儿童剧没有传统可供借鉴，只能根据作品，分为四类：一、直进式。以故事为基础，直接发展，以歌舞紧密扣合，烘托剧情。剧为主，歌舞为宾，实际上近似轻歌剧。二、递展式。以歌舞为重点，递进开展，戏剧动作大都舞蹈化。歌舞为主，剧为宾，这是纯粹的歌舞剧。三、回旋式。剧中人物随着剧情变化，重复着上场下场。四、并驱式。用合唱来阐明乐舞，用舞剧来发挥乐歌。

"由于明月社初期发展的重心在于歌舞剧，有必要交代清楚。

"一、《葡萄仙子》。1922 年写成了这出递展式的歌舞剧，这是第一部儿童剧。本剧的主题思想是保护劳动果实。主角葡萄仙子是葡萄本身和园丁结合起来的象征。还有象征自然界的五位仙人——雪花、春风、雨点、太阳、露珠。它们由冬经春夏到秋，促使葡萄发芽、长叶、开花，至果实成熟。又有几种动物——喜鹊、甲虫、山羊、兔子和白头翁，听从仙子的劝告，一同保护葡萄。表演递展推进，歌腔随时变化。其中有相同的曲调作不同的方式欢唱，使五个仙人出场的气氛不同，也有不同的曲调，突出不同的趣味，使五个动物的个性也能突出。音乐不停，适当配舞，有了显著的差别。

"二、《月明之夜》。舞剧《葡萄仙子》发行单行本后，只适合中高年级学生表演，有些儿童总演不着戏。所以在构思这个剧本时，特意配上八个低年级的孩子可以扮演的角色，满足他们的要求。虽然也借用神仙，但不是歌颂，而是说明神仙是没有快乐的，当了神仙不如做人好。本剧把中国古代的嫦娥和臆想出来的外国快乐之神凑在一起搬上舞台。这个剧经《小朋友》周刊陆续刊出，剧中除两个角色需中高年级儿童扮演外，其余八个小孩，唱出幼儿的歌曲，适合低年级学生来演，他们有戏可演，都大为高兴。

"三、《三蝴蝶》。《葡萄仙子》大受各校学生欢迎，我又编写了一部长歌舞剧《三蝴蝶》，这也是递展式的。这出戏的情节：描写三只蝴蝶在菊花丛中飞舞，天气渐渐变化，风雨雷电陆续加剧，蝴蝶要求菊花保护，可是一朵花不能容纳三只蝴蝶在一起，而三只蝴蝶不忍分离，仍与恶劣气候作斗争，结果太阳出来了，蝴蝶、菊花欢欣歌舞，暗喻在困难环境中，要坚持奋斗到底。

"四、《春天的快乐》。《三蝴蝶》演出后，中学生也要求给他们写些歌剧，于是又编写成《春天的快乐》。少年歌舞剧的意境和词曲自然要求比儿童歌舞剧复杂些。歌词增强诗意，音乐要求优美动听，舞蹈采用了一些成套的舞，注重优美的姿势和轻柔缓慢的动作。《春天的快乐》主题是：青年必须劳动才能得到快乐。剧中描写一个不爱劳动的少女——忧愁公主，经过桃、李、蜂、蝶、莺、燕和两个小朋友的启发，认识到不劳动的人，只有忧愁，没有快乐。故事简单，但结构上有些特点；幕后有一段朗诵，讲明剧旨。

"五、《七姊妹游花园》。这个歌剧同样是为初中的少女们所表演的，所不同的它是回旋式的歌舞剧。写六个姊妹对花卉各有偏爱，唯独七妹普遍爱群花，于是'万花仙子'把'万花宝盒'送给了七妹。有独唱、轮唱、齐唱、合唱。七个姊妹完全以美的姿势在舞台上活动……

"六、《麻雀与小孩》。剧情顺展，歌舞结合，近似小型歌剧，是直进式歌舞剧。这出儿童剧的主题，是教育儿童养成善良、诚实的道德品质。《麻雀与小孩》的结构为直进式，就是把同时、同地、同人物的一个故事直叙下去。后奏曲用下调小快板（二黄手法）奏'大开门'，爽朗流畅，表示这是喜剧（剧终前以本曲为舞曲，显示首尾呼应）。剧分五场，每场都有不同的曲调，并标上小标题，每段标上曲牌名。第一场'教飞'——老麻雀教小麻雀。曲名'飞飞曲'，换 C 调（反二黄手法）唱奏，这是西欧儿歌调，简单明了，幼儿也听得懂。第二场'引诱'。老麻雀去打食，嘱咐小麻雀不要乱飞，小孩偶然看见小麻雀，便引诱她到家里去关起来。曲名'噁噁令'，换 F 调中板（二黄手法）唱奏，这是湖南民间歌曲，朴实亲切，表现老麻雀爱护女儿，小孩偶然淘气和小麻雀因饿被诱的心情。第三场'悲伤'。老麻雀打食回来找不到女儿，由焦急而悲啼，曲名'长白山曲'，F 调，曲趣适合剧情。第四场'忏悔'，小孩问明老麻雀的苦情，顿时觉悟自己做了不好的事，立即悔改，把小麻雀带来送还。这一场是剧的主题重心。曲名'苏武牧羊'，F 调，稍慢，渐加快，曾有文人填配雅词，相传是东北古曲。音调昂扬，感情醇厚。第五场'团圆'，剧中人物互相倾诉，宽怀歌舞。曲牌用了京剧'探亲家'的'银绞丝'，明快欢乐，在高潮后，它撑得住戏剧快要结束时的气势，使观众情绪再度提高。唱完末了一句'月明、风静、草软、花香，大家跳舞吧！'紧接着用 F 调奏小快门'大开门'曲，进行三人舞，舞完剧终。

"这剧脱稿之后，在好几个小学中试排试演多次，1922 年 4 月，《小朋友》从第二期至第七期分六次连载，以后边演边改，逐渐完整，出现单行本，流行了二十余年。解放后，在 1956 年全国第一届音乐周期间，由北京中国儿童剧院演出，中央人民广播电台录音及各电台播送，改名《喜鹊与小孩》，由北京出版社出版，并由中国唱片厂灌片。（按：当时除'四害'，麻雀属于'四害'，所以改了剧名。)"

三

父亲特别宠爱大姐黎明晖,打小就一直带在身边。大姐明晖活泼伶俐,天赋禀厚,自小喜欢着男装,剪短发,家里人称她为"少爷"。父亲时常带着她打球、跑步、游泳、骑马、骑自行车等,而大姐在体育运动方面特别有天赋,学什么会什么,而且还学得比别人快、比别人精。左邻右舍喜欢用上海话管大姐叫"小玩头"(男孩子的意思)。大姐除了体育运动好外,对音乐极是喜欢,又有天分,父亲很高兴,就有意识地培养大姐。在父亲的精心培养下,大姐歌唱得好,舞跳得好,又经过国语宣传队的熏陶,以及语专、附小歌舞团的锻炼,逐渐成长起来。父亲创作的歌曲总是先让大姐来唱,这使大姐成为中国歌坛的第一位流行歌星。

我的大姐黎明晖(1934 年)

大姐黎明晖演出海报

父亲创办上海实验剧社的初衷，是大力推广话剧这个新的剧种，同时支持和赞助儿童歌舞剧。1922年，上海实验剧社决定演出西方话剧《幽兰女士》。父亲想用女演员登台表演，他说："我们要让女性登台表演女性。为什么以前没有？是因为封建专制、封建礼教的禁锢。清政府被推翻几十年了，为什么不能改变这个陋习呢？别人不敢，那我就来当这个始作俑者！"

在此之前中国的话剧舞台上从来没有出现过女性的身影，全部由男角反串。那时虽然民国已经建立十多年了，但封建礼教还在禁锢着人们的思想，"三从四德"仍牢牢捆在女性身上。在那种封建势力还很雄厚、人们的思想还抱守旧传统的环境下，用女演员上台，那将是怎样的惊世骇俗？但就是这样，父亲仍不肯退缩，又兼有杨九寰、顾梦鹤等人的强力支持，父亲更加坚定了决心。

决心有了，但谁来演幽兰女士呢？那时可没有现成的女演员。要是随便找个女的，没有任何表演经验，父亲也不敢让其登台。这时年仅十二岁的大姐勇敢站了出来。大姐说："女性在古代戏曲里演女人本来就有，为什么演话剧就不行了呢？我敢，我来演！"于是大姐就成为中国话剧史上第一位女演员。

《幽兰女士》在上海中央大会堂如期演出。用现在的话说，大姐是"闪亮登场"，果然激起轩然大波。报刊上遗老遗少们咒骂的文章连篇累牍，开明如陆费逵者，也言"胆大包天"。但父亲的一些朋友如沈雁冰（茅盾）、郑振铎、田汉、许地山、欧阳予倩等人却大为赞赏，沈雁冰赞扬说："这是创举。"郑振铎笑着补充了一句："冲破云霄殿。"父亲接道："我变成大闹天宫的孙悟空了。"大家哈哈大笑，高歌纵酒以庆。

虽然骂声不断，但演出却场场爆满，观众用震天的掌声表达他们的态度，以排队购票表明他们的选择。渐渐地，报纸出现了赞扬的文章，那些咒骂反对的文章渐至稀少，以至于无。

在父亲的支持下，大姐就此步上了演艺之路。在歌坛取得成功后，大姐又开始涉足影坛，1925年大姐初涉影坛，首演电影《不堪回首》，她在其中饰演一个天真烂漫的少女，也因此得到了"小妹妹"的雅号。以后相继主演了《战功》《小厂主》《花好月圆》《柳暗花明》等影片。大姐的表演清新、明快、朴实，很受观众喜爱，《女人》《清明时节》使她在影坛上负有盛名，成为1934年的"影坛四大金刚"之一（其他三位是胡蝶、阮玲玉和陈玉梅），名噪一时。直到1938年大姐主演《凤求凰》后退出影坛。中央电视台曾经采访大姐的儿子陆震东，他很风趣地说："那个时候（妈妈）只是小妹妹的形象。就是剪一个短发，刘海这个发型，那么个小妹妹的形象。这个小妹妹那个时候很出名，上海人都知道。那个时候写信给我妈妈，不要写地址，画个图像她都能收到，真是神了。"

1923年，剧社在杭州公演话剧《良心》。《良心》取材于现实生活中上海大奸商、人流氓黄楚九卖假药坑害病人牟取暴利的故事。黄楚九，旧上海有名的宁波商人，典型的"奸商"，当时上海首屈一指的娱乐场所"上海大世界"就是其名下的产业。最能体现其"奸"的，是他糊弄的一种名为"艾罗补脑汁"的"保健品"。

当时上海金融投机层出不穷，出现了让许多如同现代白领一样的人为之头痛不已的神经衰弱症。略懂些医药的黄楚九便乘势推出了"艾罗补脑汁"。为了迎合上海开埠以来人们崇洋媚外的时尚心理，黄楚九虚构此药的配方是由一个叫"艾罗"的美国博士提供，所以就叫"艾罗补脑汁"。他强调"艾罗补脑汁"可以长智慧、祛百病，忽悠很多人争先恐后地购买，一时风靡上海滩。事

黎明晖在香港演出的报道

实上，"艾罗补脑汁"是一种加了甜味剂的咳嗽糖浆，黄自己也承认此药"吃不好，也吃不死"，是标准的假药。有意思的是，此药在香港现在仍然有售，甚至淘宝网上也有出售。

后来还发生了一件有趣的事。就在黄楚九凭"艾罗补脑汁"赚得盆满钵满的时候，一个衣衫褴褛的美国男孩自称是艾罗博士的儿子，试图敲诈黄楚九。黄楚九灵机一动，不但承认他就是"小艾罗"，还专门召开新闻发布会，利用报纸大肆炒作，使骗局越做越大。

《良心》在杭州上演，把黄楚九给气坏了。黄楚九在上海颇有势力，立刻电请浙江警察厅厅长夏超下令禁演，夏超以"剧社男女混杂，有伤风化"为借口，不准剧社再行演出。上海《时事新报》为此出特刊揭发禁演的真相，以示抗议。

父亲爱国、反帝的立场一直未变。北伐战争爆发后父亲创作的《同志革命》《热血歌》及儿童歌舞剧《最后的胜利》等均以赞扬北伐革命、救国救民为主题。《最后的胜利》中的《救国歌》这样唱道："同胞哇！同胞哇！四万万的同胞哇！救我的国，保我的家！快起！快起！救我的中华！谁抢夺我的国土？谁侵害我的自由？谁仗金钱武力，把我们当马牛？我们的国家危险已临头！国如不保，家也难留！……"这部歌舞剧在上海租界遭到禁演，他们就在华界演出，又受到军阀势力的威胁和恐吓。在南洋巡演时，也遭到各国殖民政府的禁演。日寇入侵上海后，此歌剧书被烧，版被毁。

四

1925年3月12日，孙中山先生病逝于北京，厝于香山碧云寺。消息传开，举国悲伤。作为老同盟会员的父亲悲痛万分，连夜写下《总理纪念歌》：

> 我们总理，首创革命，革命血如花；
> 推翻了专制，建设了共和，产生了民主中华。
> 民国新成，国事如麻，

总理详加计划，重新改革中华。

三民主义，五权宪法，真理须推求：
一世的辛劳，半生的奔走，为国家牺牲奋斗。
总理精神，永垂不朽，
如同青天白日，千秋万岁长留。

民生凋敝，国步艰难，祸患犹未已；
莫散了团体，休灰了志气，大家要互相勉励。
总理遗言，不要忘记，
革命尚未成功，同志仍须努力。

　　歌曲写好后，先在中华书局的职工中传唱，父亲又很快把它搬上了舞台。明月音乐会每次演出皆唱此歌，很快就唱遍上海，接着又唱遍全国。广东革命政府通令全国，要求传唱此歌；规定小学生每周举行一次"总理纪念周会"，程序是唱《总理纪念歌》，朗读《总理遗嘱》，"静默"等等，可见其影响力之大。当时上海还在北京政府"五省联军总司令"、皖系军阀孙传芳的统治之下，但孙传芳迫于形势，也迫于孙中山的巨大威望，心中虽是不满，却也不敢明令禁唱此歌。

　　后来明月歌舞团出国到新加坡、吉隆坡、曼谷、雅加达等地巡演，每次演出，幕布拉开的第一首曲目也是《总理纪念歌》，广大侨胞深受感动，甚至英国贵族也为之动容，肃然起立，行注目礼。当时没有国歌，父亲为了表达自己与全团演职员工以及南洋旅外侨胞的爱国心情，将《总理纪念歌》作为代国歌，按照国歌庄严隆重和至高无上的方式演奏，收到了很震撼的效果。

　　我的七叔黎锦光那时在黄埔军校上学，在军校的早操晨会上听到这首由二哥创作的《总理纪念歌》，不禁热泪盈眶。七叔在结束短暂的军队生涯后，循着他二哥的歌声来到上海，开始了和父亲并肩战斗的日子。

　　这首歌直到今天还在传唱，但在台湾，它改了名字，叫《国父纪念歌》，词作者也变了，由黎锦晖变成了戴传贤（季陶）。

南京政府建立后，尊称孙中山为"国父"，《总理纪念歌》也就成了《国父纪念歌》。但查遍戴的著作，未见有其创作《总理纪念歌》的记载。据学者考证，台湾蒋氏父子统治时期，对留在大陆的作家作品都不予具名，蒋介石开展"新生活运动"时还封杀过父亲的作品，可见他对父亲是没有好感的，《总理纪念歌》当然更不愿让父亲署名了。于是，国民党就想起来在党内拥有崇高威望的戴季陶。

戴季陶（1891—1949），名传贤，字季陶，原籍浙江湖州，生于四川广汉。国民党中央委员，国民党的理论家，曾任孙中山秘书。历任国民政府委员、考试院院长、国民党中央宣传部部长等。戴和蒋介石的关系很深，早在1905年，在日本留学的戴季陶认识了蒋介石，长时间受到蒋介石的赏识和重用。戴身份显赫，且具文名，国民党在他死后二十多年硬把词作者的身份安在了他身上，《国父纪念歌》也就成了戴的作品。

我们对照《国父纪念歌》与《总理纪念歌》，150 个字的歌词只有三个同义词有改变，这无可辩驳地说明，《国父纪念歌》就是父亲所作的《总理纪念歌》。为还历史以真相，也为父亲正名，我们已正式向台湾"法院"提起上诉，并向时任国民党主席马英九递送了要求调查国民党侵犯父亲知识产权的诉讼通知。在台北地方法院庭辩中，我递交了父亲发表在《小朋友》周刊上的《总理纪念歌》，国民党中常委和国民政府改孙中山总理尊称国父的《通令》和《明令》（根据这两个文件，《总理纪念歌》更名为《国父纪念歌》），音乐学者的研究论文，戴季陶生前作品等。国民党教育部代理律师当场承认这首歌是父亲的作品，法官也说是黎的歌，但台湾不承认大陆版权，最后不了了之。不过，海外媒体播放此歌时会署名为黎锦晖词曲。之后，《台湾日报》也详细报道了《国父纪念歌》作者真相大白的始末。

五

父亲首创的儿童歌舞剧，在那个年代可谓家喻户晓，无论老幼，都会哼上

几句。但随着时间的流逝，父亲的歌舞、父亲对中国音乐的贡献渐渐湮没在历史的长河之中，少有人提及。直到 1956 年新中国第一届音乐周之际，父亲的《麻雀和小孩》《葡萄仙子》再一次出现在舞台上面对观众，父亲的名字才从历史厚厚的尘埃中熠熠生辉。在这次会议上，当时的国家副主席刘少奇肯定说："我们是否有歌剧历史呢？有。《葡萄仙子》《麻雀和小孩》都是不错的。把这些编成歌剧搬上舞台，是从黎锦晖起。"随着"文革"时期刘少奇主席被打倒，父亲也在劫难逃，他的名字再度湮没了。

1991 年，黎锦晖诞辰一百周年纪念会在北京召开，中国音乐家协会、文化部等八个单位联合纪念演出《麻雀与小孩》《小小画家》《可怜的秋香》等父亲创作的经典剧目，历史才给了父亲一个中肯的评价。

在这次纪念活动中的黎锦晖作品讨论会上，中国音协名誉主席吕骥发言说："黎先生之所以在儿童歌舞剧方面取得这么大的成就，在于他深刻了解当时的社会生活，运用儿童的语言、音调等，表现了这种社会生活，所以使人非常受感染……

"我们现在有没有很好的儿童歌舞剧呢？我看不多。黎先生的作品是风行全国、不胫而走的，那时候还没有广播、电视，要做到家喻户晓的程度确实不简单。我们缺少黎先生那样的作品，我们急切需要新时代的儿童歌舞剧。黎先生的经验，主要是他了解社会，深刻了解儿童，有意识为当时的社会培养新的儿童，所以他用他所理解的那样的题材，那样的思想观念，去灌输儿童……"

朱立奇先生在《论黎锦晖的歌舞剧》一文中说："……黎锦晖先生和胡适、陈独秀、黎锦熙、赵元任等大师一道，提倡白话文，统一民族语言，促进全民思想交流的更新和现代化，并以此参加五四新文化运动。黎先生在白话文运动中，成绩卓著，并创制出儿童歌舞表演曲和儿童歌舞剧这两种新形式和新体裁。黎先生的作品，写儿童，演儿童，是纯粹的儿童教育剧，是我国盘古开天辟地以来第一次出现的新事物，是真正的革命举动。而且它的艺术质量，上可以笑傲古人，下足以垂范后世。"

朱立奇先生后来在《读黎锦晖评传》中又说："……黎锦晖先生在文化领域里，尤其为文化接班人——儿童，奋力工作：他是编辑儿童课本的第一人，编辑儿童刊物的第一人，写儿童歌曲的第一人，写儿童歌舞的第一人，写儿童歌舞剧的第一人，办歌舞学校和歌舞团的第一人，领导组织歌舞团出国演出的第一人，收集、整理、出版民间民族音乐的第一人，编写电影音乐的第一人，编写舞厅音乐的第一人，培养了大批舞台和电影明星的人，写了大量抗战歌曲的人，最后，他是编写最为广大群众欢迎的流行歌曲的第一人。黎先生是一位多产的、纯粹民族风味的而又是现代的伟大作曲家噢！"

中央音乐学院音乐研究所所长汪毓和先生发言："我认为黎先生是儿童歌舞剧和儿童歌舞音乐这两种体裁的首创者。在黎先生之前，在学校音乐课里，主要是唱歌。从他之后，我们的学校音乐教育从单纯的唱歌，进入到进行儿童歌舞的表演。从这点上讲，他使我们的学校音乐教育跨入到向多种形式发展的新阶段。黎先生完全可以说是这两种音乐教育形式的奠基人。

"黎锦晖先生的歌舞剧是把西方的歌剧形式移植到中国来，并加以民族化、大众化的最早尝试，黎先生是引用西方歌剧的第一人。他的歌剧尝试对后来产生了很大的影响。我个人认为，大革命时期，特别是在江西革命根据地，也排过一些小的歌舞剧，虽然到现在我们还没有掌握完整的东西，只有片断的材

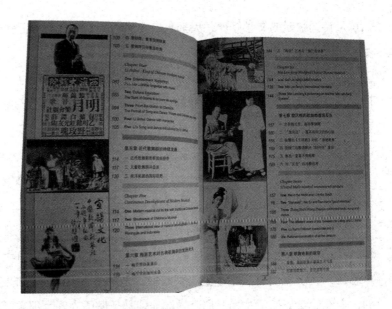

《中国音乐剧史》有关黎锦晖的评介

料，但据回忆，基本上与黎先生的歌剧相类似。另外，像聂耳的《扬子江暴风雨》这种形式，我认为也是从黎锦晖先生那里受到启发的。这一点在聂耳的日记里可以看到。"

中国音协《儿童音乐》主编李群先生说："作曲家黎锦晖先生是令人尊敬的。黎先生的作品流传在二三十年代，有哪位作曲家能像黎先生一样，在这样短的时间中，创作出这样大量的歌舞音乐，而且如此家喻户晓？我学会他的歌，不是从学校学的，而是从母亲那里学会的。由此可以看出，他作品的实际效果远远不光是给中小学生，就是在成人中也产生了相当的影响。这一点很值得我们研究、探讨和学习。黎先生的作品出版数量也是惊人的，像《麻雀与小孩》发行到十八版，《葡萄仙子》发行到十六版，《三蝴蝶》发行十四版，社会影响很大，在学生思想品德方面，特别是在美育方面给他们的影响是非常好的。应该说在歌舞创作领域里，黎先生的贡献是很大的，应该肯定、发扬。"

王人美在《我的成名与不幸》中，回忆她的成长过程时也说："我初中一年级中途辍学，在校期间又贪玩、好动，学的东西很少。我对花卉昆虫的自然知识及诗词歌赋的文学修养，大都来自黎锦晖的儿童歌舞。更重要的是我从中受到了做人要正直、善良，结伴要团结友爱等品德教育。

"……黎先生晚年回顾平生，感慨很多，曾经说过：'我的一生，如果还有值得回忆的地方，那就是明月社的儿童歌舞。'……我相信黎先生这话出自肺腑。我到美美女校后，学习的全是黎先生创作的儿童歌舞。那些儿童歌舞给我深刻印象，使我终身受益。……就我所知，不少六七十岁的老人都会哼两句黎先生的儿童歌曲。那些歌曲内容健康，都是对孩子进行品德教育。曲调亲切，大多采用流畅的民歌民曲素材，所以易学易记，风行一时。"

另外，儿童文学作家、曾任《小朋友》主编的黄衣青曾回忆她当年扮演《葡萄仙子》的感受："记得我披着一块透明的黄纱巾，边舞边唱，在广场上童声悠扬，我演着演着，小小的心灵，模糊地感觉，我好像真的走进了仙山楼阁，变作仙女下凡了。我把那奇异的葡萄种子撒满人间，那象征仙子的形象，温柔优雅，配合歌曲和谐的节奏，艺术上的美感，悄悄地印在我心灵深处；它启发我的想象，诱导我热爱童话中的诗情画意，留下毕生难忘的印象。"

聂耳在评价《可怜的秋香》时说："有反封建的因素，描写了旧社会贫富的悬殊。"有一位解放军的将军曾经在《人民音乐》上发表了一篇回忆文章，他说，他参加革命的原因之一，就是从《可怜的秋香》中得到启发，认识到不参加革命，不去为自由而斗争，就会像秋香一样受苦受难，一辈子毫无出头之日。

1993年3月，作曲家周大风的一篇被搁置20年不能发表的文章《可怜的秋香，给人以力量》在《人民音乐》和《新华文摘》刊出，随后全国几十家报刊转载。他幼年时在文艺晚会上看了《可怜的秋香》，感动而哭，夜夜梦回。此后，他见到穷困小女孩，会问：秋香，你的爸爸呢？你的妈妈呢？（歌词），给她送糖吃；他看到孤独老太太，会问：秋香，你的儿子呢？你的女儿呢？（歌词），给她买饼吃。他成家后，碰到一个被遗弃无处可归的小尼姑，又想起可怜的秋香，竟然收留她做自己的大女儿，那时，他的亲生女儿才四岁。周在文章最后说：艺术净化人心，感人至深，化人至巨！

寒
气
袭
来
风
雨
紧

第八章

一

从中华书局辞职后，中华书局的老对手商务印书馆立马重金礼聘父亲，要求父亲重返出版界。父亲是个重交情的人，虽然从中华书局出走，但和陆费逵的交情仍在，于是婉拒了商务印书馆的邀请。

1926 年 3 月 27 日，由中华艺术大学、上海艺术大学、中华美育会、晨光艺术会等十余个团体组成的"上海艺术协会"成立，父亲和洪野、田汉、朱应鹏、丁演镛、陈望道、傅彦长、仲子通、欧阳予倩被推选为执行委员。

从来都是繁忙的父亲难得地闲了一阵子。这一阵，父亲经常观摩意、美、法等国歌舞团体的歌剧、舞剧演出，参加国际性艺术家集会，每周必听交响乐演出一次，同时自学《和声与制曲》等，用以汲取民族民间音乐的营养。

在学习的同时，父亲并没有放下创作。这一年，父亲创作了以北伐战争为题材的儿童歌舞剧《最后的胜利》和歌舞剧《小小画家》；编写电影剧本《碎玉缘》，由亚美影片公司拍摄并公演；担任神州影片公司拍摄影片《道义之交》的音乐设计。

日子虽然有滋有味，但父亲并不愿意过这种悠闲的生活。那时刚好我的四叔黎锦纾从莫斯科东方大学回国参加北伐，在北伐军总政治部任宣教股长兼武汉军事政治分校筹备委员、武汉中山大学教授。身穿军装的四叔英姿勃发，如一棵劲挺的白杨似的。四叔和父亲的挚友杨九寰等人一起鼓动父亲轰轰烈烈大干一番，发挥父亲在新文化运动、音乐歌舞方面的才能，为北伐造势，为新文化呐喊。父亲的骨子里也是想轰轰烈烈地干出一番大事业的，四叔和杨九寰等人的想法和他不谋而合。期间田汉曾对父亲说："艺术运动应该由民间硬干起来，我们要靠自己的力量去实现自己的计划。"于是父亲决心自力更生，把业余歌舞活动专业化，开始酝酿创办"中华歌舞专门学校"。

办校的过程困难重重。父亲与杨九寰、黎锦纾、王人路等人商议，先办三件事：一是广征新的乐曲、歌曲、歌舞表演与歌舞剧，以做好教学排练的节目准备，以民族、民间风格为主，乐队以小型中西混合乐队为主，计划两年内培养、训练有特长的演员约 40 名，小型的中西混合乐队乐手约 20 名。二是筹集办校经费。父亲拿出自己的版税收入三千元，又接受了王绶之、柳菊生等人的资助。王绶之是大姐明晖的义父、上海金业商人，柳菊生是父亲的好朋友，二人都是父亲忠诚的粉丝，对推广新文化，尤其是对儿童歌舞剧的传播从来都是积极支持。三是确定教职员工。除父亲外，还有宣刚、叶象吾、彭家乐、孙杏叔等人。他们都是父亲的朋友，开办之初都没有薪俸，只管膳宿，众人也无异议。经一段时间紧锣密鼓的准备，1927 年 2 月，中国近现代第一所专门训练歌舞人才的学校——中华歌舞专门学校，在上海爱多亚路（现延安东路）966 号、当时父亲所居的一栋三层楼的家里正式宣告成立，父亲任校长。

随后登报招收专修科三个班。报考条件是：身体健康，五官端正，高小文化程度，有一定的歌舞基础，12—15 岁的男女青年，录取后由校方供给膳宿，两年毕业。三月一日学校开学，取录学员近 40 名，分成甲、乙、丙班，甲班年龄稍大，有歌舞根底，乙班为儿童班，后学生增多，开设丙班。开设课目，有文化课和专业课，专业课由叶象吾、严工上教发音，上海有名的歌唱家魏紫波教唱歌，父亲和杨九寰教戏剧常识、音乐理论、时事概要、外语会话等，魏紫波、马索夫夫人、唐槐秋等教舞蹈。马索夫夫人是俄国沙皇时代的侯爵夫人，精于芭蕾舞，为人十分热心。这些人各有职业，义务授课，不取报酬。

当时专业课的教学，首先强调的是民族、民间风格，声乐方面：练声务求坚实圆润，主要借鉴传统戏曲方法，讲究字正腔圆，但不采用拉长声母、韵母的机械方法，注重唱词四声，使唱歌更接近口语化，并采取民族音乐中的特点行腔，有许多装饰音，增强感染力。西洋乐器演奏乐曲时，要保持民间色彩。如用小提琴拉广东音乐，拉小调和西皮、二黄，要保住民间韵味。教练舞蹈也坚持以民族舞蹈为主，适当吸取传统戏曲中的一些舞蹈。

专业课的教学还强调快速实用。比如教授钢琴，不照外国规矩，不用五线谱钢琴谱，而用简谱。弹奏方法也不同，右手弹曲子，左手照八度配音，不讲究姿势和指法，不打算钢琴独奏，也不打算演奏外国乐曲，只要能伴奏就行，把外国需要九年时间的教授缩短为90天，这种弹奏法被西乐界权威讥为"黎派钢琴教学法"，斥之为"旁门左道"。但父亲不予理睬，仍然我行我素，后来事实证明，这种钢琴弹奏法深为没有机会深造的大众所欢迎。

专业课的教学还采取"小先生制"，即先学会的教后学者。比如学一首歌，先由父亲弹钢琴大家一起学，谁先学会，谁唱得好谁就是小先生。这样的练功、练唱，好似友谊竞赛，学员积极性很高。

教师也尽心尽责。学员对俄国舞蹈老师马索夫夫人印象特别深刻。据黎莉莉回忆，马索夫夫人人虽已发福，但舞艺高超，工作认真，要求严格。每次来上课，先由父亲给她讲当天要排练的新节目，同时讲解剧情，唱歌词给她听，提出舞蹈动作要求。马索夫夫人便先一个人琢磨，然后自己编动作先试跳，再反复听音乐反复修改，直到自己满意。然后她再分配角色，谁适合演哪种植物或哪种动物，由她一一敲定，再手把手教。她一周来上四次课，如果时间不够，她就把学员带到她家里再教再练，直到练好为止。有一次黎莉莉演小小画眉鸟，她要求碎步轻松地往前跑，然后轻松地弹跳起来。但由于黎莉莉当时刚进团功底差，步子跑得大，跳起来又笨拙。她说，你跳的不像小小画眉鸟，倒像一只大乌鸦。黎莉莉感到羞愧，从此更加刻苦练功。马索夫夫人设计的舞蹈动作，既符合儿童歌舞剧中动物、植物的特点，又将其人格化，舞蹈形象和音乐形象结合得天衣无缝。

有了上述条件，学校就另设了舞蹈班，学习十八种土风舞，又排了大型舞剧。同时聘请通晓传统武术及京剧武功的人士，编练了几种新的舞蹈，又把以前的民间游艺舞加工，独创了几种有突出形象的舞蹈，例如《宝刀舞》用花式单刀编成；《火花舞》即现在的《红绸舞》；《浪里白条》用白绸挥舞；《金铃舞》用旧式马铃系于手腕及脚胫，发音雄健，按节摇动；《金盘玉盏》用瓷碟木筷及瓷质酒杯摇打；还有类似佛教国家神像舞的《观世音》；等等。每一套舞指定二人专练，务求纯熟。

二

学校开学没几天，四叔锦纾和二姑锦皇专程从武汉来沪，他们转达了宋庆龄和邓演达的口信，邀请父亲及他的歌舞学校去汉为武汉国民政府和北伐军进行慰问演出。这时学校草创，教学刚走上正轨，学员们的素质良莠不齐，组织演出班子难度颇大。为革命摇旗呐喊，对父亲这位曾经的"革命的才子"来说，是一份义不容辞的责任，所以父亲很兴奋地接受了邀请。

父亲对教学和演出重新做了安排，由杨九寰、魏紫波等人继续留校执教，父亲则带团西去武汉表演。父亲好不容易凑了几十人，赶制节目，日夜彩排，好在演职人员们得知是为北伐军演出，都热情高涨，不叫苦不叫累。第三天父亲就带着"中华歌舞团"乘船赴汉，开始演出。

虽然时间仓促，但演出的节目却精彩纷呈，中华歌舞团在汉的演出获得了巨大的成功。演出的节目中有宋庆龄亲自点名的《总理纪念歌》，还有鼓吹北伐的《同志革命歌》《欢迎革命军》《当兵保民》《平等歌》《努力歌》《胜利歌》《热血歌》等，还有反映军民关系的歌舞表演《寒衣曲》《夜深了》，有反映社会生活的歌舞《小小画家》《长恨歌》、歌舞剧《神仙姊妹》和《最后的胜利》等。

短短的一段时间，歌舞团在武汉演出达五十多场，场场爆满，邀请演出的单位排成了长龙，不少人还托关系找父亲和四叔、二姑想加塞儿。那段时间内，武汉街头巷尾谈论的是中华歌舞团，报纸电台上谈论的也是中华歌舞团，歌舞团以大姐明晖为首的一班小演员们成了耀眼的大明星，所到之处，人们无不热烈欢迎。

但就在此时，近代史上著名的"四一二"反革命政变在上海突如其来地发生了。"四一二"是以蒋介石为首的国民党新右派发动的反对共产党的政变。4月12日凌晨，停泊在上海高昌庙的军舰上空升起了信号，受蒋介石唆使、早已做好准备的青洪帮流氓打手，臂缠白布黑"工"字袖标冒充工人，从租界内分头冲出，向闸北、南市等14处工人纠察队袭击。工人纠察队奋起抵抗，双方正在激战，国民革命军第二十六军以调解工人内讧为名，收缴工人纠察队武装，1700多支枪被缴，300多名纠察队队员被打死打伤，上海笼罩在血雨腥风之中。

消息传来，武汉全城震惊。父亲和歌舞团全体人员都心急如焚，何去何从，让父亲伤透了脑筋。武汉留不得，歌舞团的根不在武汉，况且战火也会很快烧到武汉。思来想去，父亲决定回上海。父亲想着，歌舞团大多数人家在上海，另外，国民党右派总要顾些脸面，不会来为难团里的这些小孩吧？

父亲率团回到上海，随团回来的，还有北伐军总政治部的王人路、王人艺和他们的妹妹王庶熙等。这时的上海已是风骤雨狂。政变发生的次日，上海烟厂、电车厂20万工人罢工，上海总工会在闸北青云路广场召开有10万人参加的群众大会，会后，群众冒雨游行请愿，遭埋伏的士兵突然袭击，当场打死100多人。当天下午，反动军队占领上海总工会和工人纠察队总指挥处。接着，查封或解散革命组织和进步团体，进行疯狂的搜捕和屠杀。在事变后三天中，上海共产党员和革命群众被杀者300多人，被捕者500多人，失踪者5000多人。随后，广东、北京、江苏、浙江等省也发生大屠杀……4月17日，武汉国民党中央发表命令，宣布开除蒋介石的国民党党籍；4月20日，中共中央发表《为蒋介石屠杀革命民众宣言》……

回到上海后，父亲非常低调，把"歌专"的五色旗换上了青天白日旗后，就埋头于培养学生和音乐创作。一段时间风平浪静，父亲以为没什么事儿了，就着手筹划学生的演出。7月17日开始，"歌专"在虹口中央大会堂作小规模的预演，先演《麻雀与小孩》，后每周换一剧，演到8月底，招待各学校、团体，广泛听取社会各界意见，社会反响很好。9月7日，"歌专"在中央大戏院正式公演，四套节目轮流上演，共演八天，场场客满，这让父亲和全校师生欢欣鼓舞。当时报纸上一片赞誉之声，京沪线上的学校纷纷来函邀请。父亲带团先后去南京、无锡、南通等地演出，也都大获成功。

但父亲还是过于天真了。父亲长期从事儿童教育、写儿童们喜欢的文学和音乐作品，和儿童们一样有一颗童稚之心。当父亲以为没事了的时候，麻烦找上门来了。

率北伐军进入上海的，是北伐军东路前敌总指挥、桂系军阀白崇禧。白崇禧是支持蒋介石的，他所指挥的"北伐军"，也早已蜕变为反革命军队，在上海四处捕杀共产党人和进步青年。白崇禧甫到上海，闻听"歌专"的大名，便派其黄姓秘书长来找父亲。黄秘书长把委任状强塞给父亲，说："白长官要在司令部建歌舞股，特委任先生为上校股长。"

父亲看着黄秘书长那双色眼不停地在女学生们的身上打转转，哪会不知道他们的用心？父亲不想参与政治，也不想当官，但黄秘书长之流是不能硬扛的。父亲耍了个心眼儿，说："孙夫人日前也想收编我们，我婉拒了。现在白大将军看得起我们，但这会让孙夫人难堪吧？请秘书长回复，再斟酌考虑一下？"

黄秘书长脸变黑了，扔下话："我们是国民政府革命军，不接受革命军委任，就是不革命！不革命就是反革命，反革命是要枪毙的！"

几天后黄秘书长命令"歌专"到大舞台进行慰问演出，父亲以学生要学习和训练为理由婉拒，那时父亲为了不让其抓住把柄，已经暂停了社会上的一切演出活动。黄秘书长恼羞成怒，再次威胁要"枪毙"父亲。

这时又发生了另外一件事。学校校务主任宣刚道德败坏，利用职权勾引两个学员，发生关系后又将其遗弃，败坏了"歌专"的声誉，引起外界对"歌专"的不利舆论。本来当此新旧文化交替之时，一些封建守旧派早有看法，"宣刚事件"正好为他们提供口实，学校面临舆论上的巨大压力。

租办当局也对父亲不满。"歌专"悬挂青天白日旗，让公共租界当局极为恼怒，巡捕房一个高级职员暗中透信给父亲说："你们出版、演出了许多反帝节目，早为租界所嫉恨，现又带头悬军旗，更为痛恨。不如快将'歌专'迁出租界或停办，否则恐遭难堪。"

同时，"歌专"经济上也面临困境。歌专的演出一般为免费招待，收入甚微，而耗用很大，父亲的稿费、版权费全部贴进去仍不敷支出。由于父亲得罪了黄秘书长，一些支持者也害怕了，撤掉了原本承诺的办学经费，学校经营雪上加霜。面临如此内忧外患，"歌专"举步维艰。黄秘书长仍在纠缠，丝毫没有收手的意思。秀才遇到兵，有理说不清，父亲在长沙是有过切身经历的。父亲一介文人，对此局面心力交瘁。朋友们建议停办学校，父亲想，这未尝不是一个对付黄秘书长的办法。于是，建校才半年、曾在上海滩享有盛誉的"中华歌舞专门学校"就此停办。

三

学校停办后，由王绥之出资清理学校债务。父亲另租下华界小东门的一座陈旧、矮小三层楼房，房子楼梯狭窄，两人上下要侧着身子，房间又小又挤，光线也不好，和以前相比简直是天壤之别。有门路的学生看不到前途，纷纷走掉了，没有门路又喜欢艺术的几十个学生仍追随父亲，仍然无忧无虑，快乐地唱歌跳舞。父亲挂上"美美女校"的牌子，仍任校长。教员只剩下杨九寰、王人路等寥寥数人，皆不拿薪水，只尽义务。

美美女校仍然步履维艰。父亲一边勉力维持学校的正常运转，一边勤奋创作。在这种情况下，父亲写出了歌舞剧《小羊救母》及《小利达之死》。另外，父亲开始创作成人爱情歌曲，写出了一批以《毛毛雨》《妹妹我爱你》为代表的适合城市市民口味的爱情歌曲。和以往一样，这些歌曲首先在学员中传唱，很快就唱遍上海，又唱遍全国。

这期间，父亲干了一件一生都为之自豪的大事。"四一二"反革命政变之后，宁汉合流，宋庆龄和国民党左派陈友仁等秘密来到上海。宋庆龄反对蒋介石、汪精卫"反苏、反共、镇压农工"的行为，坚持"联俄、联共、扶助农工"。鉴于国内局势险恶，宋庆龄决定远走莫斯科，准备与已经到达那里的国民党左派人物邓演达等人会合，共商大计。但走之前须召开一个重要会议，因为国内诸多事情需作出安排。当时宋隐居于租界，租界当局不允许她在租界内召开会议。宋庆龄无计可施，想到了为人正直又古道热肠的父亲。父亲在上海大有名声，既不是国民党也不是共产党，又与宋熟识，早得她信任。于是宋庆龄派人找到父亲，请他安排会议地址。

父亲深感责任重大，反复思虑，决定将会议地点定在美美女校。美美女校刚搬来，当局还未重视，也没有派人监视，与周围的邻居也不熟悉。女校所处之地是贫民聚居之地，脏、乱、差，当局也想不到雍容华贵的孙夫人会潜往此等脏破之地开会。宋庆龄欣然同意，会议在美美女校如期召开。在会上，宋庆龄就当前的形势作出了分析和判断，明确了国民党左派的斗争方向，通报了访苏的行程及目的。会议召开时，父亲亲自充当保卫，守在女校大门口寸步也不敢移。会议结束后，宋庆龄紧紧握住父亲的手，眼里露出感激和关爱之情。

父亲苦撑危局之际，四叔黎锦纾、六叔黎锦明、七叔黎锦光先后到达上海和父亲会合。四兄弟多年没有聚在一起了，现在这风雨如晦的上海团聚，一方面是欢欣，另一方面却是苦涩。四叔黎锦纾是共产党员，大革命失败后，他倾向于邓演达的反蒋之路，后来参加了由邓组建的"第三党"；六叔从海陆丰农民运动的硝烟中逃得一命，从此走上了以笔为枪、为民呐喊的左翼作家之路，被鲁迅称为"湘中作家"；七叔黎锦光从血肉横飞的北伐战场上侥幸逃得一条性命，从此他远离政治，也远离了战场，开始潜心音乐创作，成为"黎氏八骏"中第二个卓有成就的音乐家。而父亲，性情和爱好都让他别无选择，除了继续走音乐之路，他还能有什么路可走呢？

四叔黎锦纾和七叔黎锦光都参与了学校的管理，这让父亲轻松了许多，而六叔黎锦明则把自己关在房里奋笔疾书，短短的时间，就写出了中篇小说《尘影》《一个画家的妻》，短篇小说《小岔儿》《妖孽》《高霸王》等。由于三位叔叔的到来，不断有原北伐军的同志寻来，或寻求帮助，或寻找工作，或讨要盘缠，或躲避追捕……同时，不断有国民党军警前来骚扰，黄秘书长也没有死心，一只眼睛仍盯着父亲，美美女校仍处危险之中。

一轮明月下南洋

第九章

一

美美女校摇摇欲坠之际，父亲的好友王绶之出了个主意：下南洋。

王绶之认识一位新加坡爱国侨商刘廷枚。刘廷枚热爱音乐，是父亲和大姐的歌迷。那时大姐已拍摄了《战功》《小厂主》《透明的上海》《可怜的秋香》《美人计》等九部电影，是中国最早的童星，也是最负盛名的童星，在海内外拥有极大的名声。刘廷枚曾专程来上海观看"歌专"的歌舞表演，父亲发行的唱片和大姐主演的影片更是一部不落地欣赏收藏。刘家是新加坡巨商，熟悉南洋各地的情况，此时邀请父亲率团到南洋各地，并答应入境和经费问题由他负责，这不啻是个好机会。

父亲考虑，出国演出，一可摆脱租界和国民党当局的威胁，远离黄秘书长之流不停的纠缠；二可筹措一笔经费，重整"歌专"；三可锻炼歌舞人才，提高演出技艺；四可在华侨中推行国语。另外南洋群岛素以歌舞闻名，可以就近观摩和学习当地歌舞。父亲又征求了郑振铎、田汉等知交好友的意见，郑振铎赞成道："你是组建中国第一个歌舞团，第一个出国去演出，双重首创，两个第一啊，你肩负着和代表了我们中华民族的荣誉！"田汉说："这是史无前例的，希望你为国争光。"

父亲于是欣然同意三个月后率团下南洋。

计划一经敲定，父亲便马上着手调整和充实学员。那时大家对南洋不了解，对南洋的印象还停留在茹毛饮血、瘴疠之地的阶段，所以不愿去南洋，而离校的学员很多，只留下了大姐、刘小我、黄精励、章锦文、徐来、张素贞、王人美等几个小姑娘。

王人美和王人艺都是由其兄王人路带来的。王人路是父亲在中华书局的同事，又是多年肝胆相照的老朋友。大革命失败后，他有感于时局严峻而离开北伐军总部，生活没有着落，又父母双亡，就带着十六岁的弟弟王人艺、十四岁的妹妹王庶熙来到上海投奔父亲。父亲对"王庶熙"这个名字不满意，说太文雅了，不通俗，人家不懂什么意思；又说你哥哥叫王人路，你为什么不按人字辈排呢？王人美说，女孩子不排辈。父亲说，男女都一样，女孩也应该排辈，我的三个妹妹，也都排锦字辈。你就叫王人美，好不好？王人美说，好呀。父亲说，王人美倒过来叫美人王。王人美不好意思地说，我不美。父亲说，你既有外在美又有内在美，就此改名了。王人艺原名王人义，父亲说，你从事艺术事业，改名王人艺吧，倒过来就是艺人王。多年后王人美回忆："我们家乡的习俗，只有男孩子才能排辈，女孩子不能参加。我们这一代是人字辈，所以哥哥们名字中间都是'人'字，如王人达、王人旋、王人路、王人艺等。黎先生替我改名人美，并且说女子也可以排辈，这就是对女孩男孩一视同仁。你不觉得吗？半个世纪前黎先生对女孩的看法比现在那些重男轻女的思想还要进步呢！"后来王人美进了美美女校的学员班，逐步成为歌坛最早的"四大天王"中的大姐大，主演和主唱《渔光曲》，成为当年最卖座的电影、最流行的歌曲，也是中国第一部在国际上获奖的电影。她拥有"野猫""野玫瑰""阳光美人"的称号。王人艺进了乐队专攻小提琴。王人艺学习刻苦，学琴八年，每天练琴

二姐黎莉莉（钱蓁蓁）剧照

八小时，终成大器。30年代初，他曾在上海兰心戏院举行小提琴独奏音乐会，由英国乐队伴奏，后成为英国工部局乐队第一小提琴手，全国解放后任上海音乐学院附中小提琴教授。

剩下的演员太少，父亲马上招收了薛玲仙、李文云、陶醉、陶丽芬、钱蓁蓁等一批新学员。钱蓁蓁那时只有十三岁。她的父亲钱壮飞、母亲张振华都是中共的地下工作者。

钱壮飞（1895—1935），原名钱壮秋，亦名钱潮，曾长期在国民党系统做卧底，周恩来曾把他与李克农、胡底并列为中共情报工作的"龙潭三杰"。

钱壮飞夫妇为革命奔波，漂泊无定，幼女带在身边，不但不方便照顾，影响工作，又非常危险。钱壮飞在报上看到父亲筹备中华歌舞团招收新学员的启事，便专程来到上海。钱壮飞非常热爱美术和戏剧，曾于 1923 年主演过电影《燕山侠影》，后又接拍过《西太后》。钱和父亲会面，相谈甚欢。钱壮飞剑眉朗目，英俊儒雅之中又有着勃勃英气。通过交谈观察，钱壮飞深信父亲的人品和艺术水平，决定托幼女于父亲。父亲是隐约知道钱壮飞的真实身份的，虽知此举风险巨大，仍毫不迟疑地答应了下来。父亲虽是一介手无缚鸡之力的文人，骨子里却有着湖南人特有的倔犟和英雄情结。钱壮飞内心非常激动，紧握着父亲的双手，说："黎兄，大恩不言谢！"父亲没说什么，只是更用力地握紧了钱壮飞的双手。在这一刻，两个男人完全信任了对方，以至于生死相托！

后来，钱壮飞的夫人张振华又带着幼子钱镗投奔父亲，父亲已完全明了他们的身份了。

钱蓁蓁后来改名黎莉莉，成为父亲的义女、我的二姐。二姐专长于舞蹈，曾是歌坛"四大天王"之一，后来步入电影界，新中国成立后任北京电影学院导演系主任。全国解放后，莉莉姐是革命烈士遗孤，地位崇高，但她也始终没有改回原姓原名。在全国大批父亲的"黄色音乐"时，二姐仗义执言，写文章指出：黎锦晖办歌舞团，完全不同于旧戏班子。我们在歌舞团里的生活相当优厚。黎先生办团不是为了牟利，而是为了歌舞事业。他是一个真正热爱音乐、舞蹈事业的艺术家。她还说：黎为了儿童教育、宣传国语，为中国歌舞剧闯出了一条新路来。我十来岁就认黎为义父，几十年父女情深，像一家人。

"四大天土"除了王人美、黎莉莉，还有薛玲仙、胡笳。薛玲仙是"歌专"的学员，此后一直跟随父亲的明月社直至解散。在明月社的几年间，薛玲仙出演过多部风靡一时的歌舞剧和歌舞表演曲，还在《葡萄仙子》《月明之夜》《春天的快乐》《可怜的秋香》等歌舞剧或歌舞表演曲中担任主角，成为当时颇有名气的歌舞演员。1933 年她进入电影界，主演了《粉红色的梦》《南海美人》《薄命花》等五部电影，并灌录了《南海美人》及《薄命花》等多首电影插曲，还推出了《喜讯多》《说爱就爱》等单曲。30 年代前期，她的个人演艺事业达到了巅峰，成为享誉歌坛、影坛的明星。1936 年，与严折西结婚，育有一女。但后来她沉溺于鸦片，导致与严折西分手。1944 年，薛玲仙潦倒病重，冻死在街头，颇让人伤感。

王人美

黎莉莉

薛玲仙

胡笳

当时影坛红极一时的"四大天王"

　　胡笳 1930 年进入明月社。她在歌舞剧《三蝴蝶》中演黄蝴蝶，扮相靓丽，令人惊艳。她主唱并灌录《小小茉莉》，大受欢迎，唱片很畅销。胡笳进入电影界后，演过几部电影，后来她嫁给东华足球队陈洪光后急流勇退，和大姐明晖一样，退出影坛。抗战时，她去了香港，后移民美国。

　　那时叫"四大天王"，若按现在流行的叫法，该是叫"四大天后"了。据学者考证，现在中国香港的歌坛、影坛的"四大天王""四大天后"以及中国台湾的"四大天王"什么的，似乎也是照抄或变通父亲明月社时的叫法。

二

父亲将新招学员加上"歌专"留下学员共 30 余人，组成演员和乐手两支队伍，抓紧排练节目。父亲将自己反锁在一间房子里，吩咐不准闲人打扰，以隔绝外界干扰，集中时间和精力将原有演出节目加以修改，抹去反帝等政治色彩浓厚的歌词，以便能顺利通过南洋各殖民政府的严格审查，暗地里仍准备了《最后的胜利》等反帝节目，不送审，不上节目单，到时见机演出。同时，又新编创一些歌曲，充实原有节目。

父亲在《回忆"中华"和"明月"两个歌舞团的舞蹈》里回忆了下南洋的节目准备情况："……慎择并勤排了五套节目，其中的舞蹈已有百种左右，一部分编入歌舞剧，一部分划归歌舞表演，约三分之一编成单舞或合舞。第一部分：十二出歌舞剧中，除开相同或类似的舞蹈，计有七十种左右，其中表现形态的，如云的浮游舒展，风的飘拂回旋等；表现本能动态的有鸟的飞翔，昆虫的飞舞，小动物的跳跃，猛兽的奔突和花果的摇曳等；表现人类行为和情感的，不外乎劳动、战斗、抒情、生活和民俗。这些舞都是伴随剧情而发挥，单独表演作用不彰。第二部分是与一首歌曲结合的，例如《吹泡泡》是表现欢乐的游戏，《画眉鸟》与《蝴蝶姑娘》是表现鸟与花和蝶与人的相共欢乐，舞同歌一样，有始有终，有的且歌且舞，有的歌时不舞、舞时不歌。第三部分才是纯粹的舞蹈，也有一定的乐曲伴导。当时这五套节目，每套内必有几样比较精练的舞蹈，否则也不敢出国演出，即使演出也不能得到侨胞的理睬。由香港到南洋后，爱国侨胞真是无微不至地照顾与支持，故巡演活动十分顺遂，同时又学习了南洋各民族的舞艺，这是一种尤为重要的收获。在巡演途中，除及时表演外，经常排练新节目，团体回国后，虽分散了一部分人，但仍留下了相当的舞艺。"

三个月排练十分紧张，学员从上午 8 时至深夜 12 时排练。租来的三架钢琴从早晨到深夜，叮叮当当响个不停，以致一个外籍邻居竟告到法巡捕房，说钢琴声扰得他们无法入眠。这些学员，大多来自城市下层家庭，没有娇气，能吃苦耐劳。如钱蓁蓁练舞蹈练得腰酸腿痛，无法下楼，只得屁股坐在楼梯上一级级往下挪，终于练出一身好舞蹈功夫。王人美当歌唱演员，十分刻苦，反复纠正湖南浏阳方言吐字不准的毛病。王人艺练小提琴，感冒发烧也不耽误。学员在排练节目的同时，还要接受南洋各国风俗民情的知识讲授和社交礼仪的训练。

临要出发，父亲手头又没钱了。父亲在艺术上是天才，但在理财上，却实在缺乏手段。凭他的能力、凭他的名望地位，金钱如江水般涌来，但他仗义疏财，扶危济困，来找他求助的朋友，少有失望而回的。所以父亲一辈子赚钱巨万，最终却仍是手头拮据，穷困潦倒。

王人艺在访谈中谈道：黎锦晖率领"中华歌舞团"到南洋巡演是爱国的、健康的，华侨评价很高，黎是为国争光，黎不是班主或老板。大中华唱片公司有人对黎献策，要黎改变"无条件培训学员"的做法，应该有学成后服务几年的规定。黎说："我不是商人。过去没有合同，今后也不会有。"

王人美在《王人美回忆录》里说：黎先生作风正派，为人宽厚。把我们当作自己的儿女那样关心、爱护，黎先生供我们吃住，教我们歌舞。每演出一场，还分场费。他不立契约，又允许我们离开，从歌舞转向银幕。我再重复一遍，我在明月社不但学到歌舞艺术，而且懂得了做人的道理，做人要正直善良、团结友爱。这些道理都来自他的儿童歌舞。

其实父亲并非没有商业头脑，也并非不懂如何赚钱。父亲身上，还浓厚地残留着旧式文人那种耻于名利也耻于钻营的古习，所以他才从未想到要在学员身上挣钱。

正当父亲为集资愁眉苦脸时，事情又有了转机。当时许多学校以及音乐爱好者到大中华公司询问是否有父亲所作歌曲的唱片。公司认为有利可图，就找上门来邀请父亲将他的歌舞剧和歌曲灌成唱片，开出的条件比较优厚。父亲立即与大中华签订合同，又请来明月音乐会的老友严个凡、张遇义、严上工等"灌音八仙"进行伴奏，由大姐明晖、刘小和、严醒华等主唱，灌制了《落花流水》《人面桃花》《月明之夜》《三蝴蝶》《麻雀与小孩》等十多张。这些唱片远销到南洋，等于为南洋之行做了一次很好的广告宣传。

与此同时，刘廷枚在与父亲接洽好各项演出的安排后，先期预付了三千元的制装费，费用基本上满足了。父亲安排人迅速赶制演出服装和添置乐器，又把歌舞团的名字定为"中华歌舞团"。

父亲的心里，还是忘不了半年便夭折了的"中华歌舞专门学校"，想着将来条件成熟，要重组该校。

三

"中华歌舞团"组成之后，上演节目准备了五套，在原四套的基础上新添了《神仙妹妹》《小利达之死》《小羊救母》，共计10部儿童歌舞剧，每套两部。每套节目上半场排歌唱、舞蹈、歌舞表演等节目，下半场为歌舞剧，一场时间三小时。为了检验节目效果，歌舞团在上海、杭州做了几次公开的演出，结果大受欢迎。根据演出情况，父亲针对某些准备不足作了及时的微调，演员们的演技更加成熟，和乐队的配合也更趋完美。

1928年5月，在父亲的率领下，一行人高举着"中华歌舞团"的旗帜，由上海乘船赴香港，临行，田汉、郑振铎、欧阳予倩、陆费逵、胡愈之、许地山以及袁世凯的小儿子袁寒山，商界的朋友王绶之、柳菊山、大中华唱片公司的总经理王寿岑等上海各界的名人，以及众多记者、大中小学的师生前来送行，曾威胁父亲并要枪毙父亲的那位黄秘书长，也满脸假笑地挤在送行的人群中。

下南洋的第一站是香港。歌舞团到香港后在当地最大的剧院"香港大舞台"演出。预定演五天，每天两场，场场爆满。每场开始，都是齐唱《总理纪念歌》。在乐队奏起《鹧鸪飞》的前奏曲中，大幕徐起，八个少女身着雪白雪纺长衣长裙，在舞台上一字排开，当刚唱出"我们总理……"时，现场的华人观众不约而同全体起立，表示对首创中华民国的孙中山先生的敬仰和怀念。这时，在座的身穿大礼服的英国人也不得不跟随站了起来，全场气氛非常严肃，只有庄严沉重的歌声。歌唱五分钟，全体肃立五分钟。在当时英辖香港，英国人为一个反帝反封建的民族英雄而肃立致敬，确实是破天荒的事。这让香港同胞非常感动，每场演出结束后，总有不少观众来访，他们见面的第一句话总是称颂："你们真给祖国争了光！"有的还说："唱《总理纪念歌》，英国人也得肃立，这在英帝国统治下的香港是个创举！"在香港演出，澳门同胞也前来观看，英国、葡萄牙等外国观众也不少。后应观众要求，又在港续演三天。

二姐黎莉莉在《忆中华歌舞团和明月社》里，回忆了当年在香港演出的盛况："我初登台时，除了扮演《可怜的秋香》中的羊，就是在《快乐的春天》中朗诵这出歌舞剧开幕前的一段引子。引子采用抒情诗的形式来介绍剧情，台词是'可爱的春天，可爱的春天，她把我们的世界装点，装点，装点得十分美丽、新鲜。你看那青山绿水，衬着红日蓝天，那嫩草繁花点缀着莺莺燕燕。好啊！好一个可爱的春天'。最后又唱一句'可爱的春天'，跟着演出便开始。我的童音嘹亮，国语纯正，当即博得热烈掌声，为了烘托春天的气象，服装设计师给我裁制了一件前面苹果绿背后橘黄色的长旗袍，当我朗诵结束回身进后台时，绿色变成黄色，观众觉得新鲜有趣，又爆出满堂掌声。"

香港演出，港穗两地的报纸都大加赞许，引起广州绅商极大兴趣，强烈要求中华歌舞团回广州公演。盛情难却，歌舞团只得到广州的永汉大戏院演了四天八场，场场座无虚席，各界评论极佳。特别是《最后的胜利》的演出，对于北伐战争策源地的广州观众，呼应更是强烈。一个姓陈的开明绅士，据说是孙中山先生的朋友，看完节目后十分兴奋，破例举行盛大宴会，招待演职员工，还请来不少陪客，一致称赞节目水平高超，出国演出一定能为祖国争得荣誉。

在港演出时，父亲还和当地教育界朋友举行座谈，就歌舞剧与小学教育的结合方面回答了一些问题。如《月明之夜》是否含有迷信色彩？剧中角色多采用动植物，为什么不直接用人？"中西合璧、雅俗同堂"是否会引起混乱？父亲一一作答，并借此机会阐明自己的主张。他说，《月明之夜》的说明中已指出，世上并无神仙，剧中所谓神仙也感到人间快乐而向往人间，起了和儿童文学中用来分别善恶美丑的许多神怪一样的作用。他说，剧中的动植物拟人化了，这类东西是儿童最易接受的，不但亲切，还能丰富儿童的知识，启发儿童幻想。他认为，西洋有名望的音乐家曾引用民间曲调创制新曲，我们民族、民间的音乐也是新音乐的基础；民间曲调又是雅曲的源泉，我们只是根据剧情需要，选择适当的乐曲，使其为剧情服务，因此不会混乱。

正当歌舞团启程去新加坡时，四叔锦纾和王人路却很不好意思地向父亲辞行。原来大革命失败后，原武汉国民政府国民革命军总政治部的一些成员陆续秘密潜来上海，他们中既有国民党左派又有共产党员，共产党员们都与上级失去了联系，滞留上海的国民党左派群龙无首、人心惶惶，急需四叔锦纾、王人路等回去安置这一批人。一下子失去了两员大将，对南洋之行肯定是有影响的，但父亲想着他们的事情更为急迫，不但立即放行，又掏出一千大洋硬塞给他们，还给中华书局的陆费逵、大中华唱片公司的王寿岑写信，让四叔和王人路在困难的时候直接找他们支取自己的版税和分成费。

……轮船直驶南海尽头的新加坡。祖国在一片薄雾中渐行渐远，终不可见，父亲的心里满是惆怅。他不为即将进行的南洋巡演担心，却为重返上海的四弟锦纾、弟子王人路，以及那些熟悉和不熟悉的革命者担心不已……

四

南洋巡演历经新加坡、泰国、柬埔寨、马来西亚、印度尼西亚等国的大中城市，历时八个月，一路演出，遍地赞扬，既加深了华侨对祖国的了解，激发了华侨的爱国热情，又对国语和民族音乐进行了一次生动的推广和宣传。

演出的第一站是新加坡。新加坡华人很多，华商界对远道而来的祖国歌舞团非常热情，当地政府教育司也派了一位高级官员参与接待。演出安排在当地规模最大、设备最好的大钟楼戏院，连演十天，每天两场，全部爆满。新加坡华人奔走相告，盛况空前，以至一票难求。

和在香港一样，当八位小姑娘在台上唱起《总理纪念歌》，全场观众肃然起立，许多观众热泪盈眶。歌舞团演出的那些新颖的歌舞剧，倾倒了无数观众。如《月明之夜》这出戏中的两个神仙，嫦娥和快乐女神服装设计非常优雅，给观众留下了很深的印象。据扮演嫦娥的二姐黎莉莉回忆，嫦娥穿的紫罗兰色圆领长袖软缎上衣，下着黑色乔其纱前面开衩的拖地长裙，头上戴着半月形嵌钻花冠，足登黑色高跟皮鞋，这种中西合璧的装扮，既得体又入时，非常符合身在异域的华侨的欣赏趣味。同时，加上舞台美术制造的虚幻缥缈的仙境让嫦娥从天上飘飘而下的机关布景，真是美轮美奂。《月明之夜》意境深远，音乐空灵，词曲皆雅，当地无论是饱学贤达，还是平头百姓都感叹道，从来都没有看过如此美好的儿童歌舞剧，只有祖国来的歌舞团才能演出如此高水平的节目啊！

大姐明晖演唱《落花流水》《人面桃花》《妹妹我爱你》等流行歌曲，观众听得如痴如醉，称之为"伟大纯洁，真情流露，平民文学的特质，极尽缠绵悱恻的情感，谁都忘不了"！

《星洲报刊》和《南星》杂志登载读者来信，盛赞黎派歌舞，这让父亲很感慨，一方面看到了海外侨胞对祖国的热爱，另一方面，也感受到了他们对海派文化的情有独钟。

歌舞团在泰国曼谷演出时，当地华侨艺术界为表示欢迎，特地举办了一场歌舞观摩表演，表达华侨对来自祖国亲人的盛情。这场演出对中华歌舞团也是一次很好的观摩学习机会，异域的音乐艺术别有风情，别具特点。父亲印象最深的是他们表演的扇子舞，后来他在自己的一些节目中加以吸收。

每到演出地，父亲必定要与当地教育界接触，以听取他们对演出的意见、了解华侨的教育情况。可是在曼谷，却未见教师前来接触，父亲他们就只好自己去找。他们在马路上看见有一个中国小孩，父亲试着喊了一声"小朋友"，他竟然答应了，原来他听得懂国语。父亲说明来意，小孩答应在前面带路，到了一所地处偏僻的"黄魂学校"门口。在异国他乡，在满眼外文的地方，能看到祖国的文字，而且学校名称又冠以"黄魂"，表明他们不忘是黄帝子孙的深刻含义，真是令人感动。父亲见到校长和教员，发现他们竟都是从上海"语专"毕业的学员，师生相见，分外亲切。座谈中校长谈及，英国殖民政府对华侨的文化教育活动控制甚严，对出版物和课本的严格审查自不必说，就连教师的个人活动也常有人暗中监视。他们说：学生早就知道校长您来了，但不敢前去拜访，深感惭愧；同时，当局也必定监视你们，下次千万别来，以后我们将派女眷回访。父亲不愿给他们带来麻烦，便匆匆离去。演出结束的最后一天，也不见他们派人来，倒是当地政府官员来调查父亲去"黄魂"一事。父亲说与校长是亲戚，这才搪塞过去。

中华歌舞团一路巡演来到印度尼西亚雅加达。这里是荷属殖民地，当局严厉审查演出节目，禁止歌舞团演唱《总理纪念歌》。和在别处一样，父亲满城寻找华语学校，好不容易才在一处偏僻之地找到了一所简陋的"中华学校"。当地政府专设了汉务司，对华语学校审查极严，华人子女想学祖国的语言文化，想了解进步的思想殊为不易，比曼谷控制更严。结合在南洋别处了解到的情况，父亲喟然长叹：国弱则民贱。民国虽已建立，但战乱不断，国家动荡，连累华侨在外域也成为三等公民，毫无地位，为了生存不得不忍受他国各种歧视与盘剥。

演出最后一天时，适逢 1928 年 10 月 10 日"双十节"，是中华民国的国庆日。父亲与戏院老板商量，拟将未经殖民政府审查的《最后的胜利》偷演一天，连演四场，以此庆祝祖国的生日。老板也是华人，慨然同意。结果场场爆满，每场观众掌声雷动，情绪高涨。

歌舞剧《最后的胜利》是为庆祝北伐而写的。它的剧情简单：一座大监狱，一个监狱长，一群囚犯，监狱长鞭打囚犯，工人农民举着锄头、斧头等武器冲进监狱，打倒了监狱长，获得了胜利。其舞蹈类似于雕塑般凝重，表现了一种大无畏的勇于牺牲的精神。几千个华人看得血脉偾张，心潮澎湃。大家严守秘密，在荷属爪哇首府的雅加达，竟是没有泄密。之前演员们对当局禁唱《总理纪念歌》就一肚子的痛恨，现在大家泄了心头之恨，心头自是大畅。为庆祝演出成功，老板特设家宴款待全体团员，全体团员也亲身体会到天下华人的血脉是相连的。

南洋巡演的过程中，大姐明晖遇到一个疯狂的追求者。大姐是歌舞团的台柱子、当红主角。在香港演出时，她就被一个 18 岁的中学生迷上了，这个中学生名叫郑国有，其父曾是马来西亚太平府的国王，他是二太子。为了追求大姐，他一直自费随团到南洋各地，紧跟不离。他家父母不赞成他和歌舞演员结婚，断绝其经济供给，他仍矢志不渝。父母只好妥协，在大姐回国前夕，他的母亲将他和大姐接回香港。

五

时间过得飞快，一转眼就到了年底。在一片赞扬声中，歌舞团里却变故渐生，人心浮动，已到了分崩离析的境地。

八个月的长时间巡演，又身处异国他乡，这让歌舞团里大多数人的思乡情绪浓重得不可抑制，尤其是临近春节，"每逢佳节倍思亲"，团里有些小姑娘由于思念父母亲人，晚上躲在被窝里偷偷哭泣。她们中的绝大多数人原本家庭贫困，因为参加歌舞团而收入丰厚，不但自己由丑小鸭一跃变成了凤凰，给父母亲人购买的礼物也是塞满箱箧。想到自己能够衣锦还乡的那种自豪感和风光，归乡的念头愈加强烈。但她们对父亲还是有着天然的敬畏与尊重，心里虽想，嘴上却不敢说。

小演员们心理发生了变化，成年演职人员的变化就更加明显了。南洋巡演非常成功，演员的名气也大了，心里的想法就多了。巡演即将结束时，社会各界都来拉人才。有些人受到引诱，心里产生了动摇，不愿再随歌舞团颠沛流离，希望能脱离团体，自组班子赚钱；另有一些人有感于国内局势动荡，工作难找，想就此在南洋生存下去。这些人没有小演员们那么多顾忌，反正团里也没有和演员们订立强制性的契约，他们心里有了想法就付诸行动。罗静华在当地报馆谋得职位，黎锦光、章锦文受聘雅加达学校任音乐、舞蹈教员，还有人把演员拉出去与当地杂技、魔术团另行组团演出。

连自己的亲弟弟锦光都出走了，这对父亲的打击非同小可。父亲在痛苦中回过神来，才醒悟到天下无不散的筵席，到了该散的时候，那就散了吧。

父亲无论是办校还是办团，历来主张来去自由，入校入团和离校离团都无任何约束。面对自己辛辛苦苦建立起来的歌舞团解体，虽然内心非常痛苦，但他也没有强求，在光环最盛的时候宣布解散了歌舞团。

几十年后，二姐黎莉莉在《忆中华歌舞团和明月社》中，非常痛心地回忆了当时的情景："1928 年，中华歌舞团在华南和南洋群岛举行公演，受到了海内外观众的欢迎。但是，社会上对团员有各种引诱，部分团员也产生了骄傲情绪，认为自己有了本事，可以脱离歌舞团独立谋生。有的团员甚至不想回国，与当地华侨学校谈妥留下当歌舞、音乐教员。有的与当地报馆联系，谋得了职位。还有人企图把团员拉出去与当地的杂技、魔术团合伙谋取生财之道。还有一些年纪小的团员想家，希望快点回国去过春节。当时大部分团员思想很活跃，要继续演出或者全部团员一起回去，已经不可能。团体处在解体的边缘，闹得人心惶惶。黎锦晖先生自从创建歌舞专门学校、美美女校，一直到中华歌舞团，历来主张来去自由，入校入团、离校离团都没有任何约束。现在看到辛苦建立起来的团体分崩离析，当然心里很痛苦，但人各有志，他也无可奈何。我看他内心非常苦闷，情绪低落，沉默寡言，有时借酒浇愁，神态很不正常。有一次在泗水演出后，喝得酩酊大醉，要我给他提水在房中冲凉。我从来没有见过他醉成这样，不敢违背他，只管提水，他只管和衣往头上浇凉水，以致房内变成了水塘。他心中虽然十分苦恼，但是从不斥责别人，对闹分裂的事，也不透露心里的郁恨。我当时年轻，虽然在团员负责做'抚慰员'的工作，曾调解女团员之间的矛盾，却没有察觉到黎先生是为歌舞团的瓦解而痛心疾首。他是一个有苦只往心里咽的内向的人。"

虽然如此，但中华歌舞团此次南洋巡演，是我国第一个歌舞团出国演出，开启了华人流行音乐的新篇章。"有华人的地方就有国语流行歌曲"，源出于此。因此，田汉、郑振铎称之为"史无前例"。此举已载入中国音乐史册，其演出节目单现保存在中国音乐学院。南洋巡演，它的历史意义深远，所到之处，当时均属法、英、荷、葡等殖民地，打破了殖民政府不准在华侨中宣传国语的限制，它是祖国民族文化对身处异域的华侨的一次哺育，是华侨对祖国民族文化的一次身份认同，也是代表祖国母亲和海外游子的一次情感交流与沟通。

大海彼岸望故园

第十章

一

在上海，有一群朋友始终关注、爱护着父亲。

陆费逵就是其中一位。虽然因为工潮的事情父亲怒而去职，但这并未影响到两人的友情，父亲也和中华书局保持着很好的合作关系。在父亲远赴南洋巡演的日子里，陆费逵一边为父亲取得的成功由衷高兴，一边又时刻关注着上海的动态。

获悉中华歌舞团即将结束巡演回沪，陆费逵找到仍在上海的四叔锦纾，让他转告父亲：别回上海！

原来，那个黄秘书长仍是阴魂不散。他在淞沪警备司令部任职，前不久该部抓到几个"共产分子"，从他们的口供中，得知父亲帮助过一些反蒋的共产党人和国民党左派，甚至安排在歌舞团里做掩护，宋庆龄去莫斯科之前召开的

　　　　　　　　　　民国风华：我的父亲黎锦晖

那个秘密会议也被人招供出是父亲安排的场地。黄秘书长对父亲旧恨未消，现在有了借口，就秘密组织力量准备抓捕父亲。父亲只要踏上上海的土地，他们就将他立即逮捕。陆费逵恰巧在该司令部有个好朋友，这位仗义的好友悄悄地把这个消息透露给了陆费逵。

四叔当即修书一封，给远在南洋的二哥。

幸好父亲及时收到了这封信，免除了一场牢狱之灾。父亲无奈地改变计划，委托二姑锦皇把歌舞团的人员安全带到上海，自己则留在了南洋，等待时局的变化。

这一等，就是十个月。

父亲也不知道，这十个月就此改变了他后半辈子的命运。

二

1929 年 2 月，父亲带着大姐明晖，弟子王人艺、钱蓁蓁、徐来，还有一直追随大姐的郑国有，一行六人辗转来到新加坡，在教育界朋友的介绍下租下了城区一套有四个房间的住房，就此安顿了下来。

留下来的几个人中，大姐明晖不忍心丢下父亲，自愿陪着父亲在南洋闯荡。大姐的亲生母亲徐珊珂前不久在老家湘潭生病离世，这让大姐更亲近父亲，也更心疼父亲。钱蓁蓁的父母为了革命，连生命都没有保障，把她托付给父亲。父亲一生最重然诺，既然答应了，就无论如何也要做到。钱蓁蓁的童年漂泊不定，吃过不少苦头，她当过丫头、学过京剧、进过孤儿院，在歌舞团的这段日子，是她有生以来最快乐的日子。她无处可去，又从心里敬重父亲，就此留了下来。

徐来的母亲在她来南洋之前就已在车祸中丧生，她在上海举目无亲，又在心里暗暗爱上了父亲，心甘情愿留下来侍奉父亲。本来王人艺、王人美兄妹俩都要求留下来陪伴父亲，但他们的两个哥哥王人路、王人旋以及嫂子和妹妹久别，十分想念，王人美就跟着大队人马回了上海，王人艺则坚决留下来陪伴老师。郑国有放弃原来锦衣玉食的生活，跟着歌舞团四处奔波，父亲也为之感

20 世纪 30 年代被誉为"标准美人"的著名影
星、黎锦晖当时的夫人徐来

动，就允许他一起随行了。

　　一行人刚刚安顿下来，当地有一华侨户籍警告诉父亲：依照殖民政府法
律，一男子如与两个外姓女子同住在一起，会被误认为贩卖人口，轻者罚款驱
逐出境，重者判刑入狱。一行人一筹莫展，还是精灵的二姐出了个主意：她做
父亲的女儿，徐来则做父亲的妻子。

　　徐来，原名小妹，又名洁凤，原籍浙江绍兴，1909 年出生在上海的小商
人之家。家道艰难，徐洁凤从小就跟着母亲一道给有钱人家帮佣，小小年纪就

干一些诸如洗衣、打杂、烧开水、扫地、抱小少爷等活儿，尝尽了世间炎凉。不久她父亲病逝，徐洁凤靠着家中积蓄勉强上了几年学，家中实在揭不开锅了，去一家蛋厂做捡蛋的女童工。后来大中华歌舞专门学校招生，这让素喜歌舞的她动了心。后来打听到了校长是上海滩赫赫有名的黎锦晖，又打听清楚学校不收费，还免费供给食宿，她一狠心辞掉蛋厂的工作，考进了中华歌舞专门学校。

徐洁凤很珍惜这来之不易的机会，学习非常认真刻苦。不久，在歌专的慰问演出中，她首次登台，扮演剧中拟人化的花朵、小草以及小鸭、小狗、小猫等无关紧要的角色，由于她的聪明勤奋，渐渐开始扮演主角。

徐来这个名字，是父亲给她取的，取"清风徐来，水波不兴"之意，徐来对这个名字十分满意。她刚进歌舞团时，由于营养不良，也由于在工厂做女工过分辛苦，显得又黑又瘦。歌舞团的伙食好，生活有规律，正值芳龄的徐来很快调养过来，变得风姿绰约、娇艳万方，后来享有"标准美人"的盛名。

徐来对父亲早已情愫暗生，父亲对她也日久生情，大家都心知肚明，现在经二姐说破，大姐明晖也心疼父亲长期一个人的单身生活，非常赞同父亲和徐来走到一起。这样，在异国他乡，两个孤寂的灵魂、两个相爱的人儿就此聚首。

父亲曾写诗："明月千里，清风徐来。"把生命最重要的明月社与徐来相提并论，可见父亲爱她之深。后来父亲还为徐来办过"清风艺社"，把他组织的爵士乐队也叫"清风艺乐队"。徐来对父亲也是情真意切，不时提起萧伯纳的一句幽默名言：我的聪明，你的美丽。两人卿卿我我，在异国他乡彼此慰藉。

父亲对钱蓁蓁十分疼爱，早就视她为女儿。钱蓁蓁自愿改姓黎，父亲替她取名莉莉，成了我的二姐。

二姐和父亲和我们一家的关系都非常好，就是父亲在四面楚歌、最艰难的时候，他们都保持了互相信任、互相帮助的关系。全国解放后，二姐成了烈士子女，但她仍没有改回钱姓，仍叫黎莉莉。她和父亲如一对真正的父女一样，几十年甘苦与共，在某种程度上甚至超过他的亲生女儿。

台湾的唐绍华曾写过一本《文坛往事见证》，谈及父亲的部分多源于当时的小报花边新闻；美国哈佛大学教授李欧梵也写过一本《上海摩登》，他谈及父亲的资料来源，多是当时小报上一些捕风捉影的报道。要是他们能读读明月社诸人的传记或回忆录，应该羞惭得脸红了。

下面是二姐黎莉莉回忆我父亲的文章：

> 关于黎先生的为人和私生活问题，我作为自幼在他办的歌舞团工作、生活的一个成员，切身体会是比较深的。他办的歌舞团，完全不同于旧戏班子，作风相当民主。入团固然要经过考查，但不少团员是经熟人介绍进去的，来去都很自由，不受什么约束。我们在团里的生活，相当优厚，吃得很好，演出以后都按场次分场费，从来没有克扣的事情。他办团不是为了牟利，而是为了歌舞事业。我那时没有家，他更是把我当自己女儿一样看待。我从来不拿分得的场费，他就把我应得的钱交给团秘书黎锦皇保管。我把明月社当作自己的家，离团参加联华公司当演员，还尽义务参加明月社的演出和灌唱片。我母亲因党的地下工作要躲开社会上的注意，带着我弟弟钱江在1932年前后一度也住在歌舞团里，做些医务、卫生工作。黎先生愿意承担风险，对我的家庭尽力照顾，做到了仁至义尽，以后一直和我的家庭保持着友好的关系。他对所有的团员充满着慈爱之心，从不起坏心眼，我们这些女孩子都有体会，社会上的流传都是捕风捉影。他只爱上了徐来一个，后来正式结婚。徐来和他离异，他把所有的家私都给了她。一心一意搞他的音乐，一直到去世。他是一个真正热爱音乐、舞蹈事业的艺术家……

父亲和明月社一些老人之间的感情，甚至跨越了生死。他在1967年去世之后，当年明月歌舞团在京的旧人黎莉莉、郭沫若的夫人于立群（黎明健）、著名话剧演员路曦、电影演员王人美等都是六七十岁的老人了，她们事业有成，身负盛名，但仍未忘父亲的恩情。每逢父亲的生日或忌日，她们都要聚在一起举行悼念活动。1968年母亲自父亲去世后第一次去北京，见到了黎莉莉、于立群，三人抱头痛哭，互相劝慰，久久不能自已。这些说明了父亲的为人，也说明了父亲当年对她们的爱护和关怀，是让她们永生铭记的。

三

1928 年 12 月，南京国民政府教育部国语统一筹备委员会成立。远在海外的父亲对此并不知道，但由于他在白话文运动中卓越的贡献和巨大的影响力，仍然和大伯锦熙一起当选为筹备会委员。筹委会以吴稚晖为主席，委员包括蔡元培、张一麐、吴敬恒、李煜瀛、李书华、钱玄同、黎锦熙、陈懋治、汪怡、胡适、刘复、周作人、李步青、沈颐、陆基、朱文熊、魏建功、曾彝进、孙世庆、方毅、沈兼士、黎锦晖、赵元任、许地山、白镇瀛、林语堂、任鸿隽、马体乾、钱稻孙、马裕藻、萧家霖。

此时的他，一方面沉浸在爱情的甜蜜里，另一方面又为这个临时组建起来的六口之家的生活烦恼。父亲手头上虽然有些钱，但父亲一生不善理财，手头的钱也不算很多。现在一家六口坐吃山空，虽然省着用，但要不了多久，钱就会用完，那时生活怎么办？甚至连回国的旅费也成问题了。

就在父亲暗暗焦急的时候，命运再一次眷顾了他。四叔从上海写信来说，父亲的《毛毛雨》被出版商又一次再版，销路很好。国内没有能和父亲比肩的作曲家，听众想听歌也没有更多的选择，市场上对父亲的爱情歌曲处于一种饥渴的状态。由于父亲不在上海，出版商们数次找到四叔，求他给父亲传信，让父亲创作爱情歌曲，以弥补市场空白。

父亲高兴地接受了这个建议。唱片公司很快汇来大洋 500 块，让这个临时家庭的生活没有了后顾之忧。有了钱，父亲请来菲籍音乐教师，教王人艺学小提琴；请来马来籍英文老师，教徐来和二姐莉莉学英文。空闲的时候，大姐、二姐和王人艺有时在华侨学校教唱歌曲，有时在华人社区帮助排练歌舞节目，而徐来则在家里侍奉父亲，负责全家人的生活安排。徐来生性节俭，把生活安排得井井有条，而父亲则静下心来，专心创作。

其实父亲很早就想创作爱情歌曲，但之前因为沉浸于儿童歌舞的创作，抽不去时间来兼顾别的。现在闲居新加坡，有了大把的空闲时间，正好琢磨一下爱情歌曲的创作。

父亲吸取以往的教训，立下了"十不写"的规矩：

一、反映妓女生活，为妓女演唱的曲调，不写；

二、"公子落难""后花园赠金"之类的才子佳人式爱情曲，不写；

三、病态畸形的"相思病"，不写；

四、三角恋爱、多角恋爱、畸形变态恋爱的，不写；

五、三妻四妾"十美图"式的污蔑女性的爱情，不写；

六、为"爱情"不择手段的，不写；

七、"十八摸"式的低级下流的曲调，不写；

八、见异思迁，见一个爱一个的"乱爱曲"，不写；

九、为了权势、为了金钱的"买卖爱情"，不写；

十、"一见倾心"、不断变心的"儿戏爱情"，不写。

这十条规定是非常严格的，甚至连封建社会所能容允的内容都不写，比如"后花园赠金"和"爱情悲剧"之类。其实这些内容在封建社会的许多文艺作品和民间音乐作品中是屡见不鲜的，如《西厢记》《牡丹亭》《梁山伯与祝英台》等等。由此可见，父亲当时创作的环境并不宽松，他一方面下定决心冒着批判者的炮火而努力前行，另一方面又不能不作出某些妥协，尽量少给攻击者留下口实。

由于父亲滞留南洋，手头的资料、素材都非常缺乏，全靠多年来大脑中多种音乐素材的积累。多年积累的古今中外名家诗词、西洋诗歌、民间小调、西洋乐曲以至这次南洋所见土风舞曲、西洋小曲，全都成为他创作的素材，或作参考，或受启发，或作借鉴，或从中挖掘新意。如《小小茉莉花》，是改写一位英国诗人的作品而成；《夜深深》是借鉴和吸收胡适翻译的美国民歌《小吉梅》而成。

四

当年的新加坡并未像今天这般繁华喧闹。它四面临海，因地处热带而四季长绿。沉浸在爱情里的父亲和徐来常去海边散步。碧海云天，银白沙滩，成行的椰树如袅娜的少女般温柔多情。湿凉的海风吹来，让搂着爱人的父亲，油然而起了思乡的情绪。

算起来，父亲一行人离开祖国已经一年了。身在异国，只能隔着浩瀚的大海眺望祖国，平日里那个战火四起、满目疮痍的故国，此刻是那么地清晰、那么地可爱、那么地须臾不能割舍。

父亲油然想起了故乡的桃花江。桃花江在湖南西北，离湘潭不算太远，有水路相通。青年时代，父亲曾应同学的邀请，泛舟江上。桃花江水清波碧，桃花夹岸，桃花林下那俊俏的姑娘唱着世代相传的缠绵情歌，这些都深深地印在他的脑海里。桃花江还有流传千年的动人传说。桃花江原名杨柳溪，相传王母娘娘的侍女不甘天上寂寞，偷偷下凡成亲。王母娘娘发现后大怒，即派天兵天将捉拿。侍女被抓，情急中将头上玉簪拔下扔向丈夫，作为永久的纪念，不承想玉簪深深扎入杨柳溪的泥土中。转眼，玉簪便化成一棵棵、一行行的桃花树，火红的桃花红遍沿岸。桃林深处，似有侍女的身影在飘动，远处，似传来侍女那深情的怨诉。以后每年桃花盛开季节，引来游人无数，观艳丽桃花，听动人传说。特别是那些喝桃花江水长大的面若桃花的姑娘，行走于桃花间，形成与桃花相映的至美风景，由此，桃花江、美人窝便传了开去。

远处的椰林下年轻的男女成双成对，怀中的美人艳如桃花，父亲心中一动，文思顿如泉涌，挥笔写下了《桃花江》：

（男唱）我听得人家说，（女白：说什么呀？）桃花江是美人窝，桃花千万朵呀，比不上美人多。（女白：不错。）我每天到那桃花林里头坐，来来往往的我都看见过。（女白：全都好看吗？）好！那身材瘦一点儿的，偏偏瘦得那么好。（女白：怎么好？）全是伶伶俐俐、小小巧巧、婷婷袅袅、多媚多娇。（女白：那些肥的啦？）那些肥一点儿的肥得多么称、多么匀、多么俊俏、多么润！

（女唱）哈！你爱上了瘦的娇，你丢了肥的俏，你爱了肥的俏，你丢了瘦的娇！你到底怎么样的选，你怎么样的挑？

（男唱）我也不爱瘦，我也不爱肥，我要爱一位，像你这样美，不瘦也不肥，百年成匹配。

（女唱）好！桃花江是美人窝，就只爱了我？

（男唱）好！桃花江是美人窝，你比旁人美得多！

（合）好！桃花江是美人窝，桃花千万朵，比不上美人多。

（男唱）我听得人家说，（女白：说道甚么？）桃花江是美人窝，桃花颜色好呀，比不上美人娇。（女白：真好？）我每天都到那桃花林里头瞧，来来往往的可不知多少。（女白：有个介绍吗？）有！今天认识那一队，明天认识了那一班。（女白：怎么办？）每天成群结队，笑笑谈谈，游游玩玩，无牵无绊。（女白：谁最中意？）自从认识你，立刻中了意，称了心，生了恋爱动了情！

（女唱）哈！我在那右边走，你在那左边行，我在那前面行，你在那后面跟，我看你准是爱了我，你准是动了情！

（男唱）那我也不知道，我也不能料，我一看见你，灵魂天上飘，爱情火样烧，全身溶化了！

（女唱）好！桃花江是美人窝，我不是美人，你也爱上了！

（男唱）桃花江是美人巢，你比那些美人好！

（合）好！桃花江是美人巢，桃花颜色儿好，比不上美人娇！

歌曲用映衬的手法，既赞美了桃花江美女如云，又赞美了在情人的心中只有自己所钟情的人儿才是最美的，所谓"情人眼里出西施"，表达了男子对恋人始终专一的爱情。歌词明白如话，却又韵味深长，词曲巧妙，传情达意效果极佳。歌词中"我也不爱瘦，我也不爱肥，我要爱一位，像你这样美，不瘦也不肥，百年成匹配"之句，是取宋玉"增之一分则太长，减之一分则太短；著粉则太白，施朱则太赤"的诗意而写成的；"我一看见你，灵魂天上飘"，则是借鉴《西厢记》中张生的念白："灵魂儿飞去半天"之意，等等。父亲深厚的古典文学修养，在《桃花江》里得到了充分的体现。

父亲在南洋创作的百首爱情歌曲中，《桃花江》是最为流行的一首。它不仅在当时的都市流行，而且流传到江西苏区。"文革"后胡耀邦任中共中央总书记时，曾对四叔黎锦纾的儿子、军旅作家黎白说，当年中央苏区也唱《桃花江》，只不过将歌词"桃花千万朵，比不上美人多"改为"红花千万朵，送给红军哥"。据说杨尚昆的夫人李伯昭带头这么唱。因为《桃花江》的曲调脱胎自广东音乐，旋律优美动听，易学易唱，容易流传。

这首歌，在中国大陆唱开以后，又飞越万水千山，在南洋迅速流传。南洋巨商胡氏兄弟烟草公司灵机一动，马上将"桃花江"作为一种香烟商标，连同《桃花江》的歌词、曲谱，一并印在烟盒上。南洋侨民，争相购买。香烟因"桃花江"的美名而销路大畅；《桃花江》的歌曲也因香烟行销而更广泛流传。

《特别快车》是百首爱情歌曲中另一首流传甚广的歌曲。这首歌的曲调中西合璧，既有浓郁的民族民间特色，同时又吸收了西方流行歌曲的表现手法，略带一点"洋"味。歌词是讽刺"一见倾心"式的随意爱情。词一共三段：第一段叙述一对青年男女在朋友的筵席上刚刚相识就交换戒指作定情之物；第二段叙述这对青年男女飞快结婚；第三段叙述这对青年男女飞快生下小孩，故歌名叫作《特别快车》。下面是其歌词：

盛会绮筵开，宾客齐来，红男绿女，好不开怀！贤主人殷殷绍介：这位某先生，英豪慷慨，这位某女士，博学多才。两人一见多亲爱，坐在一排。情话早经念熟，背书一样的背了出来，不出五分钟外，大有可观，当场出彩！订婚戒指无须买，交换着就向指尖儿上戴戴！乖乖！特别快！

一会喜筵开，容易安排，繁弦促管，好不开怀！宾主们深深喝彩：敬贺巧婚缘，千秋永爱；敬贺好匹配，万岁同偕。赶快举行结婚礼不要延挨，傧相扶将进去，上戏场一样的上了妆台。不出十分钟外，扮好两个新人，当场出彩！少年小姐红了香腮，打扮成崭崭新新的太太！乖乖！特别快！

即夕把张开，高挂招牌，猜拳饮酒，好不开怀！新人们殷勤招待：故事讲不完，稀奇古怪，笑话说不尽，笑得难挨。猛听得新娘娘大声喊叫，泪洒胸怀。原来是肚中发痛，像发痧一样的痛了起来。不出百分钟，幸福无边，当场出彩！当时生下小孩且是双胎，一个叫真真一个叫爱爱！乖乖！特别快！

歌词夸张诙谐，故事叙述流畅，讽刺辛辣，直到今天仍具深意。这也是父亲的作品中少有的幽默诙谐的歌词。

《特别快车》出版后传到美国，美国学者发现同时期美国以爵士乐闻名于世的爱灵顿公爵（DUNK ELLINGTON）（1899—1974）有一首名为《早班快车》的爵士乐。他这首乐曲也是以火车轰鸣和行驶来表现乐曲，和父亲的《特别快车》相似，有些地方甚至雷同，让人甚是疑惑。美国学者起先以为是父亲"盗版"爱灵顿，后经考证，发现父亲的《特别快车》早于《早班快车》一年。这充分说明，父亲的流行音乐早已与国际接轨，对西方的爵士乐也有所影响。顺便说一句，爱灵顿公爵原名爱德华·K.爱灵顿，"公爵"的绰号是中学时同学们给他起的，因为少年时的他风度翩翩，气质优雅，所以得了这么个贵族化的绰号。

此时国内局势发生了剧变。1929年6月，蒋桂战争结束。蒋桂战争是3月27日爆发的，到4月1日，何键通电拥蒋，脱离桂系；2日，桂系李明瑞、杨腾辉于前线倒戈，21日，桂军主力将领胡宗铎、陶钧、夏威同时通电下野出洋，部队听候改编，至此，桂系主力全部瓦解。5月5日，李宗仁在梧州通电组织"护党救国军"讨蒋，由白崇禧、黄绍竑率军分两路进攻广州。5月15日，何键军克桂林，随以主力协同粤军夹击梧州。6月2日，攻陷梧州。12日，蒋介石命李明瑞、杨腾辉两师南下援粤围攻桂军，白崇禧、黄绍竑率军力战，屡遭败绩。24日，白、黄败逃越南。

白崇禧败走越南，其心腹少将黄秘书长听闻蒋介石"肃清内部"要拿他开刀，仓皇逃走，悬在父亲头上达几年之久的险报终于解除。

四叔给父亲写信：可以回来了！

五

百首爱情歌曲传回国内，开创了中国现代爱情歌曲之先河，一时洛阳纸贵，以会唱黎氏歌曲为时尚。但歌声未歇，打击就纷至沓来。

《开明》杂志从1928年起连发文章批评父亲。《开明》于1928年10月载青春《我们的音乐界》一文说："音乐的不幸时期——儿童歌剧时期。这时期，怀孕于民国九、十年间，起始于民国十二年之《葡萄仙子》之出世。……黎锦晖式的音乐……恶化或腐化了小学生的纯洁的心灵，散播了坏的种子于民间。虽然它并不是音乐，没有音乐的价值，然而它拢扰了民众，几乎民众不知道有伟大的音乐而只知道有靡靡的淫乐！"此篇文章的作者看来并不懂音乐，要不也说不出"虽然它并不是音乐，没有音乐的价值"的话来，然而却用词严厉，直指黎氏音乐、歌舞为"淫乐"，若不是无知，那便是别具用心了。

《开明》同月还发表署名昌平的《音乐享乐与经济制度》，文章说："有一般托尔斯泰艺术论的盲从者起来说：'音乐的理想，不必高深，只要能使人人明白了便行了。如果理想越高，则越使人不懂，而音乐则失其效用；所以要求音乐普遍，必须使音乐民众化、通俗化、原始化。'于是惯做滑头事业的黎氏父女，便假着提倡民众音乐的招牌，大唱其荒淫浮荡的小调，大作其浅薄无聊的俗曲，而音乐口趋复古。……至于音乐要民众化、通俗化、原始化那种主张，大约是替资产阶级保镖者的主张，他一方面要维持资产阶级优等的音乐享受，一方面不得不想出一种所谓民众音乐，如山歌、小调这一类价廉质劣的音乐，来敷衍一般平民，以求相安无事，其用心亦恶极了！"这篇文章用高高在上的口气斥责黎氏音乐是"价廉质劣的音乐"，又恶毒攻击"黎氏父女"是做"滑头事业的"，其阴暗的心理可见一斑。

次年2月，《开明》又发表署名昌平的《书"关于淫乐"后》，继续攻击道："小调之不适用于音乐教育，……良以小调曲趣不正，不适用于陶冶性情，……只配给掉丝姨娘在掉丝厂里随便哼哼，不配作小学校的音乐教材，可是黎锦晖编的儿童歌剧里面的乐曲，除一两个是西洋乐曲外，几乎每个都是小调。"大约这个昌平沉不住气了，用泼妇骂街的口吻攻击道："大约黎某唱惯小调的，所以在儿童歌剧里面充满着小调精神，这又是于音乐教育前途很不利的。"

到了夏天，攻击进一步升级。还是《开明》，在6月的《音乐专号》上发表署名冯德的《关于现在中国小学的和一般的音乐说几句话》，文章写道："一班天真未灭的小孩子，却打起吗啡针。于是那大权威的什么《月明之夜》哪，《三蝴蝶》哪，《葡萄仙子》哪，一批海洛因的毒便深种他们的心上。最近还有什么《毛毛雨》《妹妹我爱你》等等的小曲子，引起了吊膀子观念，影响到社会上的一般大众，更影响到一般恋爱性欲的中学生上去。"危言耸听之后，文章妄言："我可以说将来我们贵国不到十年，音乐界必定要被这班恶化分子，弄到乌烟瘴气不止，和梅兰芳代表中国艺术界一样。在现在真是千钧一发的时代。我们要醒起，我们要革命才行，我们要举起我们的旗帜，我们大声叫，我们必须要打倒这批反动分子不止。不然我们将永远爬伏在专制魔王的座位下。"这篇文章先是攻击黎氏音乐是"吗啡""海洛因"，且居然还能影响中学生们的"性欲"，然后就高举屠刀，杀气腾腾，要"革命"、要"打倒"父亲和梅兰芳这批"恶化分子""反动分子"！

但喜欢黎氏音乐的大有人在，朱应鹏就撰文《关于歌舞会的话》说："锦晖君作品的倾向，已经到'注意现世思想''表人体的健康、活泼与美丽''注重感情教育——特别是爱的教育——'。这几方面，是中国教育所反对的，也是新大陆回来的教育家所不懂的，我们当然！"

王人美在《我的成名与不幸》里这样回忆："当时的上海，封建势力仍然根深蒂固，青年女子大都梳长辫子，穿长旗袍、长袜子。在那些遗老遗少的眼里，女子上银幕已是世风日下，明晖短发赤脚，短衣短裙，像无拘无束的小鸟一样在台上又唱又跳，简直是伤风败俗。结果呢？遗老遗少越是恶毒地咒骂，受过五四新思想熏陶的知识青年越是热情地赞扬。"

1929年12月14日，国民政府教育部训令各省市教育厅局，禁唱《毛毛雨》《妹妹我爱你》等歌曲，并明令学校"一律禁止采用此类歌曲作教材"。

《毛毛雨》《妹妹我爱你》等究竟是什么样的歌，值得当局明令禁唱？为方便读者了解，我举《毛毛雨》为例。先将歌词照录如下：

毛毛雨，下个不停，微微风，吹个不停，微风细雨柳青青，哎哟哟，柳青青。小亲亲，不要你的金，小亲亲，不要你的银，奴奴只要你的心，哎哟哟，你的心。

　　毛毛雨，不要尽为难，微微风，不要尽麻烦。雨打风吹行路难，哎哟哟，行路难。年轻的郎，太阳刚出山；年轻的姐，荷花刚展瓣。莫等花残日落山。哎哟哟，日落山。

　　毛毛雨，打湿了尘埃，微微风，吹冷了情怀。雨息风停你要来，哎哟哟，你要来。心难耐，等等也不来；意难挨，再等也不来。又不忍埋怨那我的爱。哎哟哟，我的爱。

　　毛毛雨，打得我泪满腮，微微风，吹得我不敢把头抬。狂风暴雨怎么安排？哎哟哟，怎么安排？莫不是，有事走不开，莫不是，生下了病和灾？猛抬头！走进我的好人来。哎哟哟，好人哪来！

　　读完以上歌词，我觉得无须我再说什么。一首再平常不过的情歌，在那些遗老遗太们看来，怎么就成了洪水猛兽，直欲杀之而后快？

　　《毛毛雨》创作于1927年，1929年5月由心弦会出版社收录于《家庭爱情歌曲二十五种》。《毛毛雨》的创作其实非常偶然。1927年父亲带团去杭州演出，歌罢泛舟西湖，湖光山色细雨霏霏，灵感突然萌发，草草记下几笔，欲罢不能，中途就跑回旅社，关起门来，很快把《毛毛雨》完成了，然后当天排练，当天演唱。

　　《毛毛雨》是以我国民族民间曲调和欧美现代音乐结合的产物，它自然发音，平易近人，一听就懂，多听就能上口，人人都能学会。它宣扬平等、自由、博爱、和谐，词曲通俗、浅近、易唱、动听；它是中国第一首真正意义上的流行歌曲，也是真正属于老百姓的平民歌曲，当时称之为"摩登歌曲"（Modern music）。

　　《毛毛雨》的首唱是大姐明晖，大姐藉此成为了中国音乐史上第一位流行歌星。《毛毛雨》红极一时，很快就在百代录制了唱片，满上海街头到处都能听见大姐甜美的嗓音，就连商店也安置了留声机或收音机，通过大喇叭播放，借以招徕顾客。后来有人形容说："歌坛下起了毛毛雨"，很形象地描绘了《毛毛雨》当时流行的情况。《毛毛雨》让大姐与她的歌声一道，成了无数人永不磨灭的经典记忆，也成为了中国流行音乐最早最值得回味的记忆。

我的七叔锦光后来也成为了著名的音乐家，其成功之作有《采槟榔》《送我一枝玫瑰花》《香格里拉》《五月的风》《叮咛》《慈母心》《疯狂世界》《星心相印》《相见不恨晚》《满场飞》《假正经》等，其最为得意的作品当数《夜来香》，但他曾评述说：《毛毛雨》无论意境、韵味都是空前绝后的，我的《夜来香》也比不上。七叔是个很骄傲的人，他能说出此语，当属不易。

关于《毛毛雨》，还有一段趣事。陶行知先生于1938年春赴美号召华侨捐资抗日，演讲词就引用了《毛毛雨》："小亲亲，他要你的金，小亲亲，他要你的银，小亲亲，还要你的心，啊呀呀，你的心！"讲罢，满场响起了会心的掌声，演讲的效果奇佳。后来，陶行知得意地将这个事情记在他的日志上。

《桃花江》也遭遇了和《毛毛雨》类似的命运。1934年蒋介石推行以"礼义廉耻"为中心思想的"新生活运动"，对父亲创作的《桃花江》等爱情歌曲进行大肆攻击，说它违背了礼义廉耻，倡导了伤风败俗。紧接着共产党领导下的左联和音联也加入了攻击的行列，说《桃花江》等是"靡靡之音"。

《桃花江》被"抹黄"，还有聂耳一份"功劳"。聂耳离开明月社后，随着名气一日日地大起来，不免滋生了一些少年指点江山的"意气"。他在日本"东京青年会"发表演讲时曾说：萧友梅（学院派宗师）代表封建御用文人，黎锦晖（流行音乐）是"靡靡之音"，《渔光曲》（获国际奖）"不足效仿"。拍摄于1934年、上映于1935年2月由蔡楚生导演的左翼电影《新女性》里，聂耳把我父亲的《桃花江》改词成为革命歌曲《黄浦江》，而舞厅演唱的《桃花江》却被抹黄出现在写真裸女身上，一首红遍海内外的《桃花江》背上了"艳歌裸舞"的恶名。

聂耳那时毕竟年轻，对新文化运动理解不深。身为共青团员，又是左联成员，他在共产国际"要促使小资产阶级破产"的转向指令下的一些行为也可以理解。但他把因推行国语和平民音乐而创造的歌舞指责为"靡靡之音"，并给他的老师戴上"黄色音乐鼻祖"的大帽子，这明显是受"左"倾思想的影响，

黎锦晖在《北洋画报》上撰文反驳庸俗的攻击

显见是有失公允的。不过，在那个年代，人们可以大义灭亲，可以六亲不认，师道尊严又算得了什么呢？

由此开始，对父亲的批判持续了半个多世纪，直到他死去也未终止。批判的调子从"消磨斗志""毒化青年"上纲上线为"宣传阶级斗争熄灭论""黄色音乐的祖师爷"。父亲去世十年后，文化部还下文明令《毛毛雨》《夜来香》和《桃花江》等属于黄色歌曲，禁止演唱。

其实，黎氏音乐从诞生的那一天起，在享受掌声与欢呼的同时，就伴随着嫉恨的质疑和恶毒的攻击。父亲的态度是一概置之不理，低头干自己该干的事，继续着"平民音乐"的理想。父亲在《干部自传》里曾回忆大姐当时因拍摄电影而受到的影响："影片公演后，凡是有封建思想的亲戚朋友，一律断绝往来。"但这一次，那些攻击者上升到了人身攻击，且影响到了宝贝女儿，父亲忍不住了，于 1930 年 5 月在《北洋画报》上撰文说："讲到歌，不能离了爱；讲到舞，不能离了四肢。有一个时期，我也很想把舞者的衣袖做长些，裙边垂低些；但那失去了舞的美和舞的意义。终于是袖子露出了全臂，裙还是和腰部相齐，这正是和不能因噎废食一样。"父亲虽然愤怒，但并未恶语相向，一方面向社会辩解，一方面仍是坚持自己的艺术主张。

20 世纪 80 年代，邓丽君的歌声"桃花江是美人窝"传到益阳，桃花江人才知道他们的桃花江早已名扬四海。但当时，当地政府认为这首歌曲是抗日救亡时期的"后庭花"，是鼓吹"资产阶级的糜烂生活"的，下令禁唱。但纯朴的桃花江人不这样认为，他们说：这首歌不过是唱我们的妹子漂亮伶俐嘛，既没有"摸"也没有"吻"，也没有宽衣解带，更没有投怀送抱，怎么就"黄"了呢？

直至 1989 年 12 月，《人民日报》海外版在《桃花江》的大标题下发表文章说："黎锦晖先生谱写的这首名曲，20 世纪 30 年代即风靡海内外，至今仍在传唱。她以轻柔的曲调，形象多情的语句，把山美、水美、人美的锦绣江山，画一般的展现出来，引发了人们对故乡、对亲人的无限遐思。"当地的电视台这才开始播放《桃花江》，并制作专题片称父亲是"湖南出生的才华横溢的作曲家，是一位爱国的民族主义者"。

1991 年，"黎锦晖艺术馆"在我的老家湖南湘潭隆重开馆，这是继齐白石纪念馆之后，湘潭市第二个以文化名人名字命名的纪念馆。在其开馆仪式上，

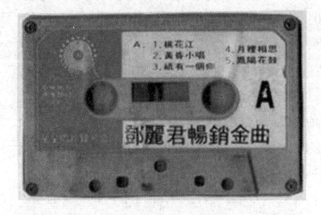

20 世纪 80 年代邓丽君经常翻唱《桃花江》等歌曲的磁带

《桃花江》优美的歌声再度在故乡唱响。

湖南的桃花江和桃江县，因《桃花江》这首歌而闻名遐迩。如今桃江县广种各种桃花，并正式开放了旅游景点"桃花仙境"，在景点里到处飞扬着《桃花江》的歌声。县里还开办了旅游学校，挑选了俊俏姑娘培训成导游。教唱《桃花江》便成了旅游培训的重要一课。父亲一曲《桃花江》让桃花江海内外扬名；而桃江县做足《桃花江》文章，让《桃花江》岁月留声。

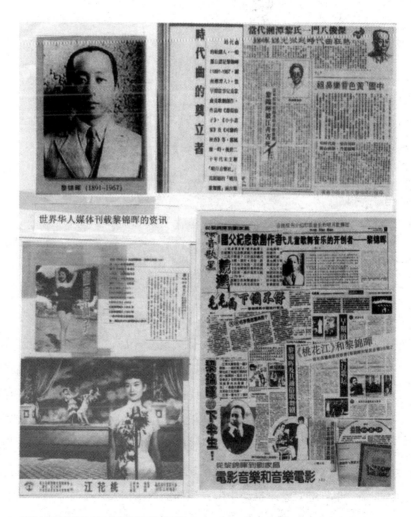

世界华文媒体有关黎锦晖的报道

艺海歌坛行路难

第十一章

一

1929年10月，父亲带着徐来、二姐莉莉、王人艺等踏海而归。

回到上海，父亲做的第一件事，是和徐来举行婚礼。

第二件事，则是重建明月歌舞团。几十年后，父亲曾这样回忆："我从小喜欢音乐。二十多岁的时候，受五四新文化运动的影响，觉得中国音乐应该以民族音乐为主流，民族音乐应该以民间音乐为重。几十年来，我都在探索这条民族音乐之路。创办明月歌舞团，就是实践这条民族音乐之路。我倡导过平民音乐。在中华书局编辑出版中小学校教科书时，又受到启发。我认为，音乐应该民族化、大众化。中国民族歌舞长期被忽视，受冷落。如果能革新歌曲，取得成绩，也许能有助于推动中国音乐的民族化和大众化。"

歌舞团的原来那帮小演员已经散去了，其中很多人不愿再回来，一是她们的南洋之行赚钱不少，足以开始平静的生活；二是上海的封建势力还很强大，她们以及她们的家人不愿意让她们继续那种抛头露面的戏子生活。但父亲的号召力还是很大的，徐来、黎莉莉、王人美、薛玲仙等人纷纷来投。她们中间有些人已经找到了很好的工作，仅仅因为父亲的人格魅力，便毅然离职前来追随。另外还有七叔黎锦光、严折西、谭光友等人也来了。他们就是在南洋闹分裂的那帮人。南洋毕竟是英、荷等国的殖民地，华人备受歧视，日子艰难，他们不得已又回到国内，闻说父亲重举大旗，他们犹豫一番，含羞带愧结伴前来，请求加入。父亲大度地接纳了他们，并未有一字责怪。

多年后，王人美这样回忆她重回歌舞团的情景："锦晖先生作风正派，为人宽厚，把我们当作自己的子女那样爱护、关心。我们进美美女校，不拜师，不立契约，也没有人身束缚。黎先生供我们吃住，教我们歌舞。当我们能够参加演出后，每演一场，他都抽出部分收入分给我们，名叫场费，还根据我们的进步情况不断增加场费，鼓励我们上进。黎先生培育我们成才，又允许我们离开明月社，从歌舞转向银幕，或者寻找更好的前途。二三十年代不少演员都来自明月社，像黎明晖、徐来、顾梦鹤、薛玲仙、黎莉莉，以及后来的周璇、白虹……至于我自己，我想重复一遍，我在明月社不仅学到了歌舞艺术，而且懂得了做人的道理。……我们不少姐妹都把明月社当作自己的家，集体观念很强，乐于互相帮助，很少发生争主角、闹待遇的事。"

父亲又招收了一批新学员，又恰好有同乡张其琴、张其瑟兄弟因领导农民起义失败，"马日事变"后被通缉，一路潜行来沪避难，闻听父亲也是湖南老乡，便求父亲收留。他们能演奏民族乐器，父亲就留下他们成为乐队成员。学员们在新租的小楼里抓紧训练基本功和排演节目，进展十分迅速。这时父亲接到大伯从北平寄来的信。大伯说，他准备把祖父母从湘潭接到北平，为其六十大寿而隆重庆祝。大伯征求父亲的意见，是否能来北平？

父亲在上海一待多年，无暇侍奉双亲，和兄弟姐妹也睽违已久，心中很是想念。父亲几乎立刻就作出了决定，去北平，一来带着新媳妇让父母高兴，二来把明月歌舞团带到北平，让平民音乐理念在北方生根发芽。

二

1930年5月，祖父母的六十大寿庆典在北平举行。湘潭黎氏兄弟姐妹十一人及其子女悉数聚拢，京城学术界、艺术界名流泰半到场祝贺，北平市长张荫梧、警备司令李服膺及卫戍司令等亦参加宴会。时年68岁的齐白石也来为老友祝寿，将祖父的临时居所四壁皆画了长幅大画，题为松庵兄补壁。

寿诞持续三天，可谓盛况空前。明月歌舞团在寿诞上表演的祝寿歌舞，得到了来宾们的一致称赞。

明月歌舞团在北平继续招兵买马。北平的生源语音接近普通话，唱歌、对白、朗诵语音纯正，易过语音关，上路快，对歌舞剧的表演更为有利。父亲住在幼时同学张裕笙夫人所办的幼稚园里，并租下部分房屋作团址。招生工作进行得较为顺利，学员的条件也较好，各有特色。这次招收了胡笳、张静、王韵清、赵晓镜、王宝金、安雅琴、于淑雯、于秀霞、王宝筠、周贵英等二十余人。这时，张裕笙的长子张少甫和张弦也要求加入。张少甫是北平师范大学物理系三年级学生，毕业在即，父亲劝他继续完成学业，他说毕业即失业，还不如早点搞音乐好，入团后改名为"张簧"，先学二胡，后又学大提琴和作曲。他为人忠厚，追随父亲18年，两人亦师亦友，感情很深。还有一名阎锡山军队的少将军官温一如，酷爱歌舞，也要求加入歌舞团。父亲推辞不得，只好允许他参与排练和演出。人员齐整后，立即投入了紧张排练。

二姐黎莉莉曾这样回忆明月社的排练："……为了弥补功底的不足，为了实现黎先生对我们的期望，我夜以继日地练歌练舞，很少有停下来的时候。我在团里是偏爱舞蹈的。我跳天鹅舞下了不少功夫。我练的时间太长了伴奏的都觉得累了……我只好自己放唱片，不间断地练芭蕾舞，终于把天鹅舞练到了相当成熟的程度。我跳天鹅舞不用脚尖功，没有人教过我脚尖功，所以不是科班芭蕾，而是普及型的，或者可以说是中国风格的，也就是黎先生所倡导的平民化的舞蹈。我跳天鹅主要是靠音乐节奏的引导，所以当黎先生亲自伴奏时，我便觉得神来意足，手之舞之，足之蹈之，很少考虑怎样动作，而动作自然就合乎舞蹈的要求，给人赏心悦目之感。……黎先生有时看到我跳得神采奕奕，他的伴奏就更加生动而有韵律感。在这种情况下，黎先生的伴奏就不是伴奏，而是指引我随着音乐去加强舞蹈情感。我所说的默契和合辙，就是指的这种境界。黎先生实际上把原来的乐曲（Cavotte）进行了再创造，我也是随心所欲，跳得自由自在，何况我本来就没有受过严格的舞蹈训练，也就没有什么约束。我当时十四岁，跳儿童舞蹈，求其天真自然而已……我认为，所谓黎派儿童歌舞就是一种吸收了西洋的音乐、舞蹈节奏，又把它通俗化、中国化的自由自在的歌舞，它虽然被学院派所鄙薄，但是却受到很多观众，特别是青年学生的欢迎。"

由于新招了学员，训练比过去更为刻苦。王人美、黎莉莉、薛玲仙等不但要自己排练，还充当小教员，教授其他的小学员，互教互学，大家年龄相近，容易沟通，所以进步很快。

三

父亲的版税虽然源源不断地从上海寄来，但也架不住几十人的开支，若不寻找新的收入渠道，歌舞团将面临财政困难。四月中旬，清华大学举行为期两天的联欢会，特约明月歌舞团演出。同台演出的还有熊佛西领导的"北师"话剧组，各演半场。熊佛西是中国话剧的拓荒者和奠基人，一生成就卓著，新中国成立后曾任上海戏剧学院院长。

明月歌舞团和北师话剧组同台演出，颇有点儿打擂台的意思，其过程出乎意料又饶有趣味。第一天《三蝴蝶》演上半场，一曲幕前曲中西乐器合奏《湘江浪》就获得满堂彩。演出《三蝴蝶》时，场内鸦雀无声，表演结束后掌声如潮，多次谢幕才得以退场。下半场"北师"话剧组演出，可能是独幕剧太长，场面太冷清，也可能清华同学早已看过，幕启时场内观众只剩少许，及至演出结束，台下只剩几个人，弄得十分尴尬。第二天"北师"话剧组换了剧目演上半场，情况也不佳，场内有不少座位空空，演到中途，观众催请演员下台，秩序非常混乱，话剧组的演职员十分恼火。及至下半场明月歌舞团演出《春天的快乐》，大批观众涌入礼堂，座位全满外，尚有不少人站在后面看，人数较前晚更多。演出后几次掌声雷动，几次谢幕，场面十分热烈。"北师"话剧组的人气极了，便在后台大肆攻击明月歌舞团，为避免发生摩擦，父亲带着大家忍着怒气赶紧离开。

清华大学的演出，是专业化的歌舞剧团首次与北方观众见面，让北方观众耳目一新，一种全新的艺术形式让他们开了眼界。于是，北平大小报纸纷纷给予评介和赞扬。北平各学校纷纷来函来人约请去演出，先后应协和、清华、汇文、盐务等校之邀，每次演出都很成功，好评如潮。后来还去清华大学演出了《小小画家》，也深受欢迎。这些演出都是不收费的，只赔不赚，歌舞团在表面的风光之下，经济已难支撑。

在学校演出一段时间后，节目逐渐成形，演员们的心理逐渐稳定，父亲看时机成熟，带领明月歌舞团先后在北平真光大戏院、西区哈飞大戏院、天津皇宫大戏院、天津春和大戏院公演，每演数天，场场满座。公演的节目也逐渐增多，《可怜的秋香》《寒衣曲》《桃花江》等歌舞表演曲也参加了演出。在春和大戏院演出时，该戏院领票员严斐、京剧旦角严华坚决要求参加歌舞团。后来二严都成了明月社的骨干力量，再后来，他们转拍电影，成了大明星。明月歌舞团在平津名声大振，黎莉莉、王人美、薛玲仙、胡笳被称为"四大天王"，芳名红透北国。黎莉莉的天鹅舞、王人美的《可怜的秋香》、薛玲仙扮演的忧愁公主、胡笳扮演的桃花都是观众的最爱。

在天津皇宫和春和戏院演出，虽然场场客满，但结账时摊出票根，竟不到七成座。原来是戏院老板在捣鬼，玩了"票外有票"的把戏。父亲一介文人，素来不会理财，玩心眼使诡计哪是奸商们的对手？演出结束算账，收入仅够开支，等于白给戏院老板打工了。

在天津演出时，有日本人来联系到大连演出，条件较优厚。明月歌舞团在大连演出第二天，日本舞蹈家佐藤和东京戏剧界多人专乘飞机前来观摩。演出中日本摄影师拍摄下儿童歌舞剧的每个场景，像黎莉莉的天鹅舞，更是每个动作都不遗漏，以方便其回国后研究学习。镁光灯烟气影响了演出和观众观看，曝光声音干扰了音乐，经交涉后才停了下来。佐藤先生专门和父亲见面座谈，讨教了许多歌舞方面的问题，双方进行了友好的交流。日本人顺势邀请父亲率

明月歌舞团天津演出之后剧团合影

天津演出时报纸的报道

明月歌舞团到日本演出，许以优厚的条件。父亲感到日本对中国不怀好心，日后两国恐不免一战，便毫不犹豫地拒绝了邀请。

大连的演出在经济上收获颇丰，团员们也分到了不菲的场费，大家喜气洋洋，一扫在天津演出的晦气。

大连演出后，张学良夫人于凤至为了救济辽河两岸的水灾灾民，派人前来找到父亲，希望明月歌舞团能去沈阳义演两天，所筹款项全部用来赈灾，如有困难，至少演一天。父亲一听说是赈灾义演，便满口答应义演两天，不但四场戏的全部收入该团分文不取，而且一切开支完全自理。义演是在沈阳最大的剧院沈阳大戏院进行，每张票10元（平时2元），演出时当地军政要员、地方官绅全来了，汽车衔接数里。戏院罗经理说，我们这个戏院，不管演什么戏都未超过五成座，你们来了，就打破了纪录。他免去一切租费和电费，以尽绵薄之力。事后，于凤至用赈灾会名义在报上给歌舞团写了一封公开慰问信，表示感谢。东北军重要将领王以哲向歌舞团献"宣扬艺术"的礼幛，在场军官全体起立向歌舞团致敬。此次沈阳义演，明月歌舞团开中国专业歌舞团赈灾义演之先河，影响深远。

沈阳义演两天后接着公演，附近城市的人也赶来观看，卖座情况超出预期估计。接着又在长春演了四天，情况也非常令人满意。演出顺利，团员们又团结，父亲见状大为放心。此时徐来临近分娩，父亲叮嘱大家一番，便匆匆赶回北京。

负责联络工作的三叔锦曜乘胜追击，又赶去哈尔滨签约，不承想在这里遇上了大麻烦。

在哈尔滨，只会开矿而没有社会经验的三叔与一家停业一年多的破旧戏院签约，演出10天，却并未写明演出场次，剧院并要求歌舞团出资重修门面。更为上当的是，当地习惯，"买一张票，看一天戏"，观众带饭进场，节目演完，台下又鼓掌催接着演。剧团只一个，只好再上场，场场相连，节目相同，仍百看不厌。演员疲惫不堪，声嘶力竭，连吃饭的时间也没有。特别是天气特寒，剧院无取暖设备，演员着单薄衣服，冷得牙齿打颤，唱不出声，苦不堪言。演了几天，难以支撑，与剧院苗经理交涉。苗系当地流氓头子，不但不肯通融，反而威胁歌舞团非要演足10天。结果因收入有限，广告、食用开支大，入不敷出，演员辛苦一场，把在沈阳、长春等地赚到的钱全部用光，还倒欠戏院1000余元。戏院不让歌舞团走，只好留下三叔做人质，其余团员才于1930年10月回到北平。等父亲筹款汇去，戏院才将三叔放回。三叔原是学矿业的，曾在萍乡、大冶等地矿场任职。他认为歌舞团生活像"天堂"，采矿的工作像"地狱"，在庆祝父母六十华诞时来北平，便请假要求参加剧团工作。父亲见他原是明月音乐会会员，也怜悯这个弟弟的工作辛苦，就答应了。这次在哈尔滨吃尽苦头，他才明白与石头打交道是多么单纯，与人打交道多么复杂，想清此节，仍回汉阳开矿去了。

父亲率团在北方公演将近十个月，遍历平津及东三省，在北方掀起了一阵儿童歌舞剧的热潮，平民音乐受到各阶层的热捧，但在经济上却是失败，重演了南洋巡演的一幕。

有时候我想，要是明月歌舞社有一个精明的经营团体，或许不会发生一次又一次的经济困难，父亲和明月社取得的成绩或许会更为灿烂，存在的时间更为长久，培养的人才更为繁多，中国的歌舞、电影、音乐都会受益良多。

但以父亲视金钱如粪土的个性，哪能容许自己在演员身上赚钱？作为他儿子的我，只有苦笑了。

四

剩下的选择不多。父亲思来想去，决定回上海。

北方的公演不仅没有赚到钱，反而把父亲的稿酬、版税收入消耗殆尽，一时之间又找不到新的收入来源，每天四十多人要吃要喝，父亲不忍心自己再次创立的明月歌舞团就此散去，歌舞团就此陷入困境。为了歌舞团的出路，父亲南下上海，接洽业务，以图东山再起。

父亲南下，留七叔锦光在北平负责团里的事宜。有些骨干演员由于种种原因，开始离团。比如在北平招收的新团员王润琴很有天分，歌喉甜润，会作词。加入明月歌舞团后她曾背着父亲写一首歌词《告别父亲》，由王人艺谱曲并由她独唱，感动了很多人。这样一位有才华的小姑娘，硬是被其家人带回去了。还有一位在北平招收的赵晓镜小姑娘，能歌善舞，是团里的主要演员。在哈尔滨演出时，其兄在台下看见台上表演的妹妹，觉得羞辱难当，扯了妹妹就走。北方的封建势力比上海更甚，"戏子"是下九流，有辱门庭，死后都不能进祖坟。这样，好些有才华、有前途的演员就此离去了。

七叔和严折西遵照父亲的叮嘱，在北平重新招收了一批学员，包括白丽珠（白虹）、于思歌、于思咏（黎明健）、杨枝露（路曦）、严励、薛陶、董西娜、李红等十余人。

蒋冯阎中原大战于 1930 年 4 月爆发，9 月，东北军进入北平。新上任的北平市长袁良突然下令不准北平籍的学员离境。大家只好三三两两分批化装离开，先后抵达上海。

月有阴晴圆缺时

第十二章

一

1931年1月，父亲带着歌舞团恓恓惶惶回到上海，不知前路在何方。

每次父亲遇到过不去的坎儿的时候，命运之神总会主动伸手拉他一把。这次也是一样。

父亲刚回上海，他的好友、上海大中华唱片公司经理王寿岑第二天就找上门来，请求父亲把创作的歌舞剧和表演曲交由他们独家灌制唱片。此前他灌制父亲的唱片，赚了不少钱，现在父亲的名声如日中天，所以他就捷足先登了。

大中华公司给的条件比较优厚。公司专门租用了典当路（今海兴路）110弄长沙商栈二楼，供歌舞团排练和食宿之用，父亲带着歌舞团由此开始了长达半年的紧张的录制唱片工作。

有次父亲和王寿岑闲聊，王寿岑劝父亲从前两次公演中吸取教训，也拟几条章程，比如学习期两年，学成之后必须为团里服务几年，以壮大歌舞团的经济实力。王寿岑为父亲着想，说的也是肺腑之言。但父亲说，我办团的目的，是为了歌舞事业，是为了推广平民音乐，不是为了赚钱。王寿岑知道好朋友的脾气，长叹一声，没有再劝父亲。父亲几十年口碑始终很好，大概也是这个原因。

1931 年 5 月，父亲刚结束灌制唱片工作，上海联华影业公司经理罗佑明和著名导演朱石麟找上门来了。罗、朱二人是中国电影初创时期的重要人物，联华影业公司也是当时中国数一数二的电影公司。联华影业公司拟拍摄一批彩色歌舞片，选中了明月歌舞团的儿童歌舞。经协商，罗、朱二人接手承办明月歌舞团，成立联华歌舞班。联华歌舞班虽然只存在了不到一年时间，但其在中国歌剧史上和父亲的音乐生涯中，皆是浓墨重彩的一笔。

联华影业公司在吸纳明月团员之前，曾对他们有过一次集体考试。经理罗明佑等先约全体团员到新雅饭店吃晚餐，席间，罗明佑提出，虹口奥地安大戏院明晚没有戏演，很多朋友都想看看你们的歌舞剧，演两小时怎么样？父亲心里明白，这是对演员实力的一次考察。但父亲浑不在意，满口应承。父亲连夜设计一出集锦式歌舞剧，定名《公园》。剧情是：一个青年正在苦闷中，遇上邻家女邀他到公园散步。游园过程中，他看到处处都有欢快激昂的歌舞，于是苦闷全消，精神振作。剧情虽很简单，却将剧团现成的十几套熟练的歌舞串联起来，演员演双重角色，穿上舞衣便是演员，加上外衣便成了游客，场上舞者和游人穿梭交织，十分热闹。大家连夜通宵达旦排练，第二晚演出大获成功。观众掌声不断，联华老板点头赞许，报上赞扬声一片，甚至有报纸称黎锦晖一夜之间就排出了大型歌舞剧，称赞得有些离谱。

第二天，联华便与团员签约。1931 年 6 月，联华公司按合同拨出一年开办费，租下爱文义路（今北京西路）1298 号整幢房子，添置必备用具，联华歌舞班便宣告成立。父亲虽然从 1925 年大姐明晖开始拍片时起与电影界有过接触，但此次才算正式参加电影厂的工作。

联华歌舞班由父亲任主任，七叔锦光、王人艺分别负责艺术组和音乐组，所有成员由公司供给膳宿，演员、乐师分等级支付工资，新学员定为练习生。

这一年多时间，大中华的唱片卖得火，版税丰厚，经济上没压力，思想上比较稳定，创作上富有激情，是父亲一生难得的比较愉悦的岁月。进入联华公司后，由他主持的《娘子军》《吹泡泡》《舞伴之歌》《小小画眉鸟》四部彩色艺术歌舞片，进展得十分顺利。

二

歌舞团回到上海后，有的人找到了收入丰厚的体面工作，有的人不习惯上海的生活回到了北平，有的人结了婚，有的人被家人拽回了家。1931年4月，父亲只好在上海又公开招考了一次，聂紫艺（聂耳）、李果等四人被录取，后又录取了周小红（周璇）。在平沪两地招收的这些演员中，于思咏、聂耳、周璇等人对明月社的兴衰发展有很大的影响。

于思咏生于1915年7月，原籍广西，出身簪缨之家，祖上三代都是清代三品以上的京官。于思咏从小爱好书法，喜爱歌舞，美丽聪颖，国语标准流利。她背着家庭在北平报考明月歌舞团，并悄悄随团来到上海。

于思咏的父亲受五四新文化运动的影响，支持女儿的选择，却也不敢和整个家族作对。她父亲经过上海，特和我父亲相商，表示愿意成全女儿的梦想，但必须改名换姓，过继给我父亲，并且要书面委托我父亲承担父亲的责任。我父亲慨然允诺，于思咏便改名为黎明健，成了我的三姐。父亲从此将她当作自己的亲生女儿一样呵护，教她弹琴、唱歌、跳舞。她漂亮聪慧，勤学苦练，很快就成为一名很好的歌舞演员，她跟团友们相处得很好，大家亲热地称呼她"健健"。

于思咏的长姐于佩琛，也就是于立忱，在师范大学时是一个很活跃的青年，喜欢文学，善演话剧，毕业后在《大公报》工作。1934年，于立忱患肺病，靠《大公报》的津贴到日本治病并兼驻东京特派记者，与流亡日本的郭沫若相识。两人很快坠入情网，郭曾写诗献给立忱："叶像枇杷更润滑，花像白莲更芬芳。"后来《大公报》表示不再承担她旅日的费用，她遂于1937年初返回上海。由于被疾病、爱情所苦，1937年5月，于立忱竟自缢身亡，留下

三姐黎明健（即郭沫若夫人于立群）

遗言道："国家如此，社会如此，自身如此，无能为力矣。"并让妹妹明健去寻找郭沫若，爱他嫁他，以圆其梦。

1937年7月抗日战争爆发，郭沫若满怀爱国热情，急匆匆回国请缨，在重庆组织了文化界抗日民族统一战线。当年年底，郭沫若与黎明健结为伉俪，黎明健后改名于立群。于立群在郭沫若身边，受其熏陶指教，研读历代碑帖，专擅篆隶，喜作大字。其作品被毛泽东故居、成都杜甫草堂等博物馆收藏，成为一代才女。出版有《于立群遗墨》。新中国成立后郭沫若官至政务院副总理、中国科学院院长、全国人大常委会副委员长，于立群仍视我父亲如亲父，一生未有改变。

聂紫艺，原名聂守信，字子义，云南玉溪人，出身于一个中医家庭，四岁丧父，家境贫寒。从小喜爱音乐，并且有音乐禀赋，跟隔壁邱木匠学会吹笛，

20 世纪 30 年代的聂耳

后又学会拉二胡、弹三弦和月琴。中学毕业后，考入云南省立师范学校，在一位音乐教员指导下初步学会小提琴。他曾当过几年兵，后来部队解散，离开家乡来到上海，在一家云南人开的商号里当伙计。一天，他在报上看到明月歌舞团招生，一直想投身音乐艺术的他立即跑去报名。当时父亲是主考，问他的志愿，聂紫艺答："想学音乐、作曲。"父亲又问："会乐器吗？"答："会拉二胡，学过钢琴。"父亲让他弹钢琴，或许是多年不碰，他弹来音阶错乱，错误百出。聂紫艺非常沮丧，以为自己难被录取了。

父亲征求一旁的王人艺的意见："你看如何？"王人艺说："手感和耳感还不错，但基础太差。"父亲又问："人怎样？"王人艺一下没反应过来，父亲再问："孩子为人如何？"王人艺答："初次见面，谈不了。"父亲说："此人早年丧父，家境贫困，一个人独自闯荡、艰苦奋斗，很不容易。他爽直倔犟，没有兵痞味道，音乐水平差点不要紧，你来教。"聂紫艺就这样进入了明月歌舞团。

聂紫艺在明月社和社友们相处很融洽，由于他的耳朵特别灵敏，大家都叫他"耳朵先生"，他干脆改名为聂耳。聂耳学艺非常刻苦。他选练小提琴，王人艺是他的"小先生"。他每天自定练习八小时，从不间断。屋小人多，他就在门边三四尺宽的空地上练。有一天，父亲发现他有病，发高烧，硬拉他去看病，回来又劝他休息，可是他还是把闹钟校准，到时"上课"。由于他勤学苦练，艺技提高很快，第二年便成为首席小提琴手。成为首席小提琴手后，他看到黎的爱国歌曲集出版受到启发——自己小提琴拉得再好不过是个小提琴独奏家，写歌曲则可以让更多的人听到他的声音，他决定学作曲。于是，他又提出向父亲学习作曲，父亲让他先学国语和注音字母，因为他云南方言较重，妨碍作曲。教他用40个字母，拼出400个音，熟记背诵，他竟以一个通宵突击熟记并能运用。后来他为记熟五声的字，在上衣口袋里装了自制的卡片，随时随地抽出来读记，两天工夫，就记熟了千余字，基本上掌握了普通话。后来又教"五音四呼"音韵、"顺词和声"的作曲方法。聂耳日后写的歌，都有"黎派音乐"的风格。他受父亲"平民音乐"理念影响，十分重视借鉴和利用民族民间音乐。父亲曾夸奖他"后生可畏""青出于蓝胜于蓝"，可见聂耳得到了父亲的喜爱。

周小红的身世存疑，据说她出身于常熟县一家尼姑庵，三岁时被一户姓王的人家收养，名王小红。不久，养母改嫁给上海一名姓张的工人，就将小红送给了住在北京东路的一户周姓人家，这样，小红换了姓，改名周小红。周小红长至七八岁时，周家家境日益贫困。根据周璇自己的回忆："养母被迫去帮佣度日，那个被鸦片熏黑了肚肠的养父竟丧心病狂要把我卖去眼婆娑妓院当妓女，幸亏养母及时搭救，才免去我一场更大的灾难……那时，日子越来越苦，往往饿着肚子呆呆地坐着，口水直往肚里咽……"幸好妓院的鸨婆嫌她"又瘦又小没人要"，她才幸运地躲过一劫。后经同为洗衣妇的养母的朋友三妹托人介绍，将她送进孙秩群办的茶馆唱曲，半年后小红又回孙家帮佣。四年中孙家连死三人，孙母迷信，嫌她"不吉利"，便把她赶走了。邻居章锦文看小姑娘可怜，把她介绍到联华歌舞班。章锦文是父亲1927年2月创办中华歌舞专门

著名歌星、影星周璇

学校时的第一期学员，是明月歌舞团的骨干演员，能歌善舞，温柔敦厚。小红的悲惨遭遇，听得父亲泪眶湿润。父亲问她："会不会唱歌？"小红答："会唱小曲，还会唱《毛毛雨》。"父亲让她哼了一段江浙小调，说："你的嗓音很特别。要好好练习，日后会有前途。"这样，小红就成了联华班的学员，当年她才12岁。周小红在联华歌舞班这个集体里得到了从未有过的亲情享受，也得到了完善有序的艺术培养。她肯于吃苦，又用心学习，很快便上台表演一些配角。她的嗓音很好，她在给《万象》杂志写的文章中这样说："我自幼爱听人家唱歌，耳音也好，常常跟着哼，一遍两遍，三遍四遍就能上口了，在学校里，我唱歌的成绩总是第一名。"那时她常常独自在家，以唱歌来释放自己内心的哀愁，也训练了嗓子。

至于"周璇"名字的由来，有一段故事。"一·二八"淞沪抗日后，明月

金嗓子周璇亦称黎锦晖为"父亲"

歌舞团演出歌舞剧《野玫瑰》，剧中有一首歌曲《民族之光》，其中有句歌词"与敌人周旋于沙场之上"。小红是这首歌曲的演唱者之一。父亲想起小红曾认为自己名字太俗，要他改名一事，灵机一动，说："小红，你这一句'与敌人周旋于沙场之上'唱得真好，是你进剧社以来唱得最好的一句。你正好姓周，以后就改名叫周旋吧！"又想到"旋"字没有女人味儿，猛然想起"璇"字是圆润之美玉，而周小红待人接物和气，说话圆通周到，不正是一块圆润的美玉吗？从此，小红得名周璇，小名"璇子"。上海《大晚报》举办"三大歌星竞选"，周璇荣获第二名，次日《大晚报》第五版有父亲介绍周璇的文章，其中说了"璇"字的由来。后来周璇唱红，人称"金嗓子"，进入电影界后在《马路天使》中扮演小红一角，一炮打响，成为著名电影明星。她能歌善舞，一生灌了上百张唱片，演过四十多部电影，成为中国最受欢迎的歌、影两栖"天后"。周璇称呼我父亲亦为"父亲"，敬爱一生。1957年周璇不幸逝世，父亲不胜悲痛，出任周璇治丧委员会主任委员，并亲自为她扶棺送行。

1933年7月，有个叫李云鹤的女人在徐来的陪同下来找父亲，要求加入明月歌舞团。当时她化名张淑贞。李云鹤是山东诸城人，1921年上小学，1926年被学校开除，随母亲到天津，曾在天津英美烟草公司当童工。1929年夏入山东省立实验剧院学习戏剧表演。1931年春到北平参加海鸥剧社，5月在济南与裴明伦结婚，7月离异，旋即与共产党员俞启威（黄敬）相恋并同居。1933年2月经俞介绍入党，4月俞被捕，李云鹤吓得仓皇逃往上海，在上海大厦大学做旁听生。李云鹤来找父亲，就是在这之后。

李云鹤长相俊俏，体态风流，又有过戏剧表演经历，条件是不错的。但父亲选人，特别看重其品性。父亲看她眼光不正，两只眼睛特别活络，滴溜溜乱转，不由想起孟子的一句话："胸中正则眸子瞭焉，胸中不正则眸子眊焉"，就没有录取她。新中国成立后，父亲才知道当年的李云鹤就是如今的江青，且贵为主席夫人，心中自是惶恐，但又心存侥幸，二十多年前的事，江青大概不会记得吧？又想，她就是记得，以主席夫人之胸襟，也不会计较的，顶多就是笑我没有眼力吧？

让父亲想不到的是，江青不但记得，而且还记得特别牢。黎白、张淑媛在《湘潭黎氏》里讲了一个细节：1948年秋天，在晋察冀边区炮兵旅政治部工作的黎白，到华北联合大学去请求分配一批毕业的学生给边区炮兵旅，到当时中共中央所在地西柏坡去找华北局的宣传部长周扬，巧遇了江青。江青"穿着浅灰色列宁装，短发，长得清秀，身材也颇高，相当和善"，开始对他很热情，给他倒水，吩咐警卫员准备鸡蛋炒饭：

……她似乎很高兴，说："先在我家里吃饭，有什么要办的事，吃完饭再说！"她向屋外喊着，"警卫员，告诉炊事员，拿几个鸡蛋炒炒饭，快点送来！"

外边有人答应着。

她亲自给我倒了一碗水，说："喝吧，可惜没有茶。你懂得茶吗？龙井，碧螺春，唉，好多年没有喝啦！"

我那时根本不懂龙井、碧螺春是什么样的好茶，只感觉这位女同志很和蔼、很亲切，也似乎很有点儿气魄，从她喊警卫员的口气，我想，这位女同志或者是一位首长，也许是一位首长夫人，而且是一位有文化的人。

我坐下来，喝着水。

她问："你叫什么呀？"

我答："我叫黎白。"

她说："哦，姓黎的不多嘛。你是哪儿人？"

我答："湖南湘潭。"

"嗯。"她的声音似乎有一点变了。

我看了看她，她脸上高兴和亲切的神态没有了，只是盯着我，又问："有个黎锦晖是你什么人？"

我答："是我的二伯父。"

她的脸色立刻变得很难看，口气也变了，冷冷地问："你来这里办什么事？"

我说："我是到华北局找周扬同志要一批干部的！"

我那时又不知道她和周扬也有很深的矛盾，更不知道她是一位大小仇都不忘记，而且不论是非的人。

只听她突然朝屋外喊着："警卫员！"

警卫员进来了。

她说："把他带走。他是找周扬的。"

我站起来，朝她敬了个礼，她背过身去理也不理。

……周扬哈哈大笑地说："你知道你闯到什么地方去了么？那是毛主席住的地方，那位女同志是江青啊！"

当年黎白不明白为什么江青突然态度大变。直到1951年和父亲谈过后，才明白此事的前因后果。

李云鹤欲进明月社不遂，化名李鹤，很快到晨更工学团当教员、到沪西郊区小学任代课教师。1935年3月进入电影通业公司，并参加左翼剧联的业余剧人剧社的演出，改名蓝苹，演出话剧《娜拉》受到好评。为了争演话剧《赛金花》，和别的演员闹得不可开交。随后与影评家唐纳相爱同居，1936年4月与其结婚，不到两月，又谎称母病离开上海到天津找俞启威同居。7月回上海加入联华影片公司，次年6月又与章泯同居，唐纳曾为此自杀。此时她的名声臭遍上海滩，不得已，遂于1937年7月中旬赴延安，改名江青，后成为毛泽东的夫人。

让父亲想不到的是，江青因此事在"文革"中借机整他。哪怕是父亲死了，江青也难消心头之恨，一面继续在报纸上大批特批父亲，一面又迫害早已和父亲离婚的徐来。徐来和她是同时代同在上海滩的演员，知道她的种种丑闻。在她的迫害下，徐来于1973年死于监狱。

三

1931年，震惊中外的"九一八"事变爆发，蒋介石下令不准抵抗，东北军悉数撤入关内，东北三省迅即沦陷。全国人民群情激愤，工人上街游行，学生组团请愿，要求抗日的浪潮席卷全国的每一个角落。父亲和联华歌舞班组织"联华同仁抗日救国团"，参与游行、义演。父亲一边忙着义演募捐，一边怀着满腔怒火谱写抗日歌曲。

"九一八"事变发生后的一个月内，当时全国发行量最大的报纸之一的上海《申报》发表父亲自作词曲的《义勇军进行曲》《追悼被难同胞》《向前进攻》三首抗日救亡歌曲。《申报》从事变后的三个月内，总共发表了10首抗日救亡歌曲，父亲所作的三首是最早的。

关于这个"最早"，还有一段公案。国内有些学者和音乐史专著都把黄自的《抗敌歌》视为"最早"。黄自（1904—1938），字今吾，作曲家、音乐教

父亲创作的部分抗日歌曲

育家，江苏川沙（今属上海市）人。曾留学美国学习音乐，回国后先后在上海
沪江大学音乐系、国立音专理论作曲组任教，并兼任音专教务主任，主要作品
有管弦乐序曲《怀旧》，管弦乐《都市风光幻想曲》，清唱剧《长恨歌》，合唱
曲《抗敌歌》《旗正飘飘》，歌曲《九一八》《热血歌》《南乡子》等。

　　现在能查找到的史料，黄自的《抗敌歌》先在学校合唱团试唱，正式推出
是 1931 年 10 月 24 日，11 月 9 日由音专学生在广播电台首次播唱，并由胜
利公司灌成唱片，而编入商务印书馆的《爱国合唱歌曲集》的时间则是 1934
年 12 月。父亲的《义勇军进行曲》《追悼被难同胞》《向前进攻》发表于《申
报》的时间分别为 1931 年 10 月 10 日、10 月 15 日、10 月 18 日，都比《抗
敌歌》早。美国《世界日报》于 2007 年发表江诗群先生的文章《中国第一首
抗日歌曲》一文，认为《抗敌歌》是"第一首"，我于 2007 年 11 月 23 日在

《世界日报》上著文反驳。其实这事并不复杂，史料也不难寻找、辨析，但为什么还会出现这种情况呢？我想，大概与学院派对"黎派音乐"的鄙薄、打压有关。黄自是学院派的"长老"，学院派的重要干将如贺绿汀、刘雪庵等都是其学生，学院派撰写的音乐史当然会偏向于他们自己的人。

此后父亲继续谱写抗日歌曲数十首，相继汇集出版。"一·二八"事变后，父亲又出版《爱国歌曲一集》。在"编辑大意"里，父亲写道："这些歌曲，是供给全国国民齐声高唱的，乐谱简易，歌词浅显，曲趣雄壮，节奏均匀，可作进行曲用。在操练时、出发时、上课时、集会时……都可运用。并且希望全国各界，在宣传演讲时，加唱此歌，颇能使听众兴奋。"父亲抑制不住炽烈的爱国之情，呐喊道："风萧萧兮易水寒，壮士一去兮不复还！慷慨悲歌，激我士气。向前奋进，效力疆场，救我国危亡，增我国荣光！杀尽敌兵，凯歌齐唱，这就是编者所馨香祷祝的愿望！"

父亲所创作的众多抗日救亡歌曲中，最值得称道的，当是《义勇军进行曲》。其歌词如下：

> 我国不幸，水灾兵祸，受尽折磨！暴日乘机，兴兵抢夺，杀人放火。奋斗救国，动起干戈，我们来尽忠报国！快把那万恶帝国主义打破！
>
> 本着三民主义精神，合力齐心！爱护民国，誓为忠勇的国民。奋斗牺牲，智勇忠信，组织成义勇军。雪耻救国是我们责任！
>
> 打起精神，努力操练，勇敢强壮！战斗技能，学识、方法，无不精良。服从命令，严守规章，有朝开往战场。奋勇将暴日的蛮兵扫荡！
>
> 我们同心！努力拼命！誓把国保！杀尽敌人，收复领土，耻辱自消。国际地位定可提高，行总理大同遗教。永葆着中华民族的荣耀！

"九一八"事变后，东北三省不愿投降的军民奋起反抗，组成东北抗日义勇军。义勇军高举"誓死抗日救国""还我河山"的旗帜，在极端艰苦的条件下，同日本侵略军展开英勇卓绝的武装斗争。父亲遥望北国，感其壮举，遂作此曲。

《义勇军进行曲》词分四段，通俗易懂，用词铿锵，激情洋溢，鼓动性强；旋律结构规整、节奏果断、曲趣雄壮、易唱易学，有进行曲的特点。

1934年，田汉也写了一首《义勇军进行曲》，1935年由聂耳作曲，是影片《风云儿女》的主题曲，后曾作为国民革命军第二○○师的军歌，1949年新中国成立后成为中华人民共和国国歌。

父亲和田汉是生平知己，从"湖南公报"起就在一起工作，父亲是编辑，田汉是抄稿员。他从日本留学回来后，在中华书局时任文学部长的父亲手下当编辑。父亲出任上海艺术大学校长，他是文学部长。他对父亲的歌非常熟悉，他曾说过黎的每一首歌他都会唱。电影"风云儿女"导演要田写首插曲，他找来黎的《爱国歌曲集》参考，后来写下取名《义勇军》的歌词，聂耳替他配曲改名《义勇军进行曲》。他曾经问过黎说，我第一次写歌词，参考了你的抗日歌曲，让我有了构思，给了我灵感。聂耳帮我配了曲，很好，可是歌名想借你的《义勇军进行曲》一用。黎同意了。

我们来看看黎的抗日歌曲的歌词："四万万同胞，快起快起，救我中华，国家危险临头，牺牲血和肉，所有压迫都解放，我们同心，努力拼命，永保中华民族的永耀，向前进攻，进进进。"

两位是生平知己，又都是作词大家，如果不是田汉改编了他的歌，那就是"心有灵犀一点通"了。

国歌到底是谁写的？现在两人皆已作古，无从查证，但无论如何，《义勇军进行曲》这首歌的冠名权，应该是属于我父亲的，这也是毋庸置疑的。

四

1931年12月11日的上海《十字街头》第一期上，发表了一篇署名"它音"的文章：《沉滓的泛起》。"它音"是鲁迅的笔名。现将该文全摘如下：

沉滓的泛起

日本占据了东三省以后的在上海一带的表示，报章上叫作"国难声中"。在这"国难声中"，恰如用棍子搅了一下停滞多年的池塘，各种古的沉滓，新的沉滓，就都翻着筋斗漂上来，在水面上转一个身，来趁势显示自己的存在了。

自信现在可以说能打仗的，是要操练久不想起的洋枪了，但也有现在也不想说去打仗的，那就照欧洲大战时候的德意志帝国的例，来"头脑动员"，以尽"国民一分子"的义务。有的去查《唐书》，说日本古名"倭奴"；有的去翻字典，说倭是矮小之意；有的记得了文天祥，岳飞，林则徐——但自然，更积极的是新的文艺界。

先说一点另外的事罢，这叫作"和平声中"。在这样的声中，是"胡展堂先生"到了上海，据说还告诫青年，教他们要养"力"勿使"气"。灵药就有了。第二天在报上便见广告道："胡汉民先生说，对日外交，应确定一坚强之原则，并劝勉青年须养力，毋泄气，养力就是强身，泄气就是悲观，要强身、祛悲观，须先心花怒放，大笑一次。"但这样的宝贝是什么呢？是美国的一张旧影片，将探险滑稽化以博小市民一笑的《两亲家游非洲》。

至于真的"国难声中的兴奋剂"呢，那是"爱国歌舞表演"，自己说，"是民族性的活跃，是歌舞界的精髓，促进同胞的努力，达到最后的胜利"的。倘有知道这立奏奇功的大明星是谁么？曰：王人美，薛玲仙，黎莉莉。

然而终于"上海文艺界大团结"了。《草野》（六卷七号）上记着盛况道："上海文艺界同人，平时很少联络，在严重时期，除各个参加其他团体的工作外，复由谢六逸，朱应鹏，徐蔚南三人发起……集会讨论。在十月六日下午三点钟，已陆续到了东亚食堂，……略进茶点，即开始讨论，颇多发挥，……最后定名为上海文艺界救国会"云。

"发挥"我们还无从知道，仅据眼前的方法看起来，是先看《两亲家游非洲》以养力，又看"爱国的歌舞表演"以兴奋，更看《日本小品文选》和《艺术三家言》并且略进茶点而发挥。那么，中国就得救了。

不成。这恐怕不必文学青年，就是文学小囡囡，也未必会相信。没有法子，只得再加上两个另外的好消息，就是目前的爱国文艺家所主宰的《申报》所发表出来的——十月五日的《自由谈》里叶华女士云："无办法之国民，如何有有办法之政府。国联绝望矣。……际兹一发千钧，全国国民宜各立所志，各尽所能，各抒所见，余也不才，谨以战犬问题商诸国人。……各犬中，要以德国警犬最称职，余极主张吾国可选择是犬作战……"

同月二十五日也是《自由谈》里"苏民自汉口寄"云："日者寓书沪友王子仲良，问及余之病状，而以不能投身义勇军为憾。王子……竟以灵药一裹见寄，云为培生制药公司所出益金草，功能治肺痨咳血，可一试之。……余立行试服，则咳果止，兼旬而后，体气渐复，因念……一旦国家有事，吾必身列戎行，一展平生之壮志，灭此朝食，行有日矣……"

那是连病夫也立刻可以当兵，警犬也将帮同爱国，在爱国文艺家的指导之下，真是大可乐观，要"灭此朝食"了。只可惜不必是文学青年，就是文学小囡囡，也会觉得逐段看去，即使不称为"广告"的，也都不过是出卖旧货的新广告，要趁"国难声中"或"和平声中"将利益更多的榨到自己的手里的。

因为要这样，所以都得在这个时候，趁势在表面来泛一下，明星也有，文艺家也有，警犬也有，药也有……也因为趁势，泛起来就格外省力。但因为泛起来的是沉滓，沉滓又究竟不过是沉滓，所以因此一泛，他们的本相倒越加分明，而最后的运命，也还是仍旧沉下去。（十月二十九日）

要读懂此文，须先弄清鲁迅写作的背景。

"九一八"事变后，由于蒋介石的不抵抗政策，19万东北军一枪不发退回关内，东北沦陷。消息传出，立即引起全国人民公愤，并在全国范围内掀起一股抗日保家卫国高潮。工人游行，学生请愿，商人罢市，"华北之大，已放不下一张平静的书桌"。具有强烈爱国情怀的鲁迅先生于9月21日即事变后的第三天即写下《答文艺新闻社问》一文，表明他对事变的态度："日本帝国主

142　　　　　　　　　　　　　　　　　　民国风华：我的父亲黎锦晖

义在'膺惩'他的仆役——中国军阀，也就是'膺惩'中国民众，因为中国民众又是军阀的奴隶；在另一方面，是进攻苏联的开头，是要使世界的劳苦群众，永受奴隶苦楚的方针第一步。"25日以后，全国各地爱国学生开始向国民党政府请愿：抗日！抗日！！我们要抗日！！！27日，京沪学生在南京诘问国民政府外交部长王正廷，要其回答学生爱国要求。王正廷拒绝回答，结果遭到爱国学生一阵痛殴。同时，学生们亦向主持北平军分会的张学良请愿，沉痛呼吁"值兹紧急关头，为存为亡，问题简单，降服作贼，取舍分明"。10月23日，鲁迅先生在《文学导报》上发表《"民族主义文学"的任务和命运》，揭露由国民党当局策划，由一部分特务、走狗潘公展、朱应鹏、黄震遐、王平陵等人所倡导并参与的所谓"民族主义文学"阵营，反对以鲁迅为首的左翼运动，反对中国共产党和人民革命的丑恶嘴脸，指出它是帝国主义殖民政策下的流氓政治所产生的流氓文学，其对日本侵略者是有益的，这叫作"为王前驱"。民族危机日重，抗日反蒋运动不断高涨，但国民党右派胡汉民（展堂）却同一批政客、文人以及投机商人，借抗日之名营私。胡汉民在上海发表对时局的意见说："学生固宜秉为民前锋之精神努力，惟宜多注意力的准备，毋专为气的发泄。"鲁迅即以《沉滓的泛起》予以批驳，父亲却不幸遭受池鱼之殃。事后国民政府一面命令其军队对日本侵略者采取"绝对不抵抗"之政策，另一面又授意"御用文人"，徒作空言，侈谈"救国"。鲁迅又写了《新的女将》《宣传与做戏》等文章揭露其虚伪的嘴脸。

鲁迅先生文中所指的"爱国歌舞表演"，是指10月下旬在上海黄金大戏院举行的"爱国歌舞表演"，节目中有表现"民族革命"的歌剧《最后的胜利》，有"昭示国难危机、鼓励同胞努力"的"爱国名剧"《准备起来》，另外还有《觉悟少年》《可怜的秋香》《春天的快乐》《桃花江》《醉沙场》等，王人美、薛玲仙、黎莉莉、胡笳等"四大天王"悉数参演。聂耳在其《聂耳日记》中对这次演出有记载："今天在'黄金'表演，'联华'应得都捐入抗日救国团。'上下客满，明日请早'这套把戏在上海却是第一次。有两千座位的'黄金'，能有如此成绩，倒是出人意料。"

那么，鲁迅先生批判的"国难声中的兴奋剂"等语，是怎么回事呢？原来当时的《申报》等报纸曾刊出大幅广告，声称此次演出为"国难中之兴奋剂"，要"以雄壮的歌声刺动同胞的努力！以强有力的舞俑鼓励爱国精神！"作为报纸的广告语，用词难免不当，但这都不是父亲的主意，亦不是父亲所能左右的。鲁迅先生不察，以其嬉笑怒骂的文风，怎不讽刺之？让父亲难过的是，此事还祸及王人美、薛玲仙、黎莉莉等不满二十岁的小姑娘。

田汉、欧阳予倩、潘汉年、阳翰笙等了解情况的朋友都为父亲叫屈。阳翰笙说："那个阿Q，不准人家革命！"父亲心里也是愤怒，但平静下来之后，他选择了把委屈埋在心里，没有分辩。

几年后，父亲这样对他的朋友说："我们曾经是非常好的朋友。……不过，他（指鲁迅）这个人是正直的，疾恶如仇。他那个打落水狗的精神，我就不大赞成。各人有各人的见解而已，毫不影响私人友情嘛！前些日子，蔡元培和他接待萧伯纳，请了一些朋友，我也在其中。他向我说：'《沉滓的泛起》有错，谅解，谅解！'你看，他的为人，是极难当面认错的。有他这句话，什么事的疙瘩也解开了么……"

萧伯纳访问中国是在1933年2月，参与接待的除了蔡元培、鲁迅，还有宋庆龄。鲁迅先生的道歉，当是这个时间。值得一提的是，此事父亲一直刻意保密，没有让王人美她们知道，怕压垮她们稚嫩的肩膀和心灵。直到解放后王人美才知道此事，找来文章一读，吓出了一身的冷汗。

五

1932年，"一·二八"事变突发，中日双方在上海大战。联华公司在战争中遭受重创，公司股东无奈，主张紧缩开支，以渡难关。联华歌舞班面临解体，父亲以及他钟情的团体又一次面临选择。

聂耳在其日记中这样记载解体的结果："三月二十三日。交涉总算有了结果：服装、乐器、用具为团体所有，公司再给两千元为解散费。昨天开会我没有出席，议决维持团体，共吃甘苦。各人都签了名。我当然遵守。"

父亲在《我和明月社》中如实记录道："1932年'一·二八'后，日寇炮火烧到上海。国难当头，联华股东主张紧缩机构，借此为因，决定停办歌舞班，发了三个月遣散费。经我要求把公司制成的约值两千元的服装也移交给我们。结束了联华歌舞班，实际上全部班底一个不缺地全部组织起来。大家决定靠自己的力量把团体维持下去，改名为明月歌舞剧社。

"既是自愿集体组织，就成立了社务委员会，由我、黎锦光、张簧、张弦、王人美、王人艺、黎莉莉、聂耳等九人担任委员，张昕若为会计。大家商定：待遇一律平等，吃大锅饭，每人每月零用三元。为了节约开支，迁出联华宿舍，找到赫德路恒德里一幢房子……谈到剧社的前途问题，因国内各地都不安定，社员主张再去南洋巡回演出，有机会到欧洲去一趟。我认为：我们去南洋如果演老一套节目，无把握，何况一时也没有可靠的人事关系，去欧洲，更是冒险，不如老老实实排些新的节目，稳步地在国内大城市巡演。大家觉得这个计划比较稳妥。大家准备在江南、华中一带巡演……"

联华歌舞班就此作古。它虽然存在的时间不长，但集聚和培养了一批很有实力的演员。女演员有王人美、黎莉莉、薛玲仙、胡笳、章锦文、英茵、张静、黎明健、白虹、杨路曦、万山青、严斐、韩国美、周璇、于知乐、于秀文、李红、许曼丽、欧阳飞莉、陈红樱、胡枫等，男演员兼乐师有：严折西、谭光友、黎锦光、王人艺、张簧、张弦、张其琴、张其瑟、严华、罗静华、张昕若、聂耳、严励、江涛、许赞成、黄鸿儒、李果等，共 40 余人。阵营之整齐，技艺水平之高，均超过当年南洋巡演时的中华歌舞团。

风雨飘摇惨淡行

第十三章

一

改名为"明月歌舞剧社",父亲是有自己的考虑的。之所以不叫"团"而叫"社",是因为当时上海歌舞团既多且滥,比如玫瑰歌舞团、桃花歌舞团等专演庸俗低级的歌舞,名声搞得很坏。因此,这一次决定废"团"改"社",一方面显示父亲不肯与低级庸俗之辈同流合污,另一方面,"歌舞团"是临时机构,而父亲是希望他心爱的团体能长久地存在下去的。为表明这一心迹,父亲专门为明月歌舞剧社创作了一首社歌:

> 我们旅行,宗旨光明。
>
> 不谋私利,不慕虚名。
>
> 抱着宣扬文化的志愿,

本着革新社会的精神，

向前猛进，感化人群。

人人和爱，处处和平，

我们同仁，如同一心，

同甘共苦，同志同心，

同舟共济，各负各的责任；

团体要紧，各尽各的忠诚。

努力奋斗，万事能成。

明月、明月，大放光明，永放光明。

剧社成立之后，为了省钱，仟在赫德路（今常德路）一家"闹鬼"的房子里，大家也没有顾忌，聂耳带着几个人将房子粉刷一新，就成了剧社社址。此前二姐黎莉莉的母亲张振华、弟弟钱镗（后改名钱江，摄影师）也加入了进来。

剧社的节目在联华时已基本排练好，服装现成，万事齐备，只待演出，全社成员士气很高。商议结果，决定先在上海一些中型剧场演出一段时间，然后再去江南、华中一带巡演。

1932 年 5 月，剧社从上海出发，因要创作一批歌舞节目，父亲未随团行动，由七叔锦光、孙瑜带队。剧社沿苏州、镇江一线演出，还算顺利。在南京演出却遇到麻烦，戏院秩序很乱，当地驻军哄抢座位、殴打观众，有的还拔枪示威，弄得乌烟瘴气，大批警宪也趁机涌入，不买票白看戏，上演 10 天，几乎天天闹事，虽场场满座，但到结账时，仍倒欠了戏院一笔钱。

到了汉口，当地的新闻记者先期闹事：戏院设席招待剧社和新闻界相关人员，席上一个记者竟提出非理要求：要演员"先唱一段听听"，竟把剧社当作封建社会演"堂会"的班子，七叔黎锦光忙解释说，今天未带乐器，明天请到戏院看戏，请多指教。这位记者竟不依不饶，带头发难：不唱我们就走，不吃了。一些记者跟着起身，此时戏院老板忙打圆场，一位姓沙的有正义感的记者站起来说，我们是为了吃才来的吗？起身的记者这才坐了下来。老板为了息事

明月社当年演出剧照，前为黎明晖

宁人，还是搬来风琴，唱了几曲，才算了事。

记者风波刚平息，演出后又遇老板赖账。戏院老板是当地一大流氓。合同订好按"三七"拆账，剧社七成。到演出结束，老板竟以"生意不好"为由耍赖只愿付一千余元。这时又冒出几个"和事佬"调解，剧社一减再减，最后分文未拿到，"和事佬"倒伸手要调解费。父亲在上海得知此情况，想起此前在哈尔滨的教训，担心大家的人身安全，立即打电报要剧社即日离开汉口，只留张其琴在汉索款。张其琴在汉口苦等一月，结果还是空手而归。

南京、汉口巡演失利，演员情绪低落，人心惶惶。屋漏偏遭连夜雨，行船又遇打头风，在此艰难的时刻，会计张昕若竟然混乱账目，把社里仅剩的一些钱卷走，还说他的服装被偷，要求社里赔钱给他。大家气得不行，把他给赶走了。

从汉口演出归来，明月社即与上海天一影片公司拍摄由父亲编剧的彩色有

《歌场春色》和《芭蕉叶上诗》剧情介绍

声长歌舞片《芭蕉叶上诗》。

　　30 年代初，中国影坛有声片兴起，默片由此衰落。1930 年，明星公司出品《歌女红牡丹》，1931 年大中华公司出品《雨过天晴》、天一公司出品《歌场春色》。天一公司是邵氏电影公司的前身，《歌场春色》由李萍倩导演，由父亲作曲和配歌，有他的《舞伴之歌》《江南春》等插曲。天一公司认为此片是国产首部有声片，其海报宣传词是"打倒蜡盘配音的伪声片""开中国电影界最光荣的新纪录"。"天一"之所以这么说，是因为《歌女红牡丹》是"明星"与法国"百代"合拍的，用"蜡盘"录音配合胶片同步发声；《雨过天晴》是"大中华"借助日本器材和技术在日本拍摄的，不能算是真正的国产片。

　　1929 年，美国拍摄上映彩色歌舞片《百老汇旋律》。从此，彩色歌舞片如风暴般席卷中国，"天一"是先行者。此前，父亲的《芭蕉叶上诗》已排成歌舞剧上演，很受欢迎。天一公司看好此剧的市场前景，遂和明月歌舞剧社合作，于 1932 年将其搬上了银幕。

《芭蕉叶上诗》是我国第一部彩色歌舞片，其基本剧情为：一位名为昭昭的姑娘，因怀念当营长的丈夫，题诗于芭蕉叶上。正欲邮寄之际，遇到村中男女举行秋季踏歌节，昭昭便与众多女友结队参加，不料将芭蕉叶遗失在地。村中有一个无赖，早就贪涎昭昭美色，经常出语进行挑逗，这次看见昭昭参加踏歌会，自然不会放过良机，但被昭昭断然拒绝。无赖好不沮丧，却在偶然间拾到昭昭丢失的芭蕉叶，于是计上心来，将自己的名字刻录在叶上，并通报营长，对昭昭进行诬陷。最初，营长上当受骗，信以为真，恼羞成怒，幸亏村长之女秀秀知其内情，劝告营长不要误伤好人，这才真相大白。

此片由李萍倩任导演，七叔黎锦光任副导演，黄鸿儒任剧务，演员有王人美、黎莉莉、韩树桂、严华、谭光友、杨枝露等，音乐由严折西、张簧、聂耳、王人艺等担任。除导演李萍倩外，全部都是明月社的成员。此片名义上由李萍倩任导演，实际上由担任监制的天一公司总经理邵醉翁把持。他不是根据歌曲情绪需要，而是根据个人喜好调动乐器，录音时，把他喜欢听的乐器放得离录音设备近些，他不喜欢的挪得远些。灯光、镜头、演员表演样样都要插手干预，正副导演只得袖手旁观，这部影片的艺术水平就可想而知了。

在有声片和彩色片问世之后，父亲先后为 20 多部影片作曲和配歌，他对中国电影的发展是功不可没的。

二

明月社风雨飘摇之际，又发生了"黑天使"事情。"黑天使"事情让父亲极为痛心，使父亲和聂耳的矛盾公开化，也使明月社出现了分崩离析的征兆。

1932 年 7 月 13 日《上海时报》副刊《电影时报》发表署名"黑天使"的《黎锦晖的〈芭蕉叶上诗〉》一文。为还原事情本来的面目，现将此文转抄如下：

黎锦晖的《芭蕉叶上诗》

歌舞家黎锦晖及其弟锦光所领导的明月歌舞剧社自京汉回沪以后，我们都希望能赶快解开这个疑问"明月歌剧社自联华脱离后，究竟是加入天一还是明星？"（五月二十六日《电影时报》）因为我们至少会关心着深刻在脑里的、活泼的、健美的王人美女士和歌星黎莉莉、胡笳女士，直到现在才弄清楚他们是怎样一个关系：

他们仍是一个独立的歌舞团体并没有和任何团体签订长年的合同。听说现在和天一公司订拍一部声白歌舞片，由王人美、黎莉莉主演的《芭蕉叶上诗》。

黎锦晖先生曾发表一篇大作《中国歌舞与电影》，吾觉得他对于中国的歌舞着实抱着很大的希望。同时，他还努力地走着他的新的路线。

《芭蕉叶上诗》是黎锦晖在中国电影界的第一次贡献，他由歌舞的作曲者一变而为有声电影的编剧者，这不能不说他在他的路线上更踏进一步了！

前一个月明月歌剧社在南京表演时，正遇着我有着充分的闲暇，我最好的便是这些玩意儿，每换节目总少不了我一张票。记得第一天节目中有《大歌话剧芭蕉叶上诗》我更热望去欣赏。结果，大失所望！

我怀疑我自己的程度太不够，明月歌舞社一年来进步的厉害，这部大话歌剧竟会使观众没有了解她的能力！

为了《芭蕉叶上诗》要拍摄影片的消息传到耳里，突然又怀疑到："是不是和舞台表演的一样的把戏？"费了不少力，找到一位明月歌舞剧社的朋友给我一个出我意外的圆满的答复：

"《芭蕉叶上诗》是一部有声在色的歌舞对白片，里面有激烈的战争，有伟大的恋爱，有紧凑的穿插，有美艳的歌舞，有滑稽，也有眼泪，更有爱国的精神。"

"在舞台上所演的差不多是其中一部分吃醋的故事。"

听了这样简而明的富有诱惑性回答以后，我高兴！我兴奋！《芭蕉叶上诗》不觉给我好感起来，使我失望了的心又重新热望了起来。在这儿，难免不忆起黎锦晖先生写的《中国歌舞与电影》的总结一句话：

"中国歌舞与电影，在目前宜有一个纯正的目标，就是努力兴奋观众的心神，音乐以'雄壮'为主，歌唱以'热烈'为先，舞蹈以'开展'为重，而声片之材料则以'自卫卫国'的枢纽，任凭加上三角、四五六角恋爱的穿插，总须显到'民众疾苦'以及'国难临头'的暗示，若专仿美国式拜金派的作品或迎合旧习的神怪武侠作品，至少鄙人不愿领教。"

锦晖先生的"目标"是否"纯正"！我们暂时不问；由《芭蕉叶上诗》的内容看来，它的取材似乎根据过黎氏的"纯正的目标"，那简直可以料想它是一部国产片中从未有过的包罗万象的新片！

《芭蕉叶上诗》，黎锦晖先生的《芭蕉叶上诗》，我们暂时预祝它的成功吧！

最后，希望它能很快和我们见面，等我们得到实际的观察后，要"捧捧场"或者"指摘"慢慢再来吧！

"黑天使"是聂耳的化名。在写作《黎锦晖的〈芭蕉叶上诗〉》一文的当天，他又写了《中国歌舞短论》，发表在 1932 年 7 月的上海《电影艺术》第十一卷第三期。现亦将全文转抄如下：

中国歌舞短论

电影艺术，本不应该谈起歌舞，但看有声片里，似乎有着很多用处，无妨就此叙述叙述。

说到中国的歌舞，不免想起创办这玩意儿的鼻祖：黎锦晖，不怕苦，带领了一班红男绿女奔东奔西跑，国内国外，显了十几年的软功夫，佩服！佩服！

香艳肉感，热情流露，这便是十几年来所谓歌舞的成绩。

口口声声唱的是艺术，是教育；然而，那么一群——表演者——正是感着不可言状的失学之苦，什么叫社会教育？儿童教育？唉！被麻醉的青年儿童，无数！无数！

黎锦晖的作品当中，并非全是一塌糊涂。有的却带有反封建的元素，也有的描写出片面的贫富阶级悬殊；然而，我们所需要的不是软豆腐，而是真刀真枪的硬功夫！你想，资本家住在高楼大厦大享其福，工人们汗水淋漓地在机械下暗哭，我们应该取怎样的手段去寻求一个劳苦大众的救主？

《夜花园里》是卖文者感到劳苦大众的痛苦；《小利达之死》便写了一点点贫富的冲突。所以，我之对于歌舞和那鼻祖，还有着一线的希望之路。

今后的歌舞，若果仍是为歌舞而歌舞，那么，根本莫想踏上艺术之途！再跑几十年也罢！还不是嘴里进，屁股里出？

贫富的悬殊，由斗争中找到社会的进步，这事实，谁也不能掩护。嗳哟哟！亲爱的创办歌舞的鼻祖哟！你不要以为你有反封建的意识便以为满足！你不听见这地球上，有着无穷的一群人在你的周围呐喊，狂呼！你要向那群众深入，在这里面，你将有新鲜的材料，创造出新鲜艺术。喂！努力！那条才是时代的大路！

聂耳写作以上两文的背景和心路历程颇为复杂，归纳起来，大致有两方面的原因：

一方面，是"左联"以此压父亲"转向"。所谓"转向"，就是转到左联的路线上去，最好是加入左联。此事有着父亲的好友田汉、阳翰笙等人的影子。

田汉也经历过一次"转向"。1928—1929 年间，田汉领导的南国社演出田汉创作的《湖上的悲剧》《江村小景》《苏州夜话》《颤栗》《古潭里的声音》《火之跳舞》《第五号病室》《南归》以及《莎乐美》等，演出非常成功。1929年，左联成立，阳翰笙被共产党指派负责剧联。怎样帮助田汉走上"正确的轨道"？左联领导人为了给田汉的思想上一个推动，令南国社重要成员左明、郑君里、陈白尘等人脱离《南国》，另组摩登社。此事果然"推动"了田汉，他于 1930 年 4 月在《南国》月刊上发表了长达数万字的《我们的自己批判》，全面检查和批判了自己和南国社戏剧活动中的小资产阶级非政治倾向的错误和缺点，毅然公开宣布向无产阶级"转向"。田汉也由此于 1932 年加入中国共产党。

田汉曾多次劝说父亲加入左联，转向无产阶级队伍。父亲一直秉承祖父君子"不仕""不党"的理念，又与左联在某些观念上存在差异，所以一直没有答应。田汉想到自己"转向""推动"的办法，也想在父亲身上"推动"一把。田汉舍不下情面"推动"，又担心自己出面会把父亲这样一个有影响力的著名人物推到另外的方面去，就把这个任务交给了同是左联成员的年轻冲动的聂耳。

另一方面，父亲和聂耳也存在着艺术思想、观念上的不同。父亲是新文化运动的先驱之一，又博闻强识，见识和吸收过各种不同的音乐思想，已经形成自己独特的歌舞娱乐思想，其他人很难改变。父亲曾发表《中国歌舞与电影》一文，系统地介绍了自己的心得体会，其平民娱乐思想与当时社会娱乐界的"娱乐不忘救国"和"唤起民众，复兴民族"的主张是一致的。而聂耳则倡导"真刀真枪"投入抗日救亡的革命娱乐观，两者不尽相同，发生冲突是必然的。

父亲虽然没有加入左联，却并非没有革命。多年来，父亲的作品推行平民音乐，反对封建，提倡新文化新思想，"九一八"和"一·二八"之后写过许多抗日救亡的歌曲，又多次收留革命志士和他们的家人后代，为了团体的生存鞠躬尽瘁，对社里的每个人都视若亲人。这些，聂耳不可能不知道。

三

聂耳这篇文章在用词遣句上也实在太夸张了。父亲从来都坚持平民音乐，他所创作的歌曲之所以流行，就是它最为一般大众所欢迎、所接受，而聂耳以"香艳肉感""红男绿女""被麻醉的青年儿童"词汇进行挖苦，未免过于尖刻。如果说《黎锦晖的〈芭蕉叶上诗〉》尚能接受的话，《中国歌舞短论》则尖刻刺耳，时不时冒出的讽刺和挖苦，明显有着热血青年的冲动和偏激。这应该是聂耳和田汉们采用的激将法，希望"激"得父亲"转向"。但他们的"好心"并未取得他们想要的效果，反而起了相反的作用。

聂耳就是"黑天使"的事情逐渐为社里人所知。进入明月社一年多来，聂耳对明月社已经有了深厚的感情，平时在社里任事积极，由此还当选为九执委之一。他是舍不得明月社的，也舍不得明月社一帮至诚至真的师长、朋友。事情曝光后，他心里忐忑不安，于 7 月 30 日来找父亲，两人开始了长谈。

其实，文章发表后不久，父亲就知道是聂耳所写，心里虽然很不舒服，但也并未出言责怪，反而装出一副不知情的样子，对妻子徐来也未言及过。他是在等聂耳当面说清楚。两人一番长谈，取得了相互谅解。父亲表示：文章中对的部分，应吸收；不要引起团体的冲动，不要对团体造成不利的后果；相互沟通，求同存异。聂耳心情颇为复杂，但答应还是和过去一样为团体的事尽心尽力。

但事情的发展并未如父亲所想的那样"不要引起团体的冲动"，而是失去了控制。团里大多数人都知道了"黑天使"就是聂耳，大家都非常愤怒，对聂耳的态度从原来的亲切自然、宛如亲人般变成了冷淡，讥诮，说话带刺。七叔黎锦光心胸不如父亲宽广，他决意要写文章反驳"黑天使"。8 月 2 日，聂耳发现社里的男性成员在七叔的房里传看他写给"黑天使"的信。聂耳在日记里是这样记录的：

……拉琴、读英文总是想到这回事。突然想起有向他们解释的必要，反正他们都已知道。要吵便痛痛快快吵一下。终于和锦光说明了。

"你给黑天使的信复了没有？"

"没有邮票！"

"不要麻烦了吧！请交给我，我就是黑天使！"

他表情不自然起来，起先有点不想给我的样子。"你未必还不放心我吗？我定会交给编辑先生呢！"他听了这话，不能不给我。

我们正式谈判起来。他反驳我的主要点在文不对题，这一点我是承认自己的错误和荒唐。我和他辩论总是根据着事实问题，并且居于我们的立场。

我希望他不要把观众混淆，绝不牵扯到团体问题。

这事说清以后，似乎心里爽快些……

此事后的第二天，父亲对他的态度没有任何变化，聂耳照常参加执委会，在父亲的新作《浮云掩月》排定演员时，他仍是乐队成员，并且还担当其中的一个重要角色。

但大家心里还是责备他的。多年后，王人美回忆说："我一方面觉得，黎先生是我敬重的师长，聂耳是我信任的干哥哥，我不愿卷入他们的争论，对事情本身持回避态度。另一方面我又认为我从十三岁进明月社，五年来，我的成长离不开明月社，只要明月社不解散，我就有义务留下。"话中不乏辛酸悲凉之意。

要是事情就此打住，让时间将其淡化，聂耳或许不会离开明月社，不会客死日本，中国音乐界也就留住了一位巨匠。但世事无常，到了8月5日，事情又起了变化。

这天午饭后，社里要开大会。聂耳跑去问七叔锦光："开什么会？"七叔说："是讨论你的事，团体大部人都知道真相了。你参加不相宜，还是上楼拉琴，退席吧！"

会上，大家群情激愤，纷纷指责怒骂聂耳，甚至有些女演员都哭了起来。隔着一层楼板，聂耳听得清清楚楚。他心里五味杂存，思来想去，决定离开明月社。

8月6日，聂耳在《新闻报》上刊载了一份启事："因志趣不合，自愿脱离明月社。"就此离开了他待了一年零四个月的明月社。

关于此事，王人美在回忆录里写道：

解放以后，每当纪念聂耳，总要提到黑天使事件，我就回想黑天使事件的前前后后，想来想去，心里总觉得有些话要说。

我想说的是，当时聂耳并没有全盘否定黎先生的歌舞。近几年来，我反反复复看过聂耳署名黑天使的两篇文章。我觉得这两篇以批判为主的文章，还是肯定了黎锦晖有反封建意识，肯定了歌舞节目有健康、向上的因素。因此，对黎锦晖也寄予希望。自然，文章有讥讽的口吻和激烈的言词。但是，我后来听说，当黑天使事件扩大后，聂耳主动找黎锦晖和黎锦光谈话，承认文章中有过于激烈的、不太妥当的措辞，还表示自己热爱明月社，采取这样的行动是想促使明月社进步，走上歌舞的新路。我还听说聂耳当初并不想离开明月社，只是明月社的个别人不能理解聂耳，不但不阻止个别人对聂耳的诟骂，而且，请聂耳暂时退出明月社。聂耳在《新闻报》上刊登启事，措辞相当婉转，只说："因志趣不合，自愿脱离明月社"，并没有透露自己因黑天使事件在社内受到不公正的待遇。我总觉得聂耳对明月社还是持一种爱护的态度。为什么一些纪念聂耳的文章和影片，非要把明月社打入十八层地狱呢？

王人美所说的"个别人"，就是指七叔锦光。父亲对聂耳虽有看法，但在和聂耳坦诚交流之后，父亲把此事"放下"了，不愿和聂耳决裂。但七叔却不想放过聂耳，认为聂"忘恩负义"，所以召开全体会议声讨聂耳。王人美在回忆录里说："从江南巡演回来，剧社内的思想上的分歧表面化，形成了聂耳为首的进步派和以锦光为首的保守派的短兵相接的局面。锦光和聂耳当面争吵……"既有旧怨，又添新恨，七叔就"请聂耳暂时退出明月社"。

1985年，陈聆群采访王人艺后写了《王人艺先生谈聂耳和黎锦晖》一文，文章说："王人艺先生和聂耳是在联华歌舞班——明月歌舞剧社的同事，聂耳称他为自己学习小提琴的'小先生'，两个人是很亲密的师友之交……王先生颇有感慨地说：'现在总是说聂耳批判了黎锦晖，其实聂耳在明月的时候对黎先生还是很尊重的。'"

"黑天使"事件几十年后仍在发酵，是所有当事人所都没有想到的。聂耳以"黑天使"之名写就的那两篇文章，几十年来只有一个定论，即聂耳是正确的，父亲是错误的、黄色的、反动的……解放后的父亲为此付出了惨重的代价，相信这也是田汉、聂耳们所没有想到也不愿意看到的吧？

四

父亲和七叔锦光虽是同胞兄弟，但性子颇不相同。父亲严于律己，宽以待人，为人平和、真诚、坦率、宽厚，没有架子，在团里人缘极好，连门卫都可以和他称兄道弟；七叔则有些盛气凌人，直率、好冲动、不冷静，有时做事不计后果，有时有点"得理不让人"，用社里的老社员、湖南老乡张其琴的话说，"好像谁都欠他三吊钱似的"。从处理"黑天使"的事件上，可以看出兄弟俩性情上的明显不同。

聂耳离开明月社后，父亲忙于作曲和专注于爵士乐的研究，对社务关注很少，七叔就代替父亲行使明月社的实际领导权。《芭蕉叶上诗》拍摄完成后，放映效果不佳，只放在放二轮片的中央大戏院公映，舆论评价很低，有的报刊还进行了批评。此时的明月社再不复当年的生气勃勃，人心涣散，凝聚力降低，到1933年3月，几乎有五分之四的社员离团另寻出路。父亲在《我和明月社》一文中不无伤心地说："当时剧社经济相当困难。业务由黎锦光负责。春节前，锦光洽妥丽都大戏剧公演，节目有：《泡泡舞》《小小茉莉》《公平交易》及王人美主演的《花生米》《野玫瑰》等。售座收入不少。可是戏演完，锦光带走了支票，社员拿不到场费，推张其琴索款。两人发生争执，闹到巡捕房去。锦光回来后大发脾气，社员感到无法合作，决议解散。凡是家在外地的另发路费。明月社就此散了伙。"

明月社散了伙，但大多数社员却找到新的、更大的天地。《芭蕉叶上诗》虽不成功，但为明月社的演员提供了进入电影界的契机。通过此片，不少演员给电影公司的老板们留下了深刻印象。明月社的成员从来没有合约约束，来去自由，社员们团结一致，作风严谨正派，工作态度吃苦认真，在上海滩一向口碑甚好。他们既有扎实的歌舞功底，又有不俗的表演才能，而且大多在社会上有了名气，比新招的未受过训练的演员经济方便，来了即可演出角色。明月社的社员受到各电影公司的青睐，由此获得成功的社员不少。

王人美先在联华公司演《野玫瑰》《共赴国难》，聘为正式演员后，在《都会的早晨》中饰兰儿，非常成功。1934年主演《渔光曲》，该片在金城大戏院首次上演时，正值上海60年未遇之酷暑，但未能阻挡慕名而来的观众，连续放映了84天，打破了由郑正秋编剧、胡蝶主演的《姊妹花》连映60天的纪录，王人美因此而享有盛名。不久，王人美与左翼作家共同加入电通公司，主演《风云儿女》《自由神》以及新华公司的《壮志凌云》等片。黎莉莉在联华公司六年，拍了《火山情血》《天明》《小玩意》等 13 部影片。胡笳、英茵也于 1932 年开始拍电影，成为明星。徐来进明星公司，先后拍摄了《残春》《女儿经》等八部影片，成为红极一时的巨星，被称为"东方标准美人"。许曼丽在艺联公司拍摄有《瑶山艳史》，并与王人美在享生公司合拍《春潮》。1934 年以后，转入电影界的人更多，如白虹、黎明健、周璇、胡枫、张静、严斐、欧阳红樱、周曼华、李红等。其中白虹、周璇最为出色，演技也高人一筹，拍摄影片最多。白虹九年间先后主演了《无花果》《花溅泪》等 18 部影片。周璇在 12 年中共拍 32 部影片，一部《马路天使》享誉全国，其中小红一角，自己就是原型，演来真实感人。男社员中进入电影界的先后有顾梦鹤、马陋芳、谭光友、谭志远、聂耳等。可以说，明月社一半以上的演员转入了电影界，而且其中不少成为当红电影演员。明月歌舞剧社成为中国 30 年代电影演员的摇篮，实至名归。

1934 年，上海《大晚报》举办"三大播音歌星竞选"，明月社推出的是白虹。

参赛歌星由当时的文艺团体推荐，在各家民营广播电台演唱，每日一歌，为了体现公平公正，由大众投票选出优胜者。因为父亲的崇高声誉，明月社又久负盛名，所以媒体在宣传的分量上、版面上都突出了白虹。经过十八天紧张的竞选，明月社的白虹以 9103 票获第一，成为父亲打造的中国流行歌坛"天后"；新华社的周璇以 8876 票居第二，妙音社的汪曼杰获第三名。另外，明月社的黎明健获第七、张静获第十、英茵获第三十一名。周璇本出自明月社，代表原明月社成员严华所组的新华社参赛；汪曼杰是父亲的学生马陋芬的门下，马陋芬门下的另一位歌手陈章芳获第四名，罗莺和黄韵分获第八、九名。由此可见明月社强大的实力。另据《大晚报》统计，参赛歌手有 300 多人，投票者几万人，102 人上榜歌星们唱的歌有 95% 是父亲的歌，第一名白虹唱了 65 首，有 64 首是父亲的；周璇和汪曼杰唱的也都是父亲的歌。当时有人调侃道：中国首届歌星大赛就是黎锦晖门下弟子演唱黎氏歌曲的大赛。

父亲既心酸又欣慰。心酸的是，他辛辛苦苦一手创立的团体就此散伙，多

白虹剧照

年的心血付诸东流；欣慰的是，自己亲手培养、感情上亲如子女的社员们一个个得享盛名，心里的骄傲也非比寻常。

明月社只留下白虹、黎明健、张静及张簧、张弦五人。白虹家在北平，当时只有12岁，她不愿回家，愿意留下来追随父亲；黎明健是我三姐，是一家人；张静是明月社在北平招考来的，舍不得离开明月社，坚决要求留下；张簧、张弦兄弟与父亲情同父子，感情很深，他们说什么也不愿离开，情愿留下来同甘共苦。

父亲带着剩下的五个人搬了住址。为了不荒疏他们的技艺，也为了赚取一些收入，父亲邀来小提琴手金律声与他们组成六人小团体，参加"中华""建光"等民营广播电台录播歌曲节目，为商品做广告。

明月社虽然散了，却也把父亲从沉重的经济和精神压力下解放了出来，让他过了一阵简单宁静的日子。可惜，这种宁静并没有维持多久。

月亮闭上她眼睛

第十四章

一

　　明月社解散之后，父亲除了继续写作时代曲外，将主要精力用于爵士音乐研究上，组建乐队、编写舞曲。父亲组织了根据徐来名字起名的清风乐艺社，又在张弦、张簧的协助下，将搜集到的中国民间歌曲和地方戏曲加以改编，编成一批适合舞厅演奏的乐曲，用以取代流行的西洋伴奏舞曲。

　　30 年代初，有"东方巴黎"之称的上海，呈现出一种畸形的繁荣，到处都有歌舞厅、夜总会、咖啡厅、俱乐部，老板们为了烘托气氛，多邀请乐队现场伴奏、伴舞。当时乐队都是外国人组织的，乐手来自欧美、印度、菲律宾、流亡白俄，连中国歌手的唱片录制也大多由外国人的乐队伴奏。

　　杜月笙以组织华人乐队为号召，孙中山先生的大公子孙科又赞助了 1000元，杜于是请父亲替其名下的扬子江饭店组织一支清一色的华人爵士乐队。父亲也想实践他改编的有中国民间特色的舞曲，于是就组织了一支"清风舞乐队"，全部用本国籍的乐师，而且要体格魁梧的北方人，以免与菲律宾乐师相混，伴奏乐曲半为西洋曲半为本国曲，同时还有部分歌曲适宜歌女演唱伴舞。当时由小提琴手曹锦海任队长，张簧、张弦兄弟配器，在饭店的 301 房间排练。不久，训练完成，舞厅开业，应者如云。我国第一支本国乐师组成的舞厅乐队由此诞生，父亲编写的"中国爵士乐"受到人们的热捧。由于本国乐队价廉、所奏乐曲是人们所熟悉的，受欢迎的程度出乎意料。上海各舞厅纷纷效仿，父亲均给予热情支持，帮助组建乐队、介绍乐师、提供乐曲，却不收取任何报酬，乐手们都尊称他为"老夫子"。

据《留声中国——摩登音乐文化的形成》的作者安德鲁·琼斯介绍，黑人爵士乐手勃克·克雷顿（1911—1991）在中国学到了父亲创作的"中国歌"。克雷顿自己也在《回忆录》（罗格斯爵士乐研究所数据）里说：他当年先后在上海跑狗场附近的"逸园"和"西泽瓦洛"舞厅吹小号，演奏中国歌。抗战爆发后，他回到美国，在几个城市开了几家夜总会，演奏包括译成美国曲子的中国歌。由此可见，父亲的"黎氏音乐"早在 20 世纪 30 年代就已走出国门，在大洋彼岸找到了听众。

其实，华人乐队早在 1922 年就有了。这一年，明月社乐队里的"灌音八仙"为中华书局灌制父亲的唱片七张，其中《葡萄仙子》五张，《可怜的秋香》《寒衣曲》各一张，日后又为大中华唱片公司录制父亲的歌曲《落花流水》等十多张唱片；1928 年 5 月中华歌舞团赴南洋巡演时，已有一支专门伴奏伴唱的小乐队，1932 年乐队增至 17 人。至 1933 年，父亲组织的清风舞乐队自编《桃花江》《特别快车》等乐谱和歌集十多册。克雷顿带回美国的"中国歌"，应该就是这些。

对三四十年代流行音乐研究有独到见解的学者，《解语花》《天涯歌女》《不了情》《何日君再来》《黎锦晖流行歌曲集》的编者吴剑女士指出：中国流行歌曲走出国门是从 1928 年黎锦晖的歌曲唱片营销东南亚以及黎锦晖的中华歌舞团到南洋巡演开始。

80 年代，以小提琴协奏曲《梁祝》而闻名的当代著名作曲家陈钢，挟人大代表和音乐名人之声誉，到港台和海外大肆宣扬其父陈歌辛"创造了流行歌曲最辉煌的年代"，是"歌仙"，陈歌辛的《玫瑰玫瑰我爱你》是"中国最早走出国门和国际接轨"的流行歌曲，使人认为"陈氏是中国近代流行音乐的先导和鼻祖"。

《玫瑰玫瑰我爱你》是一首优秀的、历经时间考验的经典歌曲，但它是1940年上映的电影《天涯歌女》的插曲，比1928年父亲率团下南洋、比1929年的《特别快车》、比1937年抗战时期克雷顿带回美国的"中国歌"都迟了许多。对此，吴剑毫不客气地说："中国出现两个'流行音乐鼻祖'，一个是黎锦晖，一个是陈歌辛。'鼻祖'只能一个是真，一个是假。黎是真，陈是假。陈是'小辈'了。黎的歌比陈的歌早十年传到美国；而他的跨出国门要比陈早20年！"

20世纪90年代，上海方面拟举办黎锦晖、黎锦光、陈歌辛三人音乐会，我拒绝了。其原因有二：一是黎锦晖是老师，黎锦光、陈歌辛二人是弟子，辈分不对。七叔锦光是黎派最重要的传承人，自不必多说。陈歌辛30年代在明月社弹钢琴，他的太太金娇丽也是明月社旗下的演员，这一段历史现在少有人知道。二是黎锦光、陈歌辛二人都曾于抗战期间民族气节有亏，都曾为日本人唱赞歌，父亲生前就耻于与他们为伍。这段历史现在提起的人就更少了，我之所以说出来，是想保留历史的真实，以供后来的人们研究。

1933年至1935年间，父亲除了研究爵士乐等之外，还为电影《银汉双星》《春潮》《春风杨柳》《人间仙子》《梨花夫人》等多部电影写词作曲，又为上海百代、胜利、大中华三大外商唱片公司灌制唱片等等，出版的歌曲集和通俗文艺读物、高级小学用的音乐课本等达数十种之多。

父亲的版税和稿费一批接着一批，明月社的解体又使他摆脱了经济上的负担，他的生活前所未有地富裕起来。也许是"运来铁也变金"，有钱了的父亲又发了一笔"横财"。几年前，一位孙姓纸商因为欠款被人告状，需几千元保释。他遍借无法，无奈托人找到父亲。父亲是个仗义疏财的性子，二话没说就掏钱帮他结了案。纸商拿出一张瑞典纸张的货单送给父亲，欲抵欠款。父亲也不以为意，接过后就渐渐忘了此事。几年后，一位亲戚无意看到货单，羡慕地说："你发财啰！"果然就发了财，几年间纸价飞涨，把当年的那批纸张卖掉，父亲收入了两万元。

有了钱，父亲先寄了一笔钱给在湘潭的祖父母，接着添了全新家具和钢琴，又购置小洋房，还买了一辆新式卧车，特意托朋友花了几百元买到7272的轿车车牌号，7272照乐谱发音为"徐来，徐来"，父亲以此昭示他对徐来的爱情。

这一段时间，是父亲一生中最"有钱"的时期。有了钱的父亲，却并没有等来意料中的幸福。

二

在父亲的帮助下，徐来进入明星影业公司拍摄电影。她有着扎实的演艺功底，多年随父亲闯荡也让她有了丰富的阅历，很快她就在电影公司站稳了脚跟。进入明星的第一年，她就主演了无声电影《残春》。《残春》是一部非常一般的电影，题材、人物、故事都是老一套，了无新意，但由于徐来长相标致，体态婀娜，演技高超，把一个慵懒的富家小老婆的形象演绎得格外传神；同时，片中有非常香艳的裸露出浴镜头，在30年代的旧中国那是非常令人震撼的事情。其出浴的照片，我们现今看来也是那么地大胆豪放。《残春》让她一炮而红，紧接着，她又相继主演了《华山艳史》《到西北去》《泰山鸿毛》《路柳墙花》《女儿经》等多部电影，使她成为当时影坛一位耀眼的明星，在明星公司内她与胡蝶是齐名的两大台柱。明星公司的老板张石川等为了赚钱，在各种报刊上频频宣扬，吹捧胡蝶是"电影皇后"，徐来是"东方标准美人"。当时上海《良友》电影杂志曾刊登胡蝶、徐来、陈燕燕、阮玲玉、王人美、袁美云、黎明晖、叶秋心八明星的合影照片发行全国，"八大明星"之称呼不胫而走，"标准美人"的名声愈传愈广。

徐来所拍摄的影片并不多，从影时间也只有三年，但是美貌让她在电影圈和社交界大出风头，走到哪里都是人们目光所聚、议论所集的大明星，徐来渐渐也喜欢上了这种生活，再不复是当年那个纯朴老实、温柔敦厚的徐来了。徐

最终与黎锦晖劳燕分飞、嫁给唐生明的徐来

来喜欢跳舞，喜欢热闹，喜欢成为人群中的焦点，她时常出入舞场等交际之所，乐不思蜀。

父亲也感觉到了徐来的变化。但他怎么也不会想到，共患难的徐来会背叛他。二姐黎莉莉看到徐来与唐生智将军的弟弟唐生明一起暧昧的场面，曾忧心忡忡地提醒父亲注意，但善良的父亲仍然没有起疑。

徐来因为事务繁忙，请了她的闺中密友张素贞做秘书。张素贞也是出身明月社，是歌专的学生，曾灌制过几张唱片，但并未走红。她长相虽不出众，但身材健美，生性风流，随着徐来出入各种交际场所，结识了众多达官贵人。在她的安排下，孙科、杜月笙、曾仲鸣等人都成了徐来的座上客，家里整天纷扰不堪。张素贞在艺术上没有天分，但心机颇重，居然和国民党特务头子戴笠打得火热。但戴对张素贞并不重视，反而威逼"电影皇后"胡蝶，迫使胡蝶嫁给了他。

唐生明有个一级陆军上将的哥哥唐生智，自己也是挂名的陆军中将，是上海滩有名的"风流将军"。唐生明一见徐来就惊为天人，开始了疯狂的追求。唐生明一方面通过戴笠发恐吓信、寄子弹等手段威逼父亲离婚，另一方面通过"内奸"张素贞穿针引线，终使两人勾搭成奸。张素贞在戴笠娶到胡蝶后移居香港，依靠戴和唐给她的财富，一度在香港上流社会的社交圈里颇有名气。

三

家里热闹得如菜市场般，父亲不但没有时间静下心来读书创作，反而还要陪着纷至沓来的宾客们言不由衷地寒暄。徐来的变化，父亲感觉到了，他把这种屈辱和忧虑埋在心底，因心情不佳，曾一度酗酒。只有当明月社的旧人来看望时，他的脸上才会有欢欣之色。

当时原明月社还有罗静华、张其琴、严折西等人没有找到合适的工作，还要靠父亲的资助生活。他们希望父亲恢复明月社，又怕父亲为此背上沉重的经济包袱，嗫嚅着不敢说明心中的想法。其实父亲也舍不得明月社，现在经济状况好了，又明了罗静华等人的心理，他就把恢复明月社提上了议事日程。

这也是父亲和徐来的分歧之一。恢复明月社势必要投入大笔金钱，以父亲的管理能力，怕是肉包子打狗——有去无回，而徐来过惯了奢华的生活，对过去的穷日子有一种骨子里的恐惧。

徐来的不乐意并没有使父亲却步。父亲在《我和明月社》一文里回忆道："明月社因锦光和社员闹意见被拆散了。我总觉不甘心。所以当我的经济宽裕后，又看到有些社员还没有找到出路，于是决定恢复和筹组明月社。当时有罗静华、张其琴、张其瑟、严折西等人，加上正在播音的张簧、张弦、白虹、黎明健等人，算是明月社的基本班底。我租下沁园村十四号双幢房屋，在这里恢复了明月歌剧社，添置了乐器，又招了一批新人。请来了菲律宾的音乐指导来教练乐队，请了澳大利亚的舞蹈教师来教练舞蹈……"

1935年春天，明月社正式恢复。几个月后，七叔锦光再一次找上了父亲。

明月社解散后，七叔和谭光友在朋友的介绍下，加入江西南昌行营政训处音乐股，生活颇不自由，薪水也少，又和上司相处得不愉快。听闻父亲恢复明月社，想起以前在明月社的自由、威风、说一不二的好日子，立马辞去工作回到上海，请求重回明月社。

父亲到底心软，何况锦光还是自己的亲弟弟。这样，七叔重新回到了明月社。

父亲忙于明月社的筹备时，他和徐来的女儿小凤却突然病亡。

按照排行，小凤是我的四姐。四姐是怎么死的，成了一个永远解不开的谜团。据我们的分析，四姐之死应该和戴笠脱不了干系。戴笠的威胁吓不倒父亲，只好在小凤身上动手脚。小凤是父亲和徐来的感情纽带，没有了这个纽带，父亲大概就会答应离婚吧？这一点，就连张素贞也看了出来，曾私下问过戴笠，戴当然矢口否认。

几十年后，父亲回忆道："徐来成了明星，交游日广、虚荣日增，年来生活刚刚称心，因受了明月社的拖累，家庭开支大受影响。徐来认为：不办社，便富裕，一办社，便穷困，这样下去非常危险，七岁的女儿又夭亡，她悲愁交加，加上她的'秘书'张素贞从中煽惑、挑拨，于是向我提出离婚。我将蝶村的一切物品全部赠予徐来。徐来归还明月社两千元……"

父亲的这段话有所隐瞒。父亲和母亲闲聊时曾回忆说，自始至终，徐来还是深爱他的。唐生明看到徐来迟迟不肯离婚，最后失去耐心，拔出手枪威胁她："你不离我就毙了黎！"徐来无奈，哭着对父亲说："你有歌舞事业，不要为了我失去生命！"一个旧社会手无缚鸡之力的文人，面对枪杆子能有什么办法？两人相对垂泪，同意离婚。

四

离婚的打击尚未过去，他的亲弟弟、我的七叔锦光又给了他致命的一击。

明月社恢复以后的一年多时间里，大家忙于训练和排练，没有演出就没有收入，全靠父亲拿钱支撑。父亲把自己的积蓄花光，又把小汽车卖了，后来甚至把他心爱的钢琴也抵押了，仍是不堪维持。父亲利用以前的练习曲，短时间内整理出版了近二十本歌曲集，依靠这批书的版税，这才把明月社维持下来。那时父亲身体不好，常在家养病，七叔渐渐掌握了社里的大权。

经过几个月的排练，1936年4月2日明月社在上海金城大戏院上演七叔锦光编剧的新歌剧《桃花太子》《野玫瑰》以及《花生米》。这次演出规模浩大，除明月社全体成员外，还特聘了几位出身明月社的著名演员黎明晖、黎莉莉、周璇、薛玲仙、白虹、严斐等参与演出。前后八天，每天日夜三场，售座情况甚好，但因参演人员多，开销大，除去几位特聘演员高额的出场费及全体演员的场费、戏院的提成外，结账不但没有利润，反而还有数百元的欠账没有还清。

如此结局，常人不能接受，但父亲却无怨无悔。此时，社里的矛盾开始显露出来。随着抗日战争的发展，原有以爱情为主题的歌舞演出路子越走越窄，水平较高的演员无意重返明月社，且七叔把持社里的一切大小事务，重大决策都是独行其是，排挤父亲，排斥异己，和一些明月社的老臣关系紧张，使父亲心里非常难受。与此同时，贺绿汀、刘雪庵、昌平、缪天瑞等人对父亲的攻击日甚一日，也使父亲不胜烦恼。

接二连三的打击，使父亲彻底病倒了，头痛欲裂，一夜一夜睡不着觉。为排除愁绪，也为了缓解病痛，父亲竟吸上了鸦片。细心的二姐黎莉莉发现了父亲的秘密。二姐止不住热泪盈眶，痛心不已，经过几天的思考，她决定写信规劝父亲。她的文化程度不高，一封信写得甚是艰难，写了改，改了写，又特地让她的老师孙瑜给改正错别字并修改润色，然后把这封信送给了父亲。

几十年后，二姐仍然面有痛色，她说："黎先生因受音乐界的各种责难，生活沉沦，吸上鸦片，不能自拔，剧社的领导权被其七弟黎锦光所掌握，团体的性质变了，风气也变了。我只义务参加过一次演出。和黎锦光发生争论，从此断绝了关系。这个歌舞剧社搞得不好，黎先生十分苦恼。我看到他萎靡不振，心里很难过，便给他写了一封很长的信，经孙瑜先生修改后，并加上'敬谏书'三个字以表郑重的心意。信上婉劝他戒除嗜好，振奋精神，免于沉沦，摆脱恶浊的环境，到外面去走走，以求歌舞事业的复兴。他对我和其他人的劝告很受感动……"

这封"敬谏书"让父亲在思想上受到了很大的震动。父亲毕竟是个明智且聪明的人，他要"摆脱恶浊的环境"，决心要走一条新路。他于是找七叔，言明把明月社转让给他。

七叔喜出望外。他重返上海，日日想的就是要独占明月社，现在机会来了，他当然不肯放过。当夜他就拟好契约文稿，其中有这么一条："所有社产（服装、道具、乐器等）无偿归明月社黎锦光所有，一切债权债务欠款均由黎锦晖负责偿还……"

父亲这才真正认识了这个追随了他近十年的亲弟弟。父亲强压心头的难过，挥笔签下自己的名字。他踉跄着走出明月社的大门，禁不住泪如雨下……

明月社欠下的债务，父亲还了近三十年。小时候，记得常有人来家里讨债，吵吵嚷嚷，闹得很厉害。有个债主，每月 15 日来拿钱，雷打不动，每次拿钱 15 元，然后吃饱喝足了才走人。

七叔屡次背叛父亲，父亲也没有骂他。父亲唯一一次骂他，是在 1944 年。七叔跟随父亲多年，得到父亲的悉心指导，他在音乐上又有天分，很快便在音乐界崭露头角，到 40 年代，已有"流行歌王"的称号。1944 年，七叔在沦陷区的上海百代唱片公司做音乐编辑。有一天，他在闷热的录音棚里为京剧名旦黄秋香录音，休息时他打开后门，清凉的南风袭来，挟带着阵阵花香，夜莺在寂静的黑夜里歌唱，夜色茫茫，啼声凄凉。七叔灵感突来，挥笔写下名曲《夜来香》。当时上海有名的歌星周璇、王人美、姚莉、龚秋霞等都试唱过这首歌，因为此歌音域过宽，都说好听但不肯唱。恰逢"满洲电影株式会社"的当家女星李香兰来录音，顺便问七叔有无新歌，七叔就把《夜来香》给了她。李香兰学过西洋美声唱法，对着乐谱哼了几句就爱不释手、欣喜若狂。李香兰为此灌了唱片，开了首唱会，她因此成了"亚洲第一女高音"。《夜来香》一曲传到日本，深受日本作曲家服部良一的激赏，将歌词翻译成日语后，很快就流行日本。七叔名气大了以后，日本人找他来写歌，并让白虹演唱。

父亲那时远在重庆，闻听七叔给日本人写歌，还让白虹演唱，又羞又怒，平生第一次骂了七叔："老七不是个东西！"抗战胜利后兄弟俩在上海会面，父亲骂他"见利忘义"，怎么能给日本人写歌！

七叔也为此付出了惨重的代价，"卖国"成了他一生挥之不去的污点。"文革"中他扫了好些年的厕所，谓之"以臭攻臭"。李香兰归国后参政，当选为日本国会议员。她一直对七叔感激涕零，多次邀请七叔访日。中日关系正常化以后，七叔终于成行，受到国宾待遇，也算是七叔的造化吧。1993 年春节前后，央视播放了以《夜来香》的旋律贯穿全剧的电视连续剧《别了，李香兰》，轰动全国。可惜的是，就在该剧播映前夕，七叔在上海病逝，享年 86 岁。

母亲也骂过七叔一次。1950 年的一天，七婶白虹来我家哭诉，要和七叔离婚。那时我在场，只听母亲愤怒地骂道："锦光不是东西！"后来才知道，七叔和他家的小保姆有染，被七婶发觉了。

白虹原名白丽珠，蒙古族人，生于北京。她 1930 年十三岁那年在北平考取了明月歌舞团，她刻苦练习，三年有成，不论新曲老歌，对谱就能唱好，还能自弹自唱。她嗓音甜美，浑厚又高亢，板准腔圆，气势如虹。父亲是她的监护人，并为她改名"白虹"。王人美等步入影坛后，她就成了明月社的"女一号"。她一生录过五十多张唱片，是灌录父亲歌曲最多的一位歌星。1934 年，她在上海《大晚报》发起的"评选三大歌星"活动中夺冠，成为父亲打造的中国歌坛的第一位"天后"；1935 年的《歌星画报》创刊号封面是白虹，而且每一期都有关于她的报道。她在流行乐坛和影坛上都取得了炫目的成绩。她自从加入明月社后，就一直追随父亲，直到明月社解散，之后又参加七叔的"大中华歌舞团"下南洋演出，两人产生爱情，于 1936 年结为夫妇。七叔思维敏捷，但脾气专横，七婶早已忍无可忍，现在七叔又和小保姆有染，七婶又羞又怒，决意离婚。这一年，两人结束了 14 年的婚姻，就此劳燕分飞。

五

父亲的音乐生涯，始终伴随着质疑与攻击，未曾有一日停歇。

聂耳虽然退出了明月社，但继续关注着父亲的动态。在他 1933 年 1 月 30 日的日记中写道："听了锦晖处新收的唱片，音乐却有了很大的进步。嘴上虽在骂，心里却不安；自己实在浅薄，何敢于批评人？你骂他不对，你不但不能做出比他好的东西来，连你骂的都做不出，这有什么意义？"

聂耳说父亲"音乐却有了很大的进步"，那是纯指技术层面的东西，在音乐思想上他并未改变自己的观点。1934 年他在《一年来中国之音》中写道："流行俗曲已不可避免地走到末路上去了……虽然目前流行的俗乐在播音界、歌舞界还能显赫一时，但这现象已显得不能长久维持下去了。这只要看连歌舞界的'祖宗'都来组织'新歌播音社'和跳舞厅的音乐队去同流合污这两件事便可以得到证明的。"1935 年 6 月 2 日在日本作《最近中国音乐界的总检讨》的演讲中，他说："黎锦晖的作品如《毛毛雨》《妹妹我爱你》等风行一时，然而这些所谓的'靡靡之音'的歌曲，虽然取得资产阶级及小市民层的一时歌颂，但因与封建意识相抵触而遭政府禁止及为大众唾弃，……证明了代表没落资产阶级意识的音乐已失去了时代的意义。"

聂耳与父亲的分歧，前面已经详细叙述过。当时因时局的关系，提倡"国防音乐"，以抗日救亡为正统主流。其实，在这方面父亲是做过不少工作的。1932 年父亲为《民族之光》作词，遭到禁演，日本当局强令租界禁唱。"九一八"事变之后，父亲创作了《义勇军进行曲》《向前进攻》《中国威力无穷》《杀尽日本贼》《抵抗！抵抗！》《杀敌歌》《全民抗战歌》《醉卧沙场》等一大批抗战歌曲，在全国民众中间广泛传唱，影响甚大。他的抗日歌曲的创作发表、出版都堪称第一，又多次举行义演，肩负起了一个爱国音乐家应有的社会责任。但父亲所做的这些工作却没有人看见或是故意装着看不见，得不到理解与支持的父亲，心理的孤独和环境的恶劣，也是他退出明月社的重要因素。

如果说，黎聂之争属于艺术观和政治观不同，那么，来自"学院派"的贺绿汀、刘雪庵、昌平、缪天瑞等人对父亲的批评，则具有文人相轻的色彩。当时新婚的母亲即梁惠方曾随父亲到过上海大中华、胜利、高亭等唱片公司，入门之后，迎面而来就是父亲的巨幅照片，连梅兰芳的相片也只好以小一档的规格委屈地摆在旁边，而那时正是京剧风行的年代，梅兰芳是京剧界无可争议的头牌。特别是到了 1933 年到 1936 年他写流行歌曲的后期，他的歌曲成百成千首地出版。40 年代前，市面上 90% 的流行歌曲都为父亲的作品，各唱片公司"非黎锦晖的作品不用"，让学院派诸人及一些后来的作曲家没有了表现之地。木秀于林，风必摧之；堆出于岸，流必湍之。父亲曾对母亲讲："猪养肥了就该杀了。"这说明他是有预感的。

贺绿汀在 1934 年 12 月 20 日发表在上海《新夜报》副刊"音乐周刊"第 12 期的《音乐艺术的时代性》一文中说："艺术家的作品虽然是由他个人创造的，然而实际上他不过是这个时代的代言人，或新时代的预言家。因之，一个成功的艺术家，不单是要有熟练的技巧，也必须具有极其敏锐的时代感受性，能够抓住时代的中心。他不但是民众的喉舌，而且负有推动新时代前进的使命。"他在这篇文章中不点名地指责黎锦晖是投机者，"只会利用一些民间俗调配上一些淫荡的词句，对鉴赏程度较低的中国同胞，发挥着麻醉剂作用，这种歌舞无异于变相的鸦片，不仅无法鼓舞民众上进，反而引导人民堕落。"1935 年 2 月贺绿汀用罗亭的笔名在《音乐教育》月刊第三卷第二期上发表《关于黎锦晖》的文章，批评道："黎锦晖所给予社会的影响，我们绝对不能否认。教育行政当局视之为教育的蟊贼，而大部分无知识的小学教员视其作品为唯一的音乐教材；各无线电播音台招请一班无耻男女到处播音，弄得满街满巷都充满了肉麻的声音。"

在攻击父亲"非学院派"不懂音乐之后，贺绿汀继续肆无忌惮地抨击：

> 在歌词方面，他是能吸引广大的群众，不过他的群众都是些堕落的青年，譬如——
>
> "小亲亲，不要你的金，[小亲亲，]不要你的银，奴奴［呀］！只要你的心。"
>
> "哈！你爱了瘦的娇，你丢了肥的俏……"

"年轻的郎……年轻的姐,……啊哟哟!我爱你……"

我听见人家唱《打牙牌》《泗洲调》之类中间有"奴的郎!又不来了,不来不来不来了……哎哎哟,又不来了……",假如黎锦晖出世早一点的话,我一定相信《打牙牌》《泗洲调》都是他作的。也许是因为这样的缘故,所以他被人称为是无产阶级的艺术家罢。不过他所代表的是流氓无产阶级,他抓住了娼妓与嫖客的心理。他不单是可以引诱无产阶级堕落,在这社会经济日形破产的中国,一般小资产阶级的女孩们,读了几句书,略识几个大字就学会了黎锦晖这一套,于是穿着奇装异服,打扮出一副鬼脸到处卖唱,美其名曰交际花,其实就是变相的卖淫。

假如黎锦晖真是代表中国民族性的艺术家,那么一般外国人称中国民族是世界上最堕落的民族,一定是千真万确的了。

现在看来,这些观点颇具当时的历史特殊背景,有些偏激,把学术、观点之争演变成了意气之争。

同是学院派的刘雪庵于 1934 年 7 月在《如何才能彻底取缔黎锦晖一流的剧曲》一文中写道:"……然而我们就音乐方面一看,只有令人不寒而栗;因为上至大的城市,下至小的乡村,无论在学学子或处世青年,要是她或他能够哼两句的话,十分之九开口出来一定脱不了黎锦晖作的《毛毛雨》《桃花江》之类的乐曲……"刘雪庵总算是说了一句老实话,因为父亲的影响实在太大,大得他们都要为之仰视了,所以刘雪庵们才要"彻底取缔"。

我很奇怪,父亲的作品得了"上至大的城市,下至小的乡村"的人民喜欢,怎么就"无法鼓舞民众上进,反而引导人民堕落"了?是不是凡是人民喜欢的,就是"堕落"的,就要"取缔"?

我们回过头再看父亲写的那些歌及歌词。以我们现代人的眼光来看,这些生动的歌词再正常不过,闪现着长久的、人性的光辉。从这一角度看,父亲的境界和高度实非贺、刘们所能比拟的。父亲曾强调:"歌舞是最民众化的艺术,在其本质上决不是供特殊阶级享乐用的。必须通俗,才能普及。"多年来他一直高举平民音乐的旗帜并实践之,他组建"明月社"也正是为了这个目的服务。远在 1929 年 10 月间，父亲收到两位在德国朋友的来信，希望他暂时停止他的歌舞活动，去欧洲留学，一起研究高深的艺术，待时机成熟之时再回报祖国。父亲回信说："我岂是一个反对西洋音乐的人！可是国人中百分之九十九还在爱听而且爱唱'十八摸'和'打牙牌'这一类的歌曲！'毛毛雨'总比'打牙牌'进步点儿吧！朋友们，只管研究你们的 Beethoven 或 Mozart，可不要替我担心了！我始终在尽我的力量引导大家向你们这方向走来。"这就是父亲之所以成为中国流行音乐和歌舞剧之父的原因。不是因为他的专业能力有多强，而是因为专业定位恰到好处；不是因为他是个英雄，而是因为他是个普通人，做着为普通人进行美育和大众娱乐教育的不变选择。

贺绿汀批评父亲"如果黎锦晖代表中华民族的艺术家，那么，中华民族一定是最堕落的民族了"，幸好历史不是任人揉搓的，时间会给其正本清源的机会，现在父亲沉冤得昭，不仅成为中华民族的艺术家，而且已被公认是中国流行音乐和歌舞剧之祖师爷，难道这也意味着中华民族已经"最堕落"了？当然不是！

饶有趣味的是，他们一边骂着父亲，一边却偷偷学习着父亲。比如贺绿汀研究父亲的"顺词和声"法，还颇有心得。父亲早在长沙周南女校任教时就改编过青楼妓院流行的《四季相思》，后来贺绿汀的名曲《四季歌》（电影《马路天使》主题曲），也是根据《四季相思》改写出来的，此歌由周璇唱红全国，颇具讽刺的意味。当时骂父亲最凶的刘雪庵，正是在欣赏了父亲的"作品演唱会"以后"浮想联翩"，挥笔写下《何日君再来》。

六

支持父亲的声音虽然稀缺，幸好，也不至于完全没有。冼星海先生于 1940 年 5 月在《现阶段中国新音乐运动的几个问题》一文中，虽然也批评了黎氏歌曲对"当时的市民"有"麻醉"作用，但他却肯定了父亲利用"民谣小调"的"聪明和大胆"，对中国新音乐的"贡献"和"注意流亡歌曲"的"进步"。他说："黎锦晖，他代表着小资产阶级小市民音乐的出现，写作了许多备受当时社会人士欢迎的桃色的作品，如《毛毛雨》《妹妹我爱你》《特别快车》等充满着肉与香的音乐。性感的、轻松的、颓废的、畸形的歌曲麻醉了不少当时的市民。但黎氏的聪明和大胆，利用旧形式中的民谣小调，不是完全没有贡献于新中国音乐的。他的私生活和环境决定了他的创作内容。黎氏在'八一三'以后，也注意流亡歌曲了，并创作了一本歌集，这是我对黎氏进步的感觉。他如努力那是有前途的。"

冼星海写作此文的时候，父亲已退出乐坛四年之久。这篇文章虽然来得晚了些，但仍是弥足珍贵的。

父亲对这些质疑和攻击鲜少回击，一是他本性宽厚，不惯和人争吵论战，二是他忙得没有时间关注这些。但并不表明他没有脾气，也不表明他会因此动摇自己的立场。面对新旧审美观、新旧艺术观的交战，父亲一直坚持自己的立场不动摇。1934 年蒋介石推行"新生活运动"，禁唱《桃花江》等爱情歌曲，这一次父亲没有按捺住自己的脾气，写了一首《风化万岁》讥讽保守的封建意识："袖子太短，裙子太短，可恶的裁缝！袖不蔽臂，裙不蔽膝，不妨躲在家中！走上马路，虽然不阻碍交通，市民看见，虽然是毫无痛苦，然维持风化要紧，要紧！但是，风化哪里有卖？几个钱儿一斤？"

1936 年，父亲退出乐坛之际，在上海知新书局出版发行了《明月歌曲一二八首》，其两千余字的"引言"，被认为是"他的'唯美主义''为歌舞而歌舞'观念的宣言书、辩解状与反批评"，现摘引如下：

十五年来，我们抱着"改创中国新音乐"的志趣，企望像"千里马"一般，向前飞跑，不幸渐渐变成骆驼载重，缓缓而行；又不幸变成飞不高走不快的鸭子；又不幸变成"负甲向前爬"的玳瑁；终致变成一只"没有腿的蜗牛"。虽然是蜗牛，可是还有"牛"的毅力！拖着犁头来回地走也好，拉着磨杆团团地转也好，终有一天要走到大路上去。

"世路崎岖"呀！"哎哟哟，行路难"呀！这样"自思自叹"的滥调，等于白嚷。我们只潜潜地、深深地希望渐渐地开辟一条光明的大道，翻过来由蜗牛变成玳瑁，再变鸭子，再变骆驼，终于变成"千里马在大道上绝尘而驰"。

其实我们自己不但没变，而且志愿是越"励"越高，似乎想驾起一架飞机冲上九霄云里，而且高兴时还能下下蛋呢！只是"时"也不合宜，"路"也不得法，整个儿不很得劲。那有什么办法？咱们有的是两面"破盾"：右手挽住一面，挡住"有伤风化"的箭，左手挽住一面，抵住"麻醉大众"的矛！

箭与矛之比，似乎"暗箭"很难防，而"明矛"或者还容易躲也。总之，两手挽"盾"，冒险前进，虽然觉得"左右为难"，可是咱们早已看清"前路"！干的是音乐，不是"别的一切"。群众所需要的，我们所供给的，在"音乐的立场上"虚心静气研究一下子，干脆说一句"俺没错"。不信，请阁下洗耳恭听。

音乐和文学，整个儿差不离到现在好有一比：比方废除中国原有的语言文字，烧尽一切中国文字的图书，谁说中国话马上枪毙，凡是中国人全得说"洋话"，中国狗也要学会外国狗的叫声。假若这样主张，慢讲孔夫子不免脑充血，朱夫子不免肚发炎，我想有两根硬骨头的小伙子，至少也要贴几天"标语"吧。民国成立已经二十五年，中国的音乐教育，凡为教育行政界所推崇的，对不起，整个儿"奴化"了。稍微懂得一点民国教育史和注意音乐教育的君子大人们，扪着良心自思自想，"奴化的音乐教育"一词，还不至于冒昧吧。

再举一件"实例"：当民国八九年，多少人的心血，培成东南各省的"小学国语教育"，全校师生，全用国语对话作文，同时，咱们也干过从小学生入手"统一华侨语言"，华侨在外族的统治下，居然不上十年，功效大著，二十岁以内的青年侨胞，都能对付着使用；而东南诸省的小学校，竟十之九拔了已种的根芽，到今只有一步步地向后退了。惭愧呀惭愧！

提起咱们几位傻大哥，明知有人仗着金枝玉叶的声势，两面夹攻，咱们也不愿费半文公帑，也不愿向社会捐输，出版的权利，也被"一般穷光蛋"剥削去养妻活子或者用以抽大烟，至于其他"有犯忌讳，掀人黑幕，不干巴结，应付欠周"的小气话，一概免了。然而谁也知道"中国人说中国话，而且应该能兼通国语；中国人唱中国歌，而且应该能唱流行最普遍的歌"。这不是极平常的事吗？何用大惊小怪。

中国那么大，语言那么复杂，研究中国民族土风音乐的人，也明白南腔北调，万绪千端，难道其中就没有一点价值？取其精华，去其渣滓，用现代世界共同嗜爱的作曲方法，使之内容充实，思想健全，感情丰富，至少会比"原始的土风音乐"胜过一筹。动不动斥为"靡靡之音"，大爷们！你有什么新发明的仪器可以测验音乐的靡不靡，其实你懂不懂还是问题！

尤其以赏赐有伤风化的台衔，不胜荣幸之至！中国民间歌曲流行于劳苦大众间的，有些什么？高车驷马的大人们，除开向自己的车夫老妈子瞪眼以外，可曾接近真正平民生活的氛围？又何曾汇集他们的歌曲作一统计？再说得远一点，洋大人们的歌曲，不论古典与时代的，那些调调儿及歌词，可曾比较比较？再说浅近的譬喻，不论外国影片或国产影片，一百部中有几片没有"男女恋爱的描写"？再痛快一点说，外国歌舞片可演，而中国歌舞不可演，本来受"胡化的平剧"倒有精神，真正由中原民族传下还不全成绝响的粤乐，反评为柔靡。火辣辣地树起"民族"的旗帜，岂可以把"民族文化史"扔在一旁吗？想想看七弦琴与夏威夷吉他有相似的意味，锦瑟卜的柱之左方，为何用左手指按着抖着，以至于各省胡琴的味道不同，三弦拉戏颇为悦耳，君子们不妨研究研究，做中国人至少要虚心爱爱本国的玩意儿，真是不行，然后扔了吧！

至于音乐关系于国运之兴衰，与民气有颓废或振作的关系，即便孔子再生，也不免含着微笑喟然叹曰"杀鸡焉用牛刀"。不懂一点科学的"老粗"也明白"肚里饥，身上冷凄凄，男中音高唱爱群爱国，一旁配着妻哭儿啼，凭你的音乐怎样雄壮，到末了一样饿扁归西"。所以用极浅近的常识来断定，所谓"音乐与国家民族之关系"，国富民强，音乐自然雄壮而畅快，若是国弱民穷，凭你请上六双莫扎特，一打贝多芬，苦于写不出"治饿驱寒"的曲子，也是枉然。君子们硬要倒因为果，明公们反正是"山东人吃麦东"，而一般自命为前进之大亨，和满脸装着爱国爱家兼爱麻醉麻醉的小亨们，藉嚷嚷而出出风头，一面既表示了自己意识之高明，一面又顺便拍上了老爷们的马，何乐不为。

　　哎！为人不做亏心事，半夜敲门心不惊。咱们同志，干的是音乐，给大家的只是快乐而无痛苦，更无所谓麻醉，并且各种各色的歌曲，应有尽有：喊喊口号的，发发牢骚的，开开玩笑的，抒发现代合理顺情的恋爱而绝对不关风化的歌。爱唱便唱，爱听便听，爱骂便骂，爱禁便禁。在作者是一丝不苟，自从写作以来，无一字不忠实，无一句不纯洁，无一意不正当。泰然地两手挽住左右盾牌，向前"挨步"。过去的一切，或者有一二首可变成《马赛歌》，现在的一切，自有推陈出新的计划，未来的一切，似乎用不着自己表白，明白的人多了，或许代替我们大说特说。只要宇宙不灭，这些种子，从萌芽而荣茂，终有使中国音乐从下层冒起而出头的一天。正是：如今只说三分话，日后完成九仞山。

　　父亲辛酸地写道："十五年来，我们抱着'改创中国新音乐'的志趣，……终至变成一只'没有腿的蜗牛'。"虽然如此，但放弃不是他的性格，他的性格虽然宽厚温和，但骨子里仍有着湖南人独有的倔犟，所以"虽然是蜗牛，但还有'牛'的毅力！……终有一天要走到大路上去"。父亲向往着："只要宇宙不变，这些种子，从萌芽而荣茂，终有使中国音乐从下层冒起而出头的一天。"

两袖清风回故乡

第十五章

一

父亲什么也没有了，成了一个货真价实的穷光蛋。

幸好，他再一次收获了爱情。

当年的父亲，是全国大名鼎鼎的音乐家，徐来是红透上海滩的"东方标准美人"。那时的"狗仔队"们比现在还厉害，为了报纸的发行量无所不用其极，每天打开报纸，都是两人婚变的"最新消息"，连引车卖浆者都能说上几嘴。

一个远在北平的美丽少女默默关注着父亲。她从报纸上搜集着相关的报道，为明月社和父亲的命运深深地担忧。她读过父亲的童话，那些故事温暖着她五彩的童年；她会唱父亲的歌，从歌里感受着那个从未谋面的男子的情怀；她看过父亲的歌舞，从飘逸的舞姿里编织自己朦胧的爱情。她抑制不住内心的激动，提起滚烫的笔，给那个远方的、让自己心动的男子写信，诉说她对他的同情和仰慕。

　　一封又一封南下的书信，抚平了父亲内心的创伤，温暖着父亲孤寂的魂灵。父亲也提起笔，给那个虽是陌生，却又亲切无比的北国佳人回信。两人鸿雁传书，渐至相知。这个原籍山西、生长于北平，现在北平贝满女中读书的名叫梁中元的少女，千里迢迢来到上海，考入明月社。

　　在明月社待了一段时间，父亲的才华和为人，将她深深折服。而她在父亲最困难的时候毫不犹豫地和他同甘共苦，不仅感动了父亲，也感动了明月社诸人。当时外祖父梁上栋，曾留学英国，回国后在实业局工作，后任北平市社会局长，代市长，到台湾后在监察院副院长任上去世。当时他唯恐女儿择偶不当，把女儿一生毁了，曾坚决阻止两人的婚事。但母亲的态度很坚决，曾一度要脱离父女关系。后来外祖父和父亲见面，发现父亲忠厚老实，堪托终身，这才放下心来。这样，在大家的撮合下，两人结婚了。

　　这就是我的母亲。母亲原名梁中元，和父亲结婚后改名梁栖，后又改名叫梁惠方。

　　在《干部自传》里，父亲这样回忆和母亲结婚的情景："由于我与徐来离婚的事在报纸上有'过分的渲染'，引起了梁中元的同情，互相通信，终成婚约。那时，她十八岁。我已四十五岁，年龄差距很远；我上无片瓦，下无寸土，只有负担，没有积蓄。她对这两点没有顾虑，于1936年2月19日结婚。"

　　当时的报纸对此事也有报道。《新民报》1936年5月18日在一篇《梁栖小姐笑答有婚期》的文章中，对母亲的风采进行了描述："女士着浅蓝花点白底绸旗袍，挖花白高跟皮鞋，淡妆浅抹，唇膏匀点，双颊微红，仍有少女风，在场中颇为活动，尚无明星习气。为人甚诚恳，凡有所问，必含笑作答。"接着又善意调侃道："黎氏得此佳女，哪得不心宽体胖，与一年前竟是先后两人……"

　　那时父亲穷困潦倒，拿不出钱给母亲买什么贵重的礼物。父亲甚是惭愧，思来想去，说："我现在很穷，两袖清风，什么也没有了，我送你一首歌，作为新婚礼物吧！"

母亲欣然。父亲就写了一首题为《爱的新生》的新歌，歌词全文如下：

男：你别这么样的害羞，

你别这么样的发愁，

为着光明为着努力为着自由，

应该不顾一切冲破黑暗向前走。

我虽心中创口未收，

我虽两眼涟涟泪流，

爱的伟大爱的慈悲爱的温柔，

我不能再灰心不向前也不退后。

将慧剑挖掉那伤心的肉，

硬着心就往外丢，

将快刀割去那痛心的愁，

一心创造新猷。

从今我俩一生共守，

到老同偕无虑无忧。

愿春常在、愿月长圆、愿花常留，

更愿我俩爱情万载千年永不朽！

女：你能这么样的待我，

你能这么样的爱我，

爱的旋涡爱的束缚爱的枷锁，

使我不能躲藏就是逃也逃不脱。

有如春蚕作茧自缚，

有如飞蛾盲目向火，

受尽苦痛受尽穷困受尽折磨，

为着情爱受苦任何人前难诉说。

假若人生碌碌平凡而过，

太无聊有何乐趣，

唯愿你能够给我些热情如火，

沸起我爱的波。

从今我俩双栖共守，

到老同偕一生快乐。

爱如青天爱如日月爱如花朵，

结成灿烂光明善的美的爱果。

这是父亲写作的最后一首时代曲，后由严华、周璇灌制成唱片。此曲描绘二人的境况心态极为真实：父亲心爱的明月社屡遭毁败，音乐创作屡遭批判；婚姻突变，大家小家全毁……在这种时候，母亲的出现，给了他极大的安慰，赋予了他新生般的拯救意义。他写这首歌是认真的，认真到了本该充溢的浪漫完全让位于发乎内心的承诺、祈愿与誓约。此后的岁月，父亲和母亲彼此相爱，完全做到了"从今我俩双栖共守，到老同偕一生快乐"。

二

1936 年 5 月 19 日至 20 日，明月社赴南京世界大剧院演出《桃花太子》《野玫瑰》《花生米》等歌舞剧及音乐节目。这次演出是父亲坚持的结果，也是父亲答应转让明月社的唯一条件。因为 1932 年 5 月明月社南京演出时因军警闹事，欠了剧场一笔钱，父亲答应过剧院老板，将来条件允许，一定要以演出还债。

在南京的演出非常成功，场场客满，不但归还了剧院的旧债，演员们也拿到了不菲的场费，明月社也总算有了一个圆满的最后的谢幕。此行是明月社在国内最后一次演出。南京演毕，明月歌剧社由七叔黎锦光接管，改称"大中华歌舞团"赴南洋巡演。父亲与明月社的关系至此完全结束。

在南京，父亲住在三叔锦曜家里。三叔在北平和父亲分手后，回大冶铁矿工作，因与上司不合，回到南京在中国矿学会主办的《中华矿学》杂志任主编。同时，父亲遇到被蒋介石软禁在南京城的田汉。

当时田汉因"宣传赤化",被上海国民党警察拘捕,不久转押到南京秦淮河边的宪兵司令部看守所,在里面蹲了四个月的大牢,后由徐悲鸿、宗白华、张道藩三人保释出狱。国民党对田汉既不敢杀害,又不愿放掉,就把他软禁在文化特务王晋笙家里。所幸王晋笙追求进步,对田汉的命运和处境颇为同情,两人渐渐竟成了好朋友。

田汉为父亲分析了当前的局势。1935年11月25日,在日本人的策动之下,大汉奸殷汝耕等人成立冀东防共自治政府,宣称:"自本日起,脱离中央宣布自治,举联省之先声,以谋东洋之和平。"心甘情愿充当日本人的走狗。至1936年1月,日本外相广田弘毅发表侵华"三原则",即(一)中国停止反日运动和放弃依赖欧美主义,努力中日提携;(二)承认"满洲国";(三)中日"共同防共"。这表明日本军国主义灭亡中国的计划又向前推进了一大步。此时全国抗日浪潮风起云涌。田汉推断,日本人亡我之心不死,除了华北,上海首当其冲,假以时日,必会沦陷。田汉劝父亲早日离开上海,以免将来为日本人所用。

这番话说得父亲悚然心惊。父亲一方面为国家的命运担心,一方面也为自己的命运担心。父亲明白,日本人早就盯上自己了,1930年父亲带明月歌舞团赴大连演出时,日本人就曾曲意笼络。作为新文化运动的先驱、中国音乐界举足轻重的人物,父亲其影响力非同小可。上海是父亲的成功之地,要是继续待在上海,凭他的人脉和能力,重新过上好日子指日可待。但若要父亲当汉奸为日本人效力,毋宁杀了他。

与田汉一席谈,父亲决定临时回上海处理一些事务,然后离沪返乡。不巧,临动身之际,他再一次病倒了。母亲独自回沪帮助父亲处理事情,最重要的是偿还明月社欠下的三笔债务。这三笔债务是他在生病期间,由七叔锦光出面借下的,根据和七叔的转让契约,这些债务该由父亲偿还。母亲分别找到中华书局的总经理陆费逵,百代、高亭、胜利和蓓开四家唱片公司的经理,预支了一部分稿费,把债务还清。

临离开南京时,父亲的老同学杨绵仲(后来任国库署署长)愿为他在南京介绍工作,但父亲对做官没有兴趣,便婉言谢绝了。三姐黎明健赶来送行。三姐是个重情的人，她说，只要父亲还在明月社，再苦再累，她也不会离开的，但父亲走了，明月社也就没有了吸引力，她也要走。三姐后来参加了联华影业公司，大获成功，走出了一条不同于王人美、黎莉莉的新路。

母亲回到南京，这时父亲两手空空，连回乡的旅费也没有了。幸好大伯锦熙来南京讲学，送了一百元作为父母的新婚贺礼，父亲这才得以回到老家。

就要回家了。已有二十年未曾归乡，父亲忽然对那个山村无比眷念起来，于是父亲拿起笔，写了一篇《低头思故乡》的文章。孙继南先生在《黎锦晖与黎派音乐》一书里，对这篇文章有独到的分析，现照录如下：

在离开南京前夕，黎锦晖忽动归思，写下了一篇题为《低头思故乡》的文章，发表报端。文章开始写道：

为着人事匆匆，劳攘了整日半宵，身体透着倦怠，而神经仍在紧张；好容易有点儿朦胧了，又被一个带伤感的意念侵袭进来……

这是黎氏劳碌一生，刚刚卸下明月社的重负，在万般感慨、思绪复杂情况下的思态写照。他对安达蛮（今译"安达曼"）群岛土人"乐天过活""努力谋生"的原始生活，十分歆羡，在那个社会里"只需最简单的工作和娱乐，根本不必'挖空心思'来相互诱骗"，"不论男女，都笃于友谊，一直互相助护，无忤无争。他们是'和平、知足、诚实、快乐'的民族"。但现实却使他疲惫不堪。于是他想回归故乡那种宁静、简易的生活中去，继续做他的"平民教育"事业：

"我的故乡"——一个极偏僻的山村，它带着一点安达蛮生活的意味，而群众又有现代的国家观念。生活虽然凄苦，但日出而作，日入而息，尚能互相保持一乡安全。既有这样的故乡，为何不卸下那无聊的负累，摒去那无谓的交游，回到那四面高山，几湾流水，冬暖夏凉，春耕秋作的故乡去？个人的工作力或可增进，思虑也可以调节，生活更可以使之简易。省去一点工夫，还可以参加"平教"一类的事务。

文章里令人感触最深的是结尾部分"奋斗多年，毁家五次，敢情有退志吗？"几句话，流露出黎锦晖为中国歌舞事业付出、牺牲和对未来去途选择的无限感慨以及一时的矛盾心理。……这个"家"，恐非一己之家，而是指他一手组建起来的歌舞团体，即"中华歌舞专门学校""中华歌舞团"、前后三届"明月社"，黎锦晖一直是以社为"家"的。对"敢情有退志吗？"的回答更是令人赞叹，他写道："题材何处有，只是壮游中。还是去漂泊的好。"眼前的现实是明月社已不复存在，无牵无挂，疲惫不堪的身心，原来可以回到故乡去过那种想象中的"安达蛮"式的生活，但黎氏却执著地在"壮游"中去"漂泊"、去寻找创作题材，继续他的音乐创作事业。

三

1936 年 6 月 6 日，父亲吟着"一轮明月下南洋，两袖清风回故乡"的诗句，带着母亲离开南京，乘船经武汉回到长沙。

一别二十年，乡音未改鬓毛衰，重看故乡熟悉的山水，重听故乡熟悉的乡音，父亲颇多感慨。他们先去了湘潭老家，拜见祖父母。

此时祖父母年近七十，搬到了湘潭县城，住在湘济街九号。看着远游的儿子媳妇回乡，两位老人非常高兴。公婆的和蔼可亲，让母亲不安的心理很快平静下来。母亲是这样记载的："我们先回湘潭看望两位老人。父亲黎松庵，是位书法家，湘潭的各类商铺招牌多出于老人笔下，他心地慈祥，待人宽厚。我是北方人，老人怕我吃不惯米饭，每日走到街上买包子，使我这个儿媳妇真不好意思。锦晖说'不要紧，我的父亲对任何人都是如此'。婆母也是一位有学问的人，一手毛笔字写得浑厚而漂亮，为人慈祥可亲，当时我已怀孕，老人照顾得无微不至。我们暂住在这里，还记得那是湘潭湘济街九号。"

在老家住了几天，父亲来到长沙，经四叔锦纾的介绍，开始在长沙"中华平民教育促进会"（简称"平教会"）就职。"中华平民教育促进会"为著名平民教育家晏阳初博士所创建，1923 年 8 月成立于北京，以"除文盲，作新民"为宗旨，并以河北省定县为实验研究中心，针对中国农村"贫、愚、弱、私"进行文化、生计、卫生、公民四大教育，采取学校式、社会式、家庭式相结合的三大方式进行。陶行知曾为该会编写《平民千字课》作为推行教材。四叔锦纾早期就参加平教会工作，并在定县进行试验，创造了即传、即习、即用的导生制，并得到梁漱溟先生的肯定。

父亲在长沙租了房子，把小家庭安顿好，又把祖父母接到长沙尽孝。父亲和仍在上海的王人美、黎莉莉、黎明健等人有频繁的书信往来，任光常有信和歌词寄来，请父亲谱曲。上海胜利唱片公司重新灌制父亲的旧曲，版税、稿费收入虽不能和以前相比，但也足以使这个小家庭过上平静的日子。

1936 年 12 月，西安事变爆发，蒋介石接受停止"剿共"、一致抗日的政治主张，第二次国共合作开始，国共两党长期敌对的形势得到缓和。事变之后，徐特立从陕北回到湖南老家。徐特立是长沙师中的老校长，他学识渊博而又脾气温和，有"徐妈妈"之称。父亲曾是他的学生，他又和大伯共过事，两人相交莫逆。父亲那时对国民党政府失去了信心，心里有了去延安的念头，知道老师从延安回来，他特地赶去听老师的演讲并求见，但徐特立对父亲有些冷淡。这事引起了父亲的警惕。父亲自问没干过什么坏事，未投靠国民党，也未做过对不起共产党的事情，相反，还屡次掩护帮助过一些共产党人。唯一的原因，恐怕还是鲁迅先生、聂耳等人对父亲的质疑、攻击，使党的高层对父亲产生了看法，徐特立才有此态度。

世事莫测。父亲喟然长叹，放下去延安的心思，静下心来做好平教会工作。父亲之所以选择平教会，一是他倡导的"平民音乐"与平民教育关系密切；二是编写教材是他的老本行，轻车熟路；三是平教会工作环境较艰苦，有利于他走出消沉，"用一种良好的工作表现来取得他人对自己的谅解"。这表明父亲开始觉醒，多少有了一些政治上的敏感性。

父亲很快编好了一套乡村平民教育的课本，这套书针对乡民文化较低的特点，深入浅出，通俗易懂，生动形象，在乡村教学的实践中获得了广泛的好评。与此同时，父亲写了一些抗日的歌曲，发表在他以前工作过的湖南《大公报》上。父亲的老朋友张平子、龙兼公等仍在《大公报》工作，长期的劳累和心情郁闷，使父亲患上了头痛病，有时甚至痛昏过去。母亲在《黎锦晖的下半生》里回忆道："1937年春季，锦晖头痛难忍，去看中医，中医要他吃补品，我去买了高丽参。不想越吃越痛，送到湘雅医院治疗，发现鼻腔有软块，他们治不了，介绍去汉口找耳鼻专家李宝实，李大夫为他开刀取出了很多海蜇一样的东西。据说发展到脑部就没治了，救了他一命。"

"七七事变"的炮火，把父亲从病中惊醒，他不顾病体，奋笔疾书，《大公报》上几乎每日都刊载有他写的抗日歌曲，后挑选其中29首集成《中华民族战歌》一书，由平教会出版。其中流传较广的有《我是中国人》《中国威力无穷》《农民抗战曲》《是好小子上战场》《全民抗战歌》《最后的胜利歌》等，还为杨村彬的反战话剧《战歌》谱写插曲《樱花一样红》，由欧阳红樱演唱。

几十年后，母亲仍然能够唱出其中的一些歌，如《我是中国人》："我是中国人，我是中国人！我有刚强如铁的身体，我有决不怕死的精神。我要负起责任，保卫我们的国土完整。请听啊，请听啊！请听我激昂悲壮的歌声！……"

《向前进攻》这首歌当时十分流行，歌唱道："敌人已经来了，全国同胞快习兵操，国土要被侵占，全国武装应该趁早。举起枪来向天大叫，为全世界杀强盗！瞄准前方的枪，瞄准后方的炮。一声冲锋号，拼命向前跑。莫让敌人逃，只叫敌人倒。……"

1937年8月，"八一三"淞沪会战爆发，前后共历时三个月，日军投入八个师团和六个旅30万余人，死伤七万余人；中国军队投入75个师和9个旅60余万人，伤亡达15万余人；至1937年11月12日上海沦陷。父亲一方面为自己离开上海感到庆幸，一方面又为留在上海的亲人朋友担心。不久，王人艺、张簧相继逃来长沙。王人艺只有一把小提琴，张簧一把大提琴，他们一路逃难，却舍不得丢掉自己心爱的乐器。

从他们口中得到明月社覆亡的消息，父亲心里非常难过。明月社改名为"大中华歌舞团"到南洋演出，虽不如前次演出火爆，但由于明月社留下的名声还在，仍受到当地华侨的追捧，上座率也高达九成。由于七叔锦光为人刚愎自用，高高在上，自己搞特殊化不和团员们同甘共苦，又多场不分场费，引起众人的不满。先是副团长严华出走，后是张其琴、张其瑟兄弟，再后来是其他人……七叔满怀信心下南洋，却闹得灰头土脸，明月社就此星散……

王人艺、张簧都住在我们家。父亲为此换了房子，四上四下，让他们也都有房间住。在父亲的帮助下，张簧参加平教会，编写算术课本；王人艺则在《大公报》做校对，两人总算安顿下来了。

此时，八叔锦扬历尽艰辛从青岛逃难回到长沙，劫后余生的喜悦让兄弟俩都流下了泪水。休息几天之后，八叔插班进西南联大文学院读书，后来随校迁往昆明、蒙自……

四

1938年初，江西省地方政治研究会由省主席熊式辉出面，请求湖南平教会派员支援，父亲奋然报名前往。晏阳初非常看重父亲，不愿父亲到前线去，想让他到后方的四川新都平教会总会去工作，但父亲没有同意。这段生活，母亲有很完整的回忆：

> 江西省地方政治研究会向平教会要人，锦晖自愿与画家王建铎、霍俪白、杨开道四人一同去南昌工作。那时九江已很危险，南昌经常受到日机轰炸，我们都不放心。锦晖认为：只有到前方去做一些有利于抗日的工作，才不是空谈抗日。去后不久他来信说：他们已准备撤退到遂川县，平教会还要一批人，希望我与他们同去。我退去房子，把木器用具全部退回湘潭老家，把孩子留在祖父母处。8月，与张簧、李剑南、余先亮、李柳西，还有许多人，因火车经常受到敌机轰炸，坐的是敞篷卡车。途经衡阳、界首、九龙山、乐昌、大禹、南雄、赣州。路上有时狂风暴雨，有时烈日炎炎，车子又出了毛病，公路上伤兵车络绎不绝，走了十多天，总算到了遂川。锦晖等已在车站等候，他兴致勃勃，情绪高昂，一路上诉说着他们当时的工作。

次日休息，先去看看遂川风貌。这是一个山清水秀的小县，围着城走一圈也用不了二十分钟。东西很便宜，物产丰富，金橘个大水多而且很甜，橘子、广橘、鸡、鸭、鱼、肉应有尽有。大家互称"老表"，年轻女子称"表妹"，结过婚的称"表嫂"。除了外省的人多了，一点抗日的气氛都没有。而墙上的标语却说明了这里曾经是红军几进几出的根据地，如"打倒白军"，只见"白军"两个字被刷上白粉，写上"红军"，又被刷上一层粉写上"白军"……这里是拉锯战之地。

　　锦晖在遂川写了宣传材料《抗日三字经》、通俗唱本《十里送夫》、与画家王建铎合作连环画《一个新农民》等。遂川只有石印，先要用笔写好，才能付印。张少甫、黎锦晖两人日夜工作，累了和衣倒在床上，连鞋也不脱，醒了又干。

　　我们家里很热闹。两个组的同事都喜欢来聚会。适逢过去在平教会做饭的张师傅夫妇也逃难来到遂川，我们与张簧等五人便把他们请来，成立了一个伙食团。张师傅能办酒席，在遂川算得上首屈一指。本是过得很愉快，不幸的是地方政治研究会书记长霍俪白也吸引来了，还带来他的表弟陆精治。霍是典型的旧官僚，专爱受人奉承。陆是日本留学生，学的是农业，经常被锦晖问得无言以答。霍俪白喜欢打扬琴，每日饭后都要锦晖、少甫用二胡伴随他自弹自唱，日子一长，锦晖反感至极，深为拿了国家的工资却在侍奉领导、虚度时日感到耻辱。因而，满腔热忱化为怨气，经常在吃饭时顶撞霍俪白，结果霍用权势把张师傅挖走，王建铎愤然辞职到四川去了，张簧也走了。锦晖因我将分娩，租得民房，辞去研究会的工作暂住遂川。研究会不久迁往赣州，霍俪白因与程伯轩共同追求一位女同事，被程用手枪打伤，程自杀，研究会至此解散。

　　父亲一边照顾待产的母亲，一边创作抗日的歌曲、曲艺和剧本，寄给长沙《大公报》发表。突然有一天，蒋介石的大公子蒋经国轻车简从来访。蒋经国和大姐明晖是上海万竹学校同班同桌的同学。那时万竹学校不收女生，大姐女扮男装得以暂时混过，后来学校查了出来，大姐就只好退学。在国语专修学校开设的暑假讲习会上，蒋经国曾听过父亲的讲课，也参加过康乐会的演出，对父亲一直心存敬意。那时蒋经国任赣州专员，闻听父亲在遂川，遂来拜访。蒋要父亲出任专员级的赣州教育局局长，父亲以体弱多病、内人待产婉拒。1948年，蒋经国任上海"打虎队长"，找到大姐到饭馆叙旧，还合影留念。"文革"时，大姐害怕惹火烧身，把她和蒋经国的合影付之一炬。

　　遂川县长梁振超被解除职务，接任的新县长是丘新民，即原来在上海的第三党成员丘我华。1929年冬，当第三党遇到危难的时候，父亲曾为他们提供住所，并资助过他们。故友异乡重逢，分外亲热。丘本想留父亲帮忙，但父亲执意要前往重庆。母亲回忆说："1939年10月，接黎明、张簧、王建铎等人的信，促锦晖速来重庆，当时国共合作，黎莉莉、于立群等人都在重庆，并已联系好后勤政治部伤兵教育委员会办抗战通俗画刊，聘请锦晖为编辑。丘新民见留不住锦晖，送了千元旅费，并派人护送到长沙。我们把不便带的东西都送给了丘新民，到吉安后，就请护送我们的人回去了。"

雾
都
八
年
抗
日
心

第十六章

一

　　一路颠簸回到长沙，长沙却早已不是记忆中的模样。一把大火，烧焦了长沙，也烧焦了父亲的心。

　　1938 年 10 月 25 日，武汉沦陷，武汉的机关、工厂及大批难民和伤兵涌入长沙，长沙的人口由三十多万骤增至五十多万，商业繁荣，几成为后方的商业中心。11 月 8 日，日本军队攻入湘北，并轰炸了长沙和衡阳，9 日、11 日，临湘、岳阳接连失守，中日军队对峙于新墙河两岸。当局猜度日军将攻长沙，又对守住长沙缺乏信心，蒋介石遂提出"焦土抗战"的作战思想，认为即使长沙烧毁也不能资敌。湖南省政府主席张治中遵命组织纵火队伍，11 月 12 日深夜长沙南门口外的伤兵医院失火，纵火队员以为是信号，便全城放火。大火持续了整整五天五夜，古城长沙 2500 多年的历史、财富几乎被毁灭殆尽，三千多人在大火中丧生，90%以上的房屋被烧毁，共计5.6万余栋，造成经济损失十多亿元……长沙遂与斯大林格勒、广岛和长崎一起成为第二次世界大战中毁坏最严重的城市。因12日的电报代码是"文"，大火又发生在夜里（即夕），此次大火被称为"文夕大火"，是中国抗战史上最为惨痛的记忆之一。

父亲和母亲走在满目疮痍的长沙城里。虽然已过去多天，但空气中仍有着浓浓的焦煳味，楼是黑的，地是黑的，仿佛连天空也是黑的。城里行人寥寥，衣衫褴褛且目光呆滞。父亲牵着母亲的手，一一指点他曾工作和生活过的地方，周南女校、《大公报》社、平教会会址……最后心中大恸，忍不住放声大哭。文夕大火之后，日本人并未进攻长沙。为平息民愤，蒋介石甚是难堪，下令枪毙"长沙纵火案"三个替死鬼：长沙警备司令酆悌、警备二团团长徐昆和长沙市公安局局长文重孚，又让张治中去职。但烧毁的古城却再也回不到原来了。

此去重庆，不知何日才能回乡，临走，父母亲特意又回到长塘老家住了几天。祖父母原随父母在长沙住了一阵子，战火逼近，他们又放不下老家的坛坛罐罐，于是避回长塘。祖父母年龄大了，不愿离开祖居之地，父亲也无力带着两个老人西行，只希望战火不要波及这个偏僻的小山村才好。离开时，父亲频频回顾，心里似乎有种不祥的预感。果然，此一去，母子就此永诀。祖母于1944年去世，身边只有祖父、大姑锦珈、六叔锦明陪伴在侧，她没有看到她另外的七子二女，也没有看到抗日战争的胜利。但祖母生在乱世，能得善终，也算是不幸中之大幸吧！

父母亲经宜昌来到重庆，途中颇多艰险曲折。母亲回忆道："……住在（长沙）旅馆等候船票，很久才买到去宜昌的票。途中走了不少时日，由大船换小船，因冬季江水下落，最后乘小木船到宜昌，小的孩子冻得几乎葬身鱼腹，半盒万金油救了一条小命。一路行李也丢了不少。在宜昌买了运伤兵船的船票，运伤兵的国民党官员，把伤兵放在底舱，把舱房高价卖给逃难者。我们就住在看护兵一起，夜里不但衣服被偷，就连手上戴的金戒指都给偷了还敢怒不敢言。看护兵日夜聚赌，乌烟瘴气，尤其惨的是伤兵没人给送饭，伤势重的只能自己爬着取饭。还有一个伤兵没断气，就从船上被丢下去了。我们在这种

父亲与母亲梁惠芳及女儿的合影

令人难以忍受的坏环境中，经过闻名世界的三峡也无心欣赏。锦晖说：'耳闻不如目见，这样腐败的军队怎能不打败仗！'到万县再换轮船直达重庆，王建铎、张簧、王人艺、王人旋都来接船。当晚，请我们大吃了一顿。至此，只剩下五个人，东西大部分都被偷光了，钱也用光了……"

父亲在《通俗抗战画刊》做编辑，住重庆江北龙头寺后勤政治部的宿舍，是两排草房中靠后的一排，此前王建铎、张簧早就准备了一切用具。

父亲月薪五十元，收入微薄，要养活五口之家，颇显吃力。忠厚的二姐黎莉莉不忍看到父亲如此穷困，时常接济；三姐黎明健已与郭沫若结婚，改名于立群，也送钱送物；二姑锦皇和二姑父王人旋也大力帮助。王建铎兼了卫生院的工作，整月的工资一分不少都送了过来；张簧、王人艺等一批朋友，特别是当年明月社的旧人们，全都竭尽全力。他们也不富裕，在重庆这个物价一日三涨的地方，生活也甚是艰难。但为了他们老师的生活好上一些，为了我们年幼的三兄弟能吃上一口饱饭，他们甚至兼上几个差事，日夜奔波辛苦，为的是多赚几块钱给他们的老师送来……

多年后父母亲忆起那段日子，一方面辛酸落泪，一方面却又感到了一种贴心贴肺的温暖。幸亏亲人、朋友们的接济，父母亲相携度过了那段艰难的岁月，我们兄弟三人也健康地成长起来。

二

重庆是陪都，全国抗战如火如荼，重庆却处处歌舞升平，军警特宪横行无忌，官员们腐败堕落，一方面醉生梦死，一方面大发国难财。父亲明白抗日战争迟早会胜利，但国民党政权已经不可救药，必会走向灭亡，而共产党领导下的延安则听说政治清明、生气勃勃。父亲经过激烈的思想斗争，放下身段，去新华日报社找他的老朋友、曾在中华书局共过事的潘汉年，想向他提出到延安去的愿望。遗憾的是潘没有接见父亲。后来四叔从成都来重庆，转达了潘汉年的问候，说现去延安暂不方便，父亲没有死心，又通过三姐找到郭沫若，重申了想去延安的想法。那时郭任国民政府军事委员会政治部第三厅厅长。他答应父亲，以后不做三厅厅长了，要是周恩来同意他去延安，他一定会带上父亲。但世事弄人，后来郭沫若不当三厅厅长了，周恩来却要求他继续留在重庆做文化界的统战工作，父亲自是没有机会去他向往的延安。

去不了延安，一家人总要生存下去。1940年3月，经朋友介绍，父亲担任国民政府军事委员会后勤部政治部伤兵教育委员会编辑，不久，又兼任政治大队编辑。父亲终日伏案工作，为后勤政治部编写《荣誉军人读本》六册，又为政治宣传大队写了《送夫当兵》《打谷别村》《枪岗歼敌》三部通俗歌白剧，在伤兵医院或露天广场上演出，很受欢迎。

父亲如此辛苦，又兼有朋友们的无私帮助，仍入不敷出，交不起房租，一家老小只好在市外江边上搭了一个草棚子栖身，虽是刮风透风，下雨漏雨，可也是自己的家，父亲苦中作乐，为自家草棚写了一副对联：

上下左右一目了然冬凉夏暖；

东南西北四面宽敞空气流通。

横批：乐在其中

虽然贫困，父亲却傲骨依旧。国民党中央宣传部长张道藩知道他来重庆后，亲自前来聘请他，被他婉拒。张不好强求，便送了 500 元给父亲。

我们一家的生活虽然穷困，但还算宁静。父亲与世无争，但麻烦偏偏找上他。张簧与政治大队队员兰美璞产生恋情，不料大队长粟钟也看上了兰美璞。粟钟想利用职权逼迫兰就范，但落花有意，流水无情，粟钟恼羞成怒，就把兰开除了。无家可归的兰美璞留住在我家，粟钟跑来气势汹汹地说："我们开除的人，你们怎敢留她住在这里？"父亲也不示弱："这是我们的家，你有什么权力来干涉？要训人，请到你队里去！"他吵了半天，最后被父母赶走了。粟钟是后勤政治部主任的外甥，父亲由此把主任给得罪了。眼看事情无法善了，父亲怒而辞职，扬长而去。

父亲在家闲了一个多月，经二姐夫罗静予（黎莉莉的丈夫，时任中国电影制片厂副厂长）推荐，担任中国电影制片厂编导委员。1941 年 10 月，父亲正式走马上任，厂长郑用之见锦晖文学根基深厚，又写得一手好字，让他兼任主任秘书。母亲也意外地有了工作。经族侄黎离尘介绍，母亲到军委会伤兵慰问组统计股担任统计员。这本是一份平常的工作，但解放后却成了母亲的梦魇。因为该单位为励志社的下属单位，而励志社是特务外围组织，致使母亲为此写了无数次的交代材料，仍不能过关，母亲只好做家庭妇女，再也没有工作过。

父母都有了工作，就把家搬到董家溪嘉陵江边，租了两间破草房，父亲住在"中制"宿舍，每周六过江回来。他给我家的房子题了一副对联：

阳光充足

空气流通

横批：嘉禾别墅

我们虽住着破屋草房，但生活不发愁了。

电影厂的工作清闲。在此期间，父亲参加了由周恩来提议的郭沫若五十寿诞和创作二十五周年纪念会。在会上，周恩来和父亲亲切交谈，让父亲很受感动。不久，郭沫若亲自登门，请求父亲给他的五幕话剧《虎符》配乐，父亲欣然允诺。

《虎符》通过描写战国时期赵魏联合抗击强秦的故事，借古喻今，号召人们共同抗日。此剧由王人艺配器，父亲为全剧谱写音乐九段：（一）郊迎——铙吹曲；（二）祖饯之歌——合唱；（三）乌夜啼——笙曲；（四）夷门桥——笙歌；（五）张果老——歌舞；（六）蟾宫怨引——琴操；（七）牛郎织女之歌——琴歌；（八）永生——雅乐；（九）悼歌——合唱。

1943年2月《虎符》在重庆抗建堂作短期演出，引起极大轰动。王人艺回忆郭沫若当时说："《夷门桥》的风格，只有黎锦晖才能写得出！"可见他对父亲的推崇。《虎符》全剧都有音乐伴奏，舒绣文出演如姬夫人，其大段的独白都有音乐衬托着她的感情起伏，王人艺用小提琴拉出笙的声音，配合剧中人吹笙伴唱，其效果非常美妙。这期间，父亲还为陈铨的《蓝蝴蝶》配前奏曲。陈是西南大学教授，学识渊博，与父亲同住在一间宿舍中，他们谈今论古，互相倾慕，遂结为好友。

这年，八叔锦扬从云南辗转来到重庆，找到父亲。1941年八叔从西南联大毕业，应聘到滇缅边境芒市的土司衙门任英文秘书，过了一年多安逸的生活。1942年1月，日军进攻缅甸，3月，中国组成远征军入缅作战，随后日军攻入云南，芒市沦陷。八叔一路逃亡，幸运到达重庆。此时大伯也从西北联大有事来到重庆，兄弟三人团聚，都有恍如隔世之感。大伯和父亲都赞成八叔赴美留学，八叔遂于1943年远渡重洋。

八叔没有想到，他这一去，直到1979年才重新踏上故国的土地。那时，距八叔自1943年在重庆与他的大哥、二哥作别已36年！他再也看不到他的父亲、母亲、大哥、二哥、三哥、四哥、大姐了！

三

中国电影制片厂第一任厂长郑用之在 1942 年春被撤职，第二任厂长吴树勋又于 1944 年被免职，第三任厂长是蔡劲军，此人原为上海市公安局局长，根本不懂电影，有空就让父亲给他上课，讲解电影的基础知识。他为人飞扬跋扈，又有贪污行为，父亲对他很反感。副厂长王瑞麟是主任编导委员，私下召集大家开会，众人一致对蔡不满，就推父亲起草文稿给他提意见。事后蔡追问何人主使，王瑞麟把父亲起草的草稿交出，蔡大怒，立即把写有开除父亲的公告贴了出去。

父亲失业，只靠母亲微薄的薪水养家，此时是 1945 年初夏。早在 1944 年，抗战形势骤然吃紧，日本侵略者开始了垂死前的疯狂。1944 年 4 月至 5 月 25 日，豫中会战爆发，洛阳沦陷；1944 年 5 月至 8 月长衡会战爆发，衡阳沦陷；1944 年 8 月至 12 月 10 日，日军发动桂柳会战，桂林和柳州仅数日即沦陷。时局最危险时，日军的先头部队攻到四川外围，重庆一夕数惊，蒋介石一度准备移都西昌。重庆物价猛涨，粮贵如银。看着嗷嗷待哺的我们几兄弟，父亲无奈答应为舞厅组织乐队。

母亲回忆道："1945 年初夏，'中制'编导委员苏怡来介绍锦晖为重庆新开'扬子江音乐厅'组织一个伴舞乐队。这事倒使锦晖为难了，他认为重操旧业，对名誉有损；而我觉得眼下失业，孩子们营养不良，锦晖本人也因营养太差而骨瘦如柴，这不失是个好机会，也只有自力更生才能活下去。于是，这件事除了用黎锦晖的名义外，签合同、找人都由我操办。领队郝立人兼吹小号，钢琴郭法先，大提琴张簧，锦晖管交际、提供新曲、配器。演出风格正派。音乐厅给了三个月的练习费，练习地点我借了一所小学（正好是暑假期间）。工资公议，记得是领队 20 万，钢琴 20 万，配器 20 万，锦晖因不出场 15 万，相当于每月工资的三倍。大家练习时就在我家吃饭，每日饭菜办得相当丰富。锦晖说：'此事不宜长做，大家赚点钱算了。'所以只签三个月的合同，连排练共六个月。"

这年 5 月，重庆"周公馆"委派一位陈姓女士给我家送来五叔黎锦炯（黎亮）致父亲的亲笔信。五叔在晋察冀边区主持铁道交通工作，颇受器重，工作也得心应手，曾获得边区政府授予的"人民工程师"的光荣称号。此信是五叔托新四军代军长陈毅将军转来的。原来是 1945 年春，陈毅路过张家口，在一个厂矿里见到了黎亮，便对黎亮说，《桃花江》是我推荐给红军唱的，只不过改了词，你能不能写封信给你二哥，你二哥是个了不起的人物，你让他到解放区来，我让华东局给他一笔钱。信中说：党组织对二哥你的作曲才能很器重，请二哥游历陕北，还问询了祖父母及家乡情况。同时附有一笔五十万元的款项，是党组织赠送我家的慰问金，父亲为此深受感动，我家的生活状况也因此而得到了极大的改善。

1945 年 8 月 15 日，抗日战争胜利。父亲欣喜若狂，像小孩一样欢呼雀跃。父亲期待着"漫卷诗书喜欲狂，更下襄阳向洛阳"。不久，毛泽东赴重庆进行国共谈判期间，父亲曾以知名人士身份应邀参加《新华日报》举办的酒会。

抗战胜利后，罗静予即由美返渝，继续担任"中制"厂长。父亲也回到了"中制"厂，仍担任主任秘书。

罗静予独自住在厂里，吃饭不方便，提出要到我家吃饭。母亲说：我们房子破、孩子多，你能适应吗？罗静予笑呵呵地说没问题。八年来，母亲从一个娇娇女，已变成了能干的家庭主妇，学会了一套烧菜技术，川味、湖南味、北方面点都能应付，罗静予不但自己在我家吃，招待客人吃饭的任务也都交给了母亲。他在我家每日与父亲无话不谈，父亲曾说：罗静予为人正直，在电影技术、艺术方面都是少有的全才。

1946 年春，罗静予的妻弟钱江、钱镱，弟妇史平由延安到成都，与二姐的母亲张振华一同到重庆，然后与罗静予先后去了南京。母亲带着我们兄妹一起先到南京，父亲稍后随来。这年 7 月，我们一家在南京团聚。

挚友有难见真情

第十七章

一

在南京，我家住在普庆新村中国电影制片厂办事处宿舍。罗静予住12号，我家住11号楼上，钱江、史平夫妇住在我们楼下。自中电迁来南京，罗静予与父亲商定：1.不拍"反共"电影；2.财权独立，另设会计课；3.把所有的空额都补上人，让很多家属进厂，一方面是为了抵制上级派人来，一方面也为了改善职工生活。

抗战胜利了，国内的局势却混乱依旧，国内两党的冲突日趋激烈，在各条战线上均展开了斗争，电影界同样不能幸免。

国民党内部各势力派别与机构之间对电影界的争夺也十分激烈。中国电影制片厂的副厂长袁丛美与国民党政治部第三厅第二科科长陶骞勾结，以接收代表的名义在上海活动；国民党中央宣传部派周克接收各电影公司的电影院；曾经的中电厂长蔡劲军也派来李固企图浑水摸鱼。

沦陷区的电影公司、制片厂无论从器材、设备、技术人员和演员的力量都要比国统区的中电强得多，若是被袁丛美等代表国民党宣传部的势力控制，中国的进步电影工作者连呼吸一口新鲜空气的机会也没有了。厂里的几位进步人士包括父亲和史东山、王瑞麟、官质彬等人都认为阵地不能失，建议罗静予想法在国民党的电影垄断中留下一块净土。

罗静予深以为然。他找到政治部代部长袁守谦，争得掌管电影接收事宜的权力；又通过阳翰笙得到共产党的指示，向国民党国防部参谋总长兼海军总司令陈诚提交中电改组计划书，拟将中电改组为纯粹的军事教育电影厂，并向陈诚游说可以在南京建立最先进的制片厂，而且美国可以提供成套的新机器、新设备等等，又说目前上海各制片厂的设备已经很落后，没有什么前途。陈诚大为高兴，当即同意发还联华电影公司，并亲自下了手令。罗静予又撤销了袁丛美驻上海办事处主任的职务，引起了袁的极大怨恨。

后来联华公司改名为"昆仑公司"，拍摄了《一江春水向东流》《八千里路云和月》等进步的高水平电影，此拜罗静予之功。

袁丛美等不甘心失败，勾结特务，又鼓动部分职工签名，以中电职工的名义，状告罗"勾结异党，图谋不轨"，又说罗在发还联华公司时贪污了81根金条，总共罗列了八条罪状。1946年10月，罗静予被捕，关在南京羊皮巷14号国防部军法处。

消息传来，大家深感震惊。罗是中电四届厂长中最得人心的，又是国内少有的电影技术专家，居然还有厂里的人联名告状，大家都愤愤不平。

厂里最担心的，就是父亲了。罗是父亲的朋友和领导，又是二姐黎莉莉的丈夫，罗的岳母张振华、小舅子钱江早在父亲办明月社时就跟随父亲，感情上早亲如一家人了。他们一家大都是共产党，对此父亲心知肚明，但父亲并不害怕引火烧身，下决心要尽力营救罗静予。此时二姐黎莉莉正在美国，营救的事情全靠父亲奔走。

罗静予在狱中坚贞不屈。罗是国民党少将身份，在国民党内人脉广泛，共产党员的身份从未暴露，军法处也不敢轻举妄动，只好暂时关押。这也给了党组织和父亲等人营救的机会。

二

　　一天晚上，李钟英副厂长匆匆来到我家，神色紧张地告诉父亲："罗静予被扣押，可能与钱江等有关"，并询问钱江有什么背景。父亲答道，他们母子三人早年就跟随我生活在一起，哪有什么背景？要说有背景，也只有我黎锦晖了。

　　父亲明白了事情的症结，即去罗家，告诉张振华和钱江等人，连夜一同将罗静予的文件、信函逐一检查，凡有不利的，都包好拿了回来。还有合同、文件，由钱江拍照留底。其中最重要的，是周总理夫妇与莉莉夫妇的签名合影。父亲说：就凭这些照片，罗即可掉脑袋。母亲把这些都藏在孩子们的衣服里，安然保存了下来。

　　为了安全起见，父亲又让钱江等人立刻离开南京。钱江、史平带着孩子及钱镶，以到河南探亲的名义走了。

　　父亲带着张振华一起找到陈诚夫人谭曼意。谭对父亲很是敬佩，答应帮忙，争取妥善解决。不久，中电上海办事处主任汪中西来函说：上海警备司令部也收到控告罗的信，来厂调查，恐与接收敌产还给昆仑公司（共产党地下影片厂）有关，要父亲多加小心。没两天，来了一位军法处的法官，先与会计科科长钦爽谈话。钦爽是控告罗的主谋之一，向法官提供了许多不利于罗的证据。之后法官又找父亲谈话。父亲早有准备，即把关于二钱在抗日初期即是"中制"练习生的名册、档案都给他过目，还出示了发还"联华旧址"也是经过上级批准的证明文件。这位法官姓谭，是湖南人，一口湖南话，父亲也用湖南话对答。由于父亲刻意和他交好，两人聊着聊着，谭对父亲有了好感，把控告信的内容告诉了父亲，并说："问题不大，只要有证据，事情就容易解决。"临走留下了他家的住址，意欲索要好处。父亲搜遍家中金银，要母亲与张振华一起带着厚礼找到谭的夫人（住在旅社中），诉述了罗的冤枉，求谭法官多关照。谭想从中得到更多好处，于是父亲让王仲宣经常与他联系，找房子、买家具，罗家的很多东西都送给了谭法官，谭法官也肯帮忙，事情似乎向着乐观的方向在发展。

诅料事情突然起了变化。一天，谭法官打电话给父亲，要约个地方面谈。父亲把他约到二姑锦皇家见面。二姑父王人旋担任国民政府储备司副司长，谭法官见到他很是尊敬。谭法官告诉父亲，有人又写了控告信，告父亲买通了法官，放走了钱江等；还说他奔走权门为罗行贿，现在已另换人审理罗案，并要父亲小心，他们再也不能会面了。

罗静予虽被关押，但上级并未派人来继任厂长，也未免去罗的厂长职务。这么大一个厂，日常事务也是不少，一般由父亲代替罗静予行使权力，但重要的事还是要向罗静予报告，按其意见处理。因此，每周父亲与王仲宣都要去看望罗静予，理由是与厂务有关，这也让父亲的营救行动更加有的放矢。

父亲通过老同学、担任国民政府国库署署长的杨绵仲介绍，找到了军法处处长刘慕曾。刘慕曾也是父亲的崇拜者之一，又有杨绵仲从中相助，答应帮忙。为避免泄密，父亲对外守口如瓶，并放空气：将应台湾之聘去搞普通话教学，暗中为罗奔走。

父亲得刘慕曾的暗示：罗案久查无据，只要原来联名控告的人翻供，哪怕只有一人，事情就好办了。演员在控告信中签名的有董霖，他在重庆时与父亲同住一室，也有感情。董霖从上海来南京，到我家闲谈。父亲顺势谈到罗案，指出所有的控告都是假的，控告不实要反坐，后果很严重。董一听，大为紧张，问：那该怎么办？父亲顺势要他登报发个声明，说他是被别人利用的。于是，回到上海后董霖就在报上登了启事，说：是别人偷了他的图章盖在控告信上，他对控告信不负责任。接着，另一个女演员也登了启事。父亲连忙将报纸送往军法处备案。这对揭露控告信不实起了一定的作用。与此同时，周恩来得知罗静予被捕，亲笔写信给郭沫若，要他设法营救，郭沫若和党内外知名人士一起，呼吁国民党当局释放罗静予，对营救行动起到了很大的推动作用。

1947年3月，坐了五个月大牢的罗静予被无罪释放，营救行动取得圆满成功。

罗静予出狱后，萌生去意。他向陈诚提出辞职，陈不许；地下党领导人阳

　　　　　　　　　　　　　　民国风华：我的父亲黎锦晖

翰笙也认为留下有利于斗争，罗静予只好留下。但他去意颇坚，要父亲帮他想想办法。因为父亲是二姐的义父，罗静予原本和父亲的关系是尊敬多于亲密。父亲不朋不党，罗是技术型的专家，两人颇有些"君子之交淡如水"的意思。但经过营救事件后，罗静予对父亲的态度大为转变，结下了深厚的情谊。

父亲通过二姑找到朱仓洛医生，出具证明诊断罗在狱中患上了肺结核，罗因此获准暂时离职休养，厂务由副厂长王瑞麟代理。9月，二姐从美国归来，从上海虹桥医院弄到了一张肺病三期的假证明，使罗入虹桥医院休养。直到1948年，中电改由后方勤务部特种勤务署建制，另派袁留莘任厂长，罗静予偕黎莉莉应英国文化协会之邀赴英讲学，并受法国、比利时之请考察电影业，直到北平和平解放后才奉命回国。临行，他再三嘱咐父亲要保全厂里的机器设备。

我家本不富裕，又为营救行动花光了积蓄，罗静予出狱后看在眼里，知道父亲绝不会接受他金钱上的报答，就以厂长的名义和父亲同赴上海，为美国米高梅影片公司《大地》《泰山得子》二部影片配译，罗译意，父亲写词，舒绣文旁白配音，这样使父亲赚到了一笔不错的收入，饭桌上终于重现了肉菜，母亲居然还添了一点儿金饰。

三

新上任的厂长袁留莘是励志社分子。他上任伊始就全力挽留父亲。父亲是电影厂的五朝元老，办事能力强，为人不朋不党，不争权夺利，在厂里颇有人望。父亲一为生计，二答应罗静予要保全机器设备，便留了下来。

电影厂改隶国防部新闻局，新闻局派文化特务蒋星德来厂编导拍摄《共匪暴行实录》《共匪祸国记》，且严令限期完成。副厂长王瑞麟是中共地下党员，受党的指示要破坏"反共"影片的拍摄。王思来想去，未得善法，就来找父亲商量。父亲思索良久，给出了"拖、乱"的办法。所谓拖，借口器材不足要重新购买，旧器材要维修等；所谓乱，就是以假乱假，让观众一看就是假的，达不到他们想要的效果。王瑞麟听后茅塞顿开，拜谢而去。

1948年5月，《共匪暴行实录》《共匪祸国记》两部纪录片拍摄完毕，奉命改名为《血泪篇》。审片时，新闻局的审片官勃然大怒。原来，影片上的树木流水房舍庄稼一看就知是江南，解说词却说它是东北；解放军的军服是国民党的军服，帽檐上居然是"青天白日"，观众哪会相信这是"共匪"？里面刻意拍摄的"迫子杀父""逼父奸女"等等画面，更是让人一看就是伪造的。后来影片未映即销毁，袁留荦、蒋星德被上司一顿臭骂。

虽是父亲的巧妙安排，但这事并未波及父亲，也未波及王瑞麟。此时的国内局势剧烈变化，解放军在全国多个战场上展开战略反攻，国民党的统治摇摇欲坠。7月16日，襄樊战役结束，第十五绥靖区司令长官康泽被俘；21日，晋中战役结束，第七集团军司令赵承绥被俘；9月12日，辽沈战役结束，四十七万国民党军被全歼……解放军胜利的消息一个接着一个，国统区的人民都明白国民党气数已尽，国民党的大小官僚们更是惶惶不可终日，高官巨富们早早就做好了准备逃往香港或台湾，这时的国民党政府也没心思搞什么电影了，特勤署经常派人来索取电影器材，然后卖掉以中饱私囊。

父亲想到罗静予的嘱咐，心急如焚，想到只有拍戏，才能控制住设备。此时父亲奉调回上海，担任上海厂的编委主任。回上海后没有房子住，暂住在摄影棚里，正是冬天，摄影棚四处透风，一家大小都冻得哆哆嗦嗦。安顿下来后，父亲就与田琛合导《悲天悯人》，还聘请厂外演员张帆、梁萍担任女主角。这是父亲第一次担任导演拍摄影片。他拿出积蓄，变卖首饰，让演职员在自己家里开餐，夜以继日拍摄。影片才拍到一半，1949年4月28日中电代理厂长卓世杰带了一批荷枪实弹的士兵，连夜将设备与未完成的影片一起运往台湾。父亲带人阻拦，卓世杰竟拔出枪来威胁父亲。

1949年前夕，厂里的人心很乱，何去何从是大家考虑最多的。每日大家不约而同地在摄影棚前聚会，议论纷纷，你一言，我一语，有的人害怕共产党秋后算账，要去台湾；有的人则拿不定主意，去留两难。有人对父亲说：别人不走没什么问题，你留下来将来会有麻烦，你作的《桃花江》《毛毛雨》共产党是最痛恨的。父亲也不是不知利害关系，对这个问题也曾反复思考过。父亲身处人民饱经战乱、怨声载道的社会之中，对国民党政权腐败看得最深、感受

　　　　　　　　　　　　　　　　　　　　　　民国风华：我的父亲黎锦晖

也最深，此时对共产党建立的新中国寄予厚望。但想，只要政治清明、国富民强，个人的利益算得了什么呢？父亲从来是小事糊涂，大事精明，所以尽管"中制"的国民党人士一再威胁，卓世杰亲自做工作让父亲和他一同逃往台湾，父亲还是不为所动，一心一意留下来护厂护设备，等待解放军解放上海。

1936 年至 1949 年的 15 年间，父亲用他的笔满腔热忱地歌颂中国人民的抗日战争，并为中国进步的文艺事业尽力，表现出了他一贯正义的决心和勇气。

四

父亲于 1967 年逝世。他逝去后，母亲却很意外地延续了营救罗静予的行动。

罗静予夫妇于 1949 年 4 月回到北平。新中国成立后，罗静予历任文化部电影局技术委员会副主任兼制片处处长、中国电影器材公司经理、北京电影制片厂总工程师等职，参与北京电影制片厂和北京电影洗印厂的筹建、南京电影机械厂的改建，并创立了保定胶片厂和哈尔滨照相器材厂等。

"文革"期间，罗静予被国民党关押的那一段历史又被人翻了出来。这段历史本来组织上是有结论的，但罗仍被打为叛徒而受到极其残酷的迫害，这是母亲做梦也没有想到的。

母亲回忆道："'文革'期间，北影、上影，都曾经向我了解罗静予，我也都作了如实的证明。1968 年我去北京，见到罗静予，也见到了张振华老太太。她说：'在南京的事你都知道，也只有黎先生和你知道。'我说：'你放心，我会说事实真相的。'没几天老太太就故世了。我再三要罗静予顶住：'因你对党一片忠心，是经得起审查的。锦晖死了我还在，当时的事历历在目！'可是，罗静予也莫名其妙地离开了人间，这是一个极大的悲剧和损失。"

1970 年 1 月 26 日，二姐黎莉莉接到北影厂"红色政权"公告："罗静予不见了。"就这样，罗被迫害致死，直到八年后的 1978 年才得以平反。母亲为罗的被诬案作出了自己的最大的努力，但仍是未能改变罗的命运。

『洗心革面』又八年

第十八章

一

1949年5月27日，上海解放。6月，上海市军管会接管了中国电影制片厂，11月，上海电影制片厂成立，设立音乐组，组长王云阶，副组长朱践耳、谢云霄，父亲是成员之一。父亲和全厂职工一道，投入了政治学习。学习的内容主要是毛泽东主席的著作，如《四分五裂的反动派为什么还要空喊"全面和平"》《南京政府向何处去》《别了，司徒雷登》《唯心历史观的破产》等。这些文章都有很强的针对性，意在提高父亲这样的旧式知识分子的政治觉悟，帮他们"洗脑""洗心"。

新中国的成立，让父亲很兴奋。1949年6月26日，父亲在致大伯的信里说："近日参观解放军文工团演出歌舞，与弟二十年前所创者有一部分大同小异，致起'冯妇'之心，拟作东山再起之举，尚祈指教。"

40 年代以后，父亲几乎完全中断了音乐创作，除了给《虎符》配曲，值得称道的作品寥寥。新的中国以一种全新的姿势屹立东方，让父亲久已沉寂的心又活跃起来，所以他起了"冯妇之心"，企望焕发音乐创作的第二个春天。

写这封信时，父亲还没有受到批评，心情没有受到影响，才有了以上的言语。随后厂里组成了由来自老区的文艺干部和学习小组成员参加的帮教小组，到了 1950 年，随着"帮教"的深入，专门负责"帮教"父亲的帮教小组要他就过去的歌曲作出检查。这时他的倔脾气开始发作，负气跑到中华书局买下自己过去的作品集，打成捆背到电影厂，让厂方——检查。帮教小组成员批评他态度不端正，没有深刻认识自己的错误，父亲气呼呼地说："为啥写这些歌曲？假使我不写，也有人做。"但无论父亲如何倔犟，大形势仍不是他所能逆转的。在 1950 年 7 月上海第一届文代会上，父亲被迫在会上作检查，他说："我作了很多黄色歌曲，是首恶必办，应该枪决。现在党信任我，没给我处分，我要认真学习、改造，脱胎换骨！"连"应当枪决"的话也说了出来，可见帮教的力度之大。

帮教的成果，可以在父亲于 1950 年 3 月 11 日完稿的《我的履历书》（实际上是检讨书）里，清楚地看出来：

> ……从军管会接管起，学习了八九个月，对于"自我检查武器"的使用还没熟习，自觉有如下缺点：一是明知过去"服务时期"那一阶段的努力工作是为名为利，简言之是为生活，但是总觉得我自己有一个"光明的抱负"，是为着"革新教育""推行共同语""提倡平民文艺"，动机是善良的，就是有些偏向和错误，不妨"原谅"。二、明明知道过去"走入歧途时期"那一阶段，作品风靡一时，那是一种罪行，反不自责而觉得自己的右手举起一面"有伤风化"的盾牌来向着国民党，左手举起一面"麻醉青年"的盾牌向着共产党，"来打吧，老子不怕"，这简直是一种愚蠢可怜的流氓行为，自以为是英雄好汉……三、自以为从来不嫖，不赌，对于爱人以外的女性不曾犯过苟且行为，在上海十几年，从来不曾在舞厅中跳过一次舞，自以为社会服务直到目前，从来没有贪污过一个不应得的钱……

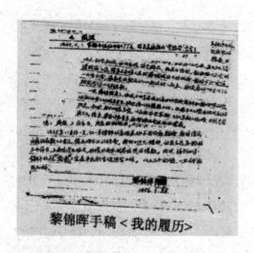

《我的履历书》手稿

　　父亲在专列的"走入歧途时期"一栏里，列举了自己 1932—1935 年间的错误行为：一是研究 Jazz 和美国影片中的"大腿舞"；二是研究"业务经营方法"；三是结交了一班商人和花花公子；四是对"九一八""一·二八"等一些国难不大注意。

　　母亲在《黎锦晖的后半生》的回忆录中也说："一解放，解放军进驻了电影厂，由老区来的文艺战士和其他音乐人士等组成了帮教小组，对锦晖开展了为期两个月左右的思想帮助，由此写下了《我的履历书》。"母亲说是"帮教"了两个月，父亲说"学习"了八九个月，两个月也好八九个月也好，从父亲所言看来，触动还是很大的，把自己一直高举的"平民音乐"的大旗也否定了，甚至承认自己"有伤风化""麻醉青年"。解放以前国民党这样批判他，左联也是这样批判他，他都没有屈服，但解放后短短几个月的时间，父亲就有了这样的"认识"，可见"帮教学习"的力度是不小的。

　　1949—1957 年的八年中，父亲学习的时间远远多于工作的时间。父亲在 1956 年 3 月 28 日写成的《干部自传》中这样描述：

　　（1949 年）11 月我厂成立，参加音乐组学习小组，检查思想，送经何世德、朱践耳、王云阶各同志的帮助，比较深刻地认识过去写作流行歌曲麻醉青年的错误（当时《大公报》曾详载讨论过程情况）。6月初在上海第一次文代会上发言，并在报上发表了两篇自我检讨和感想。1951年春，调到翻译片组工作后，继续学习政治经济常识及政策……1952年6月参加思想改造的学习，检查错误，挖掘坏根。我对自己的思想意识，分析有些偏差，后来才逐步纠正。1953年出席第二次文代大会，通过首长报告的启示和同志们的帮助，获得相当的认识与知识。1954年田汉同志在沪，纠正我"妄自菲薄""怀疑音协的领导有宗派观念"的种种错误。1955年至今，我在译制片小组学习，增进了一些具体的认识，加强了努力自我改造，提高思想水平意识。……

　　……最近学习了党对知识分子的报告，获得了进一步的体会和觉悟，我自信我能结合学习和工作，再多次深刻地进行检查我的思想，早日申请入党，直接受党的教育与改造。

　　以上的文字很有时代特色。父亲不仅学会不少时髦的名词，"多次深刻地进行检查我的思想"，还想"早日申请入党"。以前父亲和大伯黎锦熙一直坚持不群不党的为人原则，不能不说这是一个显著的变化。

　　老实说，抄录父亲的这些文字，我心里很不是滋味。那时我十几岁的年纪，几乎每周都陪他去听京戏，看芭蕾、音乐会和电影，以排解他心中的郁闷。我知道，"首恶必办，应该枪决"虽有负气的成分，更多却是被逼的。至于"早日申请入党"，那就是假话了。父亲一辈子不仕不党，解放前不想加入国民党，解放后也没想加入共产党。要想入党，早在30年代在上海就加入了，也不用等到现在。

　　在八年的学习过程中，父亲明白了不可以抗拒，只好顺从地接受了，多少有些逆来顺受的况味。相比父亲，母亲更富于生活的智慧。记得50年代初，他的作品主要交由广益书局出版，很快书局接到了内部文件，称父亲的东西不可用，"广益"也随之被并入四联出版社。当时上海的一些滑稽剧团，时常采用父亲的曲调填词说唱，一天，电影厂的驾驶员悄悄跑来告诉母亲："黎太太，滑稽剧团接到文了，不许再用'黎调'。"母亲从这些□□中看到了暴风雨的前奏，多方规劝父亲。父亲对母亲从来都是很信服的。□□的顺从，多半是母亲的功劳。

直到 1956 年 3 月，时任国家副主席的刘少奇在听□文化部副部长钱俊瑞、陈克寒、刘芝明、夏衍等汇报后说："我们是否有歌□史？有！《葡萄仙子》《麻雀与小孩》都是不错的。……把这些编成歌剧，□□黎锦晖起，不要轻视黎派的创作。"此话传到上海，父亲的境遇才有所好转□

父亲这后半生，每当危难时刻得以安稳度过，多亏有了□□。要是没有母亲，父亲以及我们这个家庭，不知要遭受到怎样的暴风骤雨□□50 年初父亲最初的抗争过后，他虽然在政治上进步总是"不快""缓慢"，□□也没有抗拒对他的批判，也就没有遭受到严厉的打击和组织处理，生活得以□□□，我们兄妹也得以健康成长。

二

1950 年，华东音乐工作者协会成立。父亲想去登记，又怕人家不要他，很是犹豫。母亲就劝他：不管他们要不要，登记总该要去的，有什么可怕的？父亲想想，是这个理儿，就让母亲陪他到了登记处。父亲刚写下名字，工作人员立即殷勤招待，父亲后任华东音乐工作者协会会员、执行委员，儿童音乐工作者协会会员。没有意料中的蔑视与冷漠，这让父亲很是激动，回到家就写下《解放军是人民子弟兵》刊登在《解放日报》上，电台还进行了教唱。以后抗美援朝时期又写了不少儿童的歌，如《省下零用钱捐飞机大炮》《给谁挂红花》等等。

1950 年 3 月后，父亲调上影译制片厂任录音师。工作交接时，同事善意提醒说，复录工作很累、很复杂，既无名也无利。父亲回来对母亲说，无名无利都不在话下，就是不懂得怎样复录。父亲接手的第一部影片是《蟒魔王》的录音工作。工作结束后那天，父亲迟迟没有回来。母亲不放心，安置好我们兄妹，就到弄堂口去等他，父亲到很晚了才回来，一见面，他就笑嘻嘻地对母

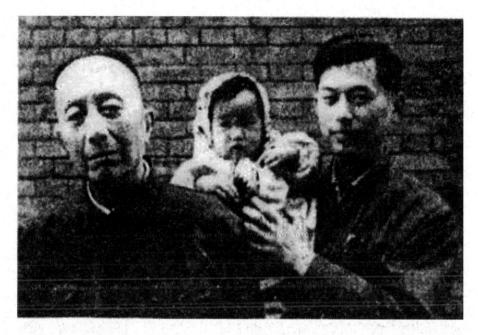

60 年代的父亲和子女合影

亲说："太简单了，一点不费事就完成了。这工作很好，可以学到很多国家的音乐风格。"六年中，父亲参与复配译制片音乐近百部，经常夜以继日工作。但他感到无比高兴，没有人事纠纷使他烦恼，让他得以把全部精力放在了工作中。

父亲是个勤奋的人，他在工作、学习之余，总也停不下手中的笔，一方面是他舍不下心爱的音乐，一方面也是为了赚取稿费改善家庭生活。1950 年编通俗唱本《梁祝》《白蛇传》，出版新人新事唱本 23 册，选辑民间曲调 800 余首。自此以后更是一发不可收拾。

1951 年创作一批抗美援朝儿童歌曲和小歌剧。

1952 年，一年中出版了 19 本著作，其中《中国人民志愿军战斗英雄故事丛书》由父亲注音 18 本（当时全国推行普通话，对部分书籍须注音后才可出版）。另一本是由他改编的《梁山伯与祝英台》。以上 19 本读物均由上海广益书局出版。

1953 年为影片《葛麻》《拜月记》《练印》作了音乐设计；为《秋翁遇仙记》作词；改编了大量的革命歌曲，交由上海广益书局出版了《新人新事新唱本》33 本。

本来，这两年的生活、工作都是比较平静的，虽然只有父亲一个人拿工资，但有源源不断的稿费，我们感觉都很不错。但突然之间，《光明日报》上发表了一篇文章《改编的新伎俩》，点名批评父亲的《新人新事新唱本》。马上新华书店就不予发行了，出版此书的广益书局遭受池鱼之殃，损失很大。

因为遭到批评，之后的 1954 年父亲没有音乐方面的创作，仅仅写了一篇《聂耳同志在明月社时期事迹的片段资料记略》的文章。到了 1955 年，创作了大量富于教育意义的少儿及群众歌曲。父亲精选其中一部分，由上海儿童读物出版社出版儿童歌曲集《快乐的早晨》一册，含多种儿童题材歌曲 18 首。他在给出版社编辑的信中，表达了他对儿童音乐的主张："我个人认为：儿童歌曲也应重视各式各样不同风格的抒情作品"，对于儿童歌词的写作，"意境宜于开放，不宜过于拘束；取材宜于扩张，不宜局限在小圈子里；正确的思想感情宜加强艺术性；通顺明洁的语言宜符合韵语的规律"。另有一些作品散见于全国各地音乐刊物。又将以前的《国语运动歌》一书旧本找到，依据"北京话语调"改配，旋律进行大部分紧扣新词，歌名为《推广普通话运动歌》，可惜当时未能出版。

1956 年，父亲于 5 月受聘为中国音乐研究所特约研究员，8 月参加由文化部和中国音乐家协会在北京举办的第一届全国音乐周，期间，应中国儿童艺术剧院任院长邀请，担任《小小画家》的艺术顾问，并按要求加上三上老师转变的一场戏，父亲提笔就写"天天睡懒觉，朽木不可雕，读经一团糟，作画兴趣高，有工笔，有白描，有山水，有翎毛，笔调老练，意境高超。十里之内有芳草，我们竟会不知道。仔细看来，仔细瞧，且去推敲"，与原剧内容唱段衔接得天衣无缝，浑然一体，在场人员无不佩服。事后多年父亲告诉母亲，这些唱段来源于传统的锣鼓启发。另外儿艺还演出了《喜鹊与小孩》，两部歌舞剧均于此后两年内灌制唱片、出版单行本。

音乐周期间，周恩来总理在中南海紫光阁宴请与会代表，当郭沫若、田汉向周总理介绍父亲时，周总理紧握着父亲的手，说了这样一段话："锦晖同志，我们有十一年没有见面了吧？在重庆，我们有四五次见面呢……"寒暄一阵，总理话锋一转，说："您受委屈了，有些事我目前解决不了，只能说我们感谢您！"

总理的话一向用词精准，分寸感强。有什么事让共和国的总理都解决不了？这些年我思前想后，大抵琢磨出一点意思来了。父亲一生与人为善、助人为乐，先后掩护过宋庆龄，掩护过邓演达创建的第三党，也多次掩护过共产党人，最著名的莫过于抚育钱壮飞烈士的妻子、遗孤，直到其子女长大成人。这大概就是总理话中所言的"感谢"了。但父亲还是与共产党发生过不愉快的。当年在左联的暗中支持下，聂耳率先发起向父亲的批判，使父亲十几年间都遭到国共两党的批判。解放后，这种批判仍未结束。父亲持续八年的学习，以及只给他文艺九级的工资定级，是不是总理话中所说的"委屈"？

总理问父亲有什么困难没有，父亲连说没有。但总理是个细心的人，也是个洞察力极强的人，当即指示身边的上海市领导，让其多关心、照顾父亲。总理的指示很快得到了贯彻，不久，父亲从原来的文艺九级一下子提高到文艺五级，工资从119元提高到215元，还享受"在职退休"的优厚待遇。有关方面又提出换房子并劝其入党，父亲说："加工资感谢，入党我跟党员标准差得远，搬房子的事免了。"

父亲是个闲不住的性子，虽然是"在职退休"，还是为动画片《胖嫂回娘家》《机智的山羊》《双胞胎》《一个足球队》作曲配乐，撰写《关于儿童音乐》一文，与沙梅、司徒汉、陈歌辛等20余人参加"昆剧观摩演出"艺术委员会会议，主要研讨有关昆剧定谱、定调、定腔等方面的问题。这一年，父亲被选为上海市第二届政协委员。

三

解放后，我们全家迁居四明别墅。四明别墅在上海愚园路576弄，是一个大杂院。那时可用付顶费取得房屋居住权，但父亲此刻家财散尽，拿不出顶房子的大小金条。大姐明晖和姐夫陆钟恩的家在弄内 43 号，住二楼正房间，还有一间亭子间也在她名下。我家的房窄，大姐把她的亭子间转给我们，通过一幢房子各家之间调剂，大姐的用人改住底楼的小间，后晒台改成的一间十来平方米的木房间，就由母亲带一帮孩子住；父亲习惯漏夜写作，三楼亭子间腾给他用，一个小学生用的书桌和一把幼儿园孩子坐的椅子，就是父亲创作的"书桌"，每天等我们睡了之后，他就弯腰躬背地写点东西。搬来此间，我们有兄妹六个，大哥当兵在外，在父亲身边还有五个，夜里几张凳子拼拢，就是我们兄妹睡觉的床，一家人挤得紧巴巴的。就这幢房子来说，王招娣是二房东，大姐是房客，房客再转租，被人叫作"三房东"，在上海话里讽刺味很强，不无触伊霉头的意思，父亲就自嘲说："我是四房客。"

现在我回想起来，倒不觉得如何的困苦、如何的难挨，因为我的家庭非常和睦快乐，把那些苦涩给冲淡了。

抗战时期，大姐曾和我们分别八年，直到 1946 年一家人才重新聚首。大姐是个有大定力、大勇力的人，1934 年，正当她大红大紫的时候，她却选择了和著名的足球健将陆钟恩结婚，三年后，她在《压岁钱》《凤求凰》等影片完成后退出了影坛，从此过上了普通人的生活。她创办了托儿所，实现了其当初培育幼儿的神圣志愿。

转过年，在香港经商的姐夫不幸身患肝癌，治疗无效病故。随后大姐移居北京。1971 年国务院调她担任中央文史馆馆长章士钊的生活秘书。父亲和大姐联系，确知她不回来住了，一家人就搬到二楼，房间约 24 平方米，旁设三件套大卫生间，是整幢住宅中最正气响亮的一间，我们的住宿条件得以有了些许的改善。父亲终于有了他梦中的书桌，不用再坐在小学生用的书桌前搞创作了。书桌置于东窗下，右首搁一小沙发，左边放一张单人席梦思小床，是原住后对门公用公司的葡萄牙工程师迁家时处理的家具。

我家孩子多，仅靠父亲每月 119 元的工资，生活非常艰难。直到 1956 年周恩来总理过问后，父亲的工资才提高到 215 元。时任上影乐团团长的音乐家王云阶专程登门道歉，讲到"人家加工资，没给你加，（因为）上面没指示"。

　　生活困难，父亲有法子，那就是赚稿费。早在 1948 年 9 月，父亲给大伯的信中讲到自己以"制曲写剧"的稿酬贴补家用，清苦则清苦矣，心情却快足宽平："秋凉气爽间作夜工，薄俸虽不足支持负累，然外快不无小补，且制曲写剧之所得丰而洁，不伤廉，授者甘心，受者合法，故弟不辞'冯妇'之讥，又回到自己岗位了。"

　　1950 年到 1956 年，是我家生活过得最为艰苦的时期。1952 年我最小的弟弟在晒台的小木房出生，经济上愈加困窘。每到新学期开学，几个孩子的学费不是一笔小数目，家里拿不出来，父亲就厚着脸皮从单位借钱交学费。父亲当时都六十多岁了，还常常通宵达旦、马不停蹄地工作，连生病都顾不得休息，写稿达到了超量的程度，很大程度上是为了赚取稿费。

　　妹妹明康曾写了《先父晚年生活琐忆》的文章，追忆父亲写稿的情形："……从我记事起，父亲除了外出开会较忙外，基本上已不上班了。他在家的

父母晚年难得的合影

时候，总是伏案写作。有时一天来几个电话催稿子，更有甚者，来者坐等取稿。有时父亲也会通宵达旦地开夜车，而母亲则在一旁陪伴。记得父亲在工作，我们除了静静地做功课外，就是静静地坐着看书、画画，决不走动，决不发出响声，静极了。只要听见父亲一搁笔，我们就会不约而同地长长地嘘一口气，使得父母哈哈大笑。随着父亲年事增高，他就较少动笔，而和我们相处交流的时间就多了。父亲去世前的十多年岁月，据父母说'是一段最为安定的生活'。"

妹妹的这段文字非常真实。父亲的勤奋，也一直影响着我们兄妹几个。时至今日，我们兄妹聚首之时，回忆起父亲的伏案劳形，留下的竟都是欢乐。记得有次家中实在没钱了，米坛盐罐空空如也，我们饿啊，大小几双眼睛都巴巴地看着母亲。母亲正准备外出向人求借，忽然听见楼下邮递员在喊"黎锦晖敲图章——"，原来父亲的一笔 20 元稿费汇到。每遇到这类情况，父亲就打趣地说："我说天无绝人之路吧！"我们一家大小就都笑了起来，欢欢喜喜缠着母亲要吃这吃那。五弟回忆说："父亲还是常常想写一些歌曲，但是都十分小心谨慎，总是寻找报纸杂志上具有革命意义的歌词谱曲，有时只好幽默地说，某某快过生日了，写一曲为他过生日，买蛋糕也。于是 12 元稿费就寄到了家。"

四

父亲非常疼爱我们。我们兄妹七个，五男二女，父亲尤觉不够，常常说"多多益善"，对我们他都非常喜欢。

父亲一辈子从事儿童音乐工作，到老了也童心犹在，充满着童真、童趣。妹妹明康在《先父晚年生活琐忆》一文中有生动的描述，我现摘抄如下：

父亲是一个充满慈爱、童趣智慧和温顺的"好老头"。尽管他和母亲生养了那么多孩子，吃了那么多的苦，可他疼爱每一个孩子。当我弟弟出生后不几天，出现了四肢抽搐，直翻白眼，恰巧父亲有事回家，见状马上

民国风华：我的父亲黎锦晖

抓起电话，请医生马上出诊。别人说："你那么多孩子，又这么困难，不行就……"话没说完，父亲就劈头盖脑地痛斥她一番。孩子有了错，父亲从不打骂，他总是和颜悦色耐心劝解，直到你认错。他从不以父亲的"威严"来摆布孩子的意愿。对于大哥十三岁跟着部队去参军，三哥求学去安徽屯溪师范，小哥务农去新疆建设兵团，父亲既发表自己的意见，更尊重孩子自己的选择，从不强行阻挠。但一旦你选择了道路又吃"后悔药"，父亲就决不答应。三年自然灾害时期，三哥在安徽吃了很多苦想返回上海，父亲就劝我们节衣缩食，不仅从经济上，而且把省下的粮票按月去援给三哥，鼓励他决不"打退堂鼓"。

父亲学识渊博，不论语言文字、地理、历史、数学、外语、音乐、戏剧、美术还是种花、劳作、象棋、烹调……他都懂，但是他从不满足，仍"活到老，学到老"。自从他外出活动减少以后，家中订阅了大量报纸杂志。他时刻关心国内外一切大事，这些都给我们留下了深刻的印象。父亲在学了雷锋事迹之后，正值大哥的儿子出世，父亲为他起名叫"黎锋"即"雷锋"。父亲读了刊登在《收获》上的《欧阳海之歌》后，用红笔写上"必读"，传给我和弟弟，又寄给远在边疆的小哥。

我记得那是1957年的一个秋日。那天我放学回家，正逢爸爸送章锦文阿姨出去。章阿姨原是爸爸组办明月社时的演员，为人淳朴忠厚又弹得一手好钢琴。解放后在一所小学里当音乐教员，每年都被评为先进教师，爸爸妈妈对她特别尊重。爸爸回到家，很兴奋地问我："明天爸爸带你看演出好吗？"我当然高兴地答应了。

第二天，我放学回家后，匆匆吃完中饭，爸爸带我换乘了几次车才来到光复西路第一小学。章阿姨和一群红领巾已迎候在学校门口，他们簇拥着我们来到一间很大的教室门口。章阿姨热情地把爸爸介绍给学校的校长和老师们时，我探头往里一看，教室里被五彩的纸装饰得热热闹闹，教室的前端布置成了一个小小的舞台，置放着一架钢琴，教室的中端整齐地安放着一排排的椅子，前两排空着，后面已坐满了衣着整齐的学生。校长和爸爸亲热地交谈着一起坐到前排的座位上。待大家都坐定下了，章阿姨激动地向孩子们介绍了今天演出的歌舞剧《喜鹊与小孩》的作者——黎锦晖先生。爸爸微笑着站起来，在一阵热烈的掌声中，一位孩子给爸爸系上了红领巾。

演出开始了，喜鹊妈妈带着小女儿上场了。在"飞飞，飞飞，这个样子飞飞，飞飞，飞飞飞……"的熟悉、悦耳的歌声中，母女俩的舞姿是那样轻盈，那样可爱，一下子把我吸引住了。随着剧情的发展，那个把小喜鹊关在屋里的孩子，被喜鹊妈妈因失去心爱的小女儿所陷入的无限悲哀之情所打动，将心比心，感到羞愧万分，终于把小喜鹊放了出来，并向喜鹊妈妈认错道歉，母女团圆，邀请小孩在月明风清中，"大家跳舞吧"。虽然这个小歌剧的情节很简单，场景和道具也很简单，但几位小演员的唱和舞是那么优美和真切，使孩子们在深深的感染中受到了爱与善的教育。

戏演完后，爸爸再次站起来，两眼闪着泪光，热烈地鼓着掌，祝贺孩子们的演出成功。我记得章阿姨从钢琴旁走过来向大家说道："我在孩子的时候也和你们一样，在明月社就演过黎先生的这个节目，二十多年过去了，今天演仍是那样亲切和感人，黎先生的这个歌舞节目是有生命力的。"

演出结束了，爸爸拉着我的手走在回家的路上，我抬头望去，爸爸脖子上的红领巾在夕阳的照耀下特别艳亮，把他的脸映得是那么的慈祥。

……父亲虽然是一个有成就、有名气的高级知识分子，但从来不摆"臭架子"。逢年过节，连那些明月社时的鞋匠，电影厂的司机，医疗站的大姐，邻居不识字的老妈妈都会来看他，与他聊天。甚至邮递员几番上楼来要看看这位"大名鼎鼎的音乐家"，他都热情接待，如同贵客一样。父亲生性开朗，思维敏捷，非常健谈，聊起天来，妙趣横生，常常逗得来访者哈哈大笑。谈到兴奋处，古往今来，海阔天空，常常忘乎所以，全然不顾自己患的支气管扩张。待客人走后，他就连咳带喘，痰中带血，每当母亲责怪他时，他就"虚心接受"，过后又我行我素。

……父亲从来没有对我们进行过什么空洞的说教，他用他的一举一动、一言一行影响着、规范着我们的行为。他是非分明，疾恶如仇；他与人为善，极富于同情心；他热爱生活，思想进步；他认真学习，一丝不苟；他鄙视功利，讨厌哗众取宠；特别是他几经沉浮，但不沉沦……他虽然没有给我们子女留下什么物质财产，但他的品格，他的人格，他对人生积极的态度，他对事业执著的追求，给我们留下了"千车载不尽，万船也装不完"的宝贵的精神财富，他将伴随着我们的人生之路，供我们享用一辈子，受用一辈子。

父亲经常和妹妹明康一起唱歌，他弹琴，明康唱，父女俩其乐融融。特别是创作了新歌，他常常要明康试唱，一如 20 年代他对待大姐明晖一样。比如《小毽子》《姐姐光荣去新疆》，都是让明康试唱，觉得哪里不好，就改改。

父亲还有"特异功能"，眼睛珠转得很厉害，耳朵也像兔子的耳朵一样能动。邻居哪家小孩哭，只要看到我父亲眼睛滴溜溜转，耳朵也在扇动的怪样子，就破涕为笑了。

父亲六十多岁了，还像小孩一样，和他留在身边的最小的三个孩子玩在一起，给他们讲故事。他还作打油诗念给孩子们听，如哪个孩子不爱吃饭，他就说，不吃饭可不好，这叫作"钉子不挂钩，两边挂绣球，三天不吃饭，变个猴子头"。他边说边画，先画一个丁字，画两个圈，表示绣球，然后画张嘴，变成猴子头，画了个瘦脸出来，然后拿给孩子看，说，你不吃饭就变成这个样子。有时候，哪个小孩说大话，他听了笑一笑，然后念一首打油诗："我的力气大无穷，双手举起纸灯笼，门前一张蜘蛛网，一拳打个大窟窿。"弄得小孩都不好意思笑了。我的父亲就是这般有趣。

我们隔壁 608 弄有位李双成，爱好音乐，想得到父亲的指教。他的朋友中有一位跟我的五弟"小五子"同学，由小五子回家把他的情况说与父亲听。父亲听后便说，叫伊写支曲子来给我看看。李双成就用简谱写了一首曲，交小五子带回家。父亲照着曲谱，用钢琴弹奏完毕，自语道，哎，有音乐天赋！随即又作一些改动，根据曲调内容，起了个名字叫《布娃娃》，并在曲谱上批曰："优美的曲子，曲式很完全。"然后让人捎话给李双成：再写支曲子给我看。李又写一首送去，这一下父亲看出他的真水平了，再次让小五子传话，让他从头开始学，还开列了一份包括《作曲法》在内的书目，叮嘱他到图书馆借了自学，并且特别关照要学钢琴。多年后，李双成谈起我的父亲，脸上是发自内心的尊敬。

弄堂里的居民都认识父亲，知道他是儿童歌曲音乐家，也知道《毛毛雨》《桃花江》是他所写，但没有人认为他是所谓"黄色歌曲音乐家"。譬如，住在我家斜对门的开业医生蔡德安，就这样对他说："黎先生，你的歌我都会唱。替黎先生看病，我不能收钱。"

棺未盖而论已定

第十九章

一

　　1957 年春夏，全国开展了整风反右运动。毛泽东于 3 月 12 日在全国宣传工作会议上的讲话说："……不要怕向共产党人提批评建议，'舍得一身剐，敢把皇帝拉下马'，我们为社会主义、共产主义而奋斗的事业，必须有这种大无畏精神。在共产党人方面，我们要给这些合作者创造有利条件。""放，就是放手让大家讲意见，使人们敢于说话，敢于批评，敢于争论……""我们主张放的方针，现在还是放得不够，不是放得太多，不要怕放，不要怕批评，也不要怕毒草"。4 月 10 日，毛泽东特意接见《人民日报》当天社论《继续放手，贯彻"百花齐放、百家争鸣"方针》的执笔者王若水，并严厉批评《人民日报》总编辑邓拓：对最高国务会议和全国宣传工作会议，封锁消息，不发社论。由是《人民日报》摘引毛泽东在 2 月、3 月两个会议上的讲话原话，连续发表六篇社论，为"大鸣大放"鸣锣开道。4月27日，党中央作出了《关于整风运动的指示》，要求全民帮助党整风，整顿官僚主义、宗派主义、主观主义，全国各大报刊都以头版头条披露全文，整风运动迅速在全国开展起来。

父亲通读了《关于整风运动的指示》，深为共产党的气度所折服。敢于解剖自己的人是令人钦佩的，敢于解剖自己的政党同样令人钦佩。此时上影厂的"大鸣大放"运动也如火如荼地开展着。父亲想着，如何为大鸣大放出把力？思来想去，就想到了关于自己的"黄色音乐"的问题。

父亲一直不认可黎派音乐是"黄色音乐"的观点。1950年他做过抗争，现在党鼓励"大鸣大放"，鼓励给党提意见，父亲就有些忘乎所以，要求上级领导重新考虑《毛毛雨》《桃花江》《葡萄仙子》等是否为黄色歌曲，同时接受记者采访，认为《桃花江》是从一首民歌基础上发展起来的，不是黄色歌曲。一篇署名张曙、题为《黎锦晖为"抒情歌曲"鸣不平》的报道随后发表。

明月社在父亲的一生中占据着太重要的地位，承载着他太多的梦想。以父亲天真的性格，现在机会来了，他就想着要重组明月社。5月28日，在给大伯锦熙的信中，他兴致勃勃地写道：

> 大哥：
>
> 　　厂音协整风会（市委与市政协）三部曲，从早八到晚一时，一连二十日，听不少的言论，胜读十年书！我的问题属于学术方面，正拟用书面开列一串建议，交中央参考。强调普及群众音乐，恢复明月社。因为新音乐工作者走的路，幅度窄狭，仍沉溺于洋化，只能算百花之一。明月社育才不少：歌唱有黎（晖、莉）王（人美）周（璇）白（虹）；创奏有耳（聂）艺（人艺）弦簧（张氏昆仲，簧现为系主任，弦之弟子任交响乐长笛手）；其他人才不少，创作（包括写与演）与群众接触不下亿万人，路子很宽，实有恢复之必要。只需要六年，可以使全国四亿以上人民"在普及的基础上提高"，能够"从提高的指导下去普及"，目下没有使广大群众打好基础，不顾人民的习惯与要求，硬塞些不逗人喜爱或仅仅少数人有胃口的作品与群众，显然会收不到良好的效果。恢复明月社，加紧训练人才，开辟

宽幅大路，诚为当务之急。

与赴沪的吕骥和孟波两同志一谈，有些文件亦拟交"九三"参考，旧作必须整理，但歌词大多数不适合现状，必须大修。至于新作，竟难觅出版、演奏和歌唱之人，积压不少，略修即可问世。

弟晖

1957 年 5 月 28 日

大伯给父亲回信道：

二弟：

北京整风也大"放"。明月社恢复可"鸣"，如能实现似宜和领导上、组织上商定其性质和目标、任务。

兄熙

1957 年 6 月 2 日

大伯虽然赞成整风，但他在运动中既没有"鸣"也没有"放"，一是当时他病体缠身，又忙着做学问搞研究，没有时间也没有精力他顾；二是心里总有一丝的顾忌。相比父亲的天真，大伯是睿智的。他身处北京，更能深刻地感受到运动的走向。大伯一度想给他的学生毛泽东写封长信，阐述自己的见解，但冷静下来后终是没写。大伯给父亲的信中，透着谨慎的意思，建议父亲"似宜和领导上、组织上商定"，提醒不可得意忘形而乱"鸣"乱"放"。

5 月 15 日，毛泽东写了《事情正在起变化》一文，认为"右"派分子在进攻。共产党人要让他们猖狂一个时期，让其自我现行。6 月 8 日，中共中央《关于组织力量准备反击右派分子进攻的指示》下达，同一天《人民日报》发表社论《这是为什么》，"反右"运动就此猝然展开。很快，"反右"斗争利用了"大鸣、大放、大字报、大辩论"等"四大"，在大字报中所提的意见甚至可以成为反党罪状。在大字报的揭发下，五十余万人被划为"右"派，受到降职、降薪、革职、流放（返回原籍或下放农村、农场、边疆）、判刑等处罚。

远在北京的大伯揪心不已，担心在上海的二弟已经把信中的行动付诸行动而卷进了风暴中心，他非常后悔给我父亲回了那样一封信，他甚至想，不回那封信或是迟回十来天就好了。

父亲并没有卷进去，这归功于母亲。

那几天，父亲好像被"明月社"魂魄附体了一样，回到家中就大谈特谈明月社，憧憬着恢复明月社之后的美好前景，想着怎么样公开一"鸣"。母亲看得比较深远，甚至猜测到了"秋后算账"的残酷后果，于是就兜头给了父亲一瓢冷水。我们还清楚地记得，那几天母亲对父亲变得非常噜苏，规劝父亲说，你还有一个家庭，一大堆子女，你要是出了事，孩子们怎么办？我怎么办？你不要再走这条路了。父亲冷静下来一想，也觉得母亲说得非常有道理，也就不"鸣"了，由此躲过了一劫。

几十年来，两人携手走过坎坷的岁月，好多次都是靠母亲似乎天生的警觉渡过危局，这次也是一样。

二

转过年，"反右"运动一浪高过一浪，上影厂不少人因此被打成"右"派，受到遣返或流放。父亲看得胆战心惊，自此对母亲更是信服。音乐界开展对"黄色音乐"的批判，父亲在《人民音乐》第三期上发表《斩断毒根彻底消灭黄色歌曲》，违心进行了严厉的自我批判。自此父亲回归家庭，安享天伦之乐。父亲与他最小的子女年龄相差六十岁左右，他常常把笔下营造的童话世界移植到家庭当中，自编游戏、自作童谣、表演手影等，对孩子们百般的慈爱与满足。但父亲的内心还是不平静的。对《毛毛雨》《桃花江》等歌曲的批判给他造成"靡靡之音""黄色歌曲"炮制者的名声仍如枷锁在身。1958 年陈聆群先生在上海访问父亲时，父亲曾说过一句很伤心的话："别人是盖棺论定，我是棺未盖而论已定：是黄色音乐的鼻祖。"这话说得悲伤而苍凉，反映出他内心的绝望。

老实的父亲，不再勤于创作。这一年，他撰写《回忆"中华"和"明月"两个歌舞团的舞蹈》；这一年，动画片《机智的山羊》获罗马尼亚第一届布加勒斯特国际木偶电影节奖状。

1959年10月，父亲应邀赴京，参加庆祝新中国成立10周年观礼活动；为中国音乐研究所提供《黎锦晖的生平、创作年表及其他》文史资料一份；又完成《语调和音调问题》一文，总结了他学习民间音乐和创作的经验、体会，同时，显示了他在音韵学方面研究的成果。这是"黎派"音乐中一个非常重要的内容。黎派儿童歌舞音乐和流行歌曲的广泛流传，就非常得益于歌词的语调与曲谱音调的贴切契合。这一年，父亲的儿童歌舞剧《三蝴蝶》由上海美术电影制片厂制作彩色动画片，片名《三只蝴蝶》。

这年10月，《中国近现代音乐史纲要》编写宗毕，其中对黎氏音乐这样评价：

> 黎锦晖的作品，特别是他的儿童歌舞剧具有重要的艺术价值和历史意义，在当时的中小学音乐教育中发挥了极大的作用，可以说是一种艺术化了的音乐教材……通过黎锦晖的作品，把当时的新思想带给了年轻的一代……黎锦晖的儿童歌舞剧在中国音乐史上是一个创举，他为创造中国的新歌剧作了最早的尝试，给后来的歌剧艺术发展提供了经验。而他最优秀的儿童歌舞剧直到今天也还保有着艺术的生命力。

这个评价，是比较中肯的，也是实事求是的，反映了父亲在中国近现代音乐史的地位和贡献。但《纲要》笔锋一转，又说：

> 自从第二次国内革命战争时期起，黎锦晖离开了进步的道路，堕落成黄色音乐家……
>
> ……毒焰在蔓延，不仅城市青年和市民阶层在传唱《特别快车》、《桃花江》、《毛毛雨》（黎锦晖）和《何日君再来》（刘雪庵），连穷乡僻壤的小学生也大唱其《妹妹我爱你》。黄色歌曲严重地腐蚀着青年群众的道德

品质。

《纲要》点名的五首"黄色歌曲"中，父亲一人就占了四首，可见其"黄色音乐鼻祖"的地位是多么的牢固。父亲听说了，未置一词。这个"帽子"，父亲从二三十年代开始戴起，看样子还得继续戴下去。戴久了，也就习惯了，父亲能说什么呢？父亲于是仍躲在家里和他的孩子们嬉戏，该怎么过活还是怎么过活。

到了1960年，父亲没有任何创作成果。父亲在给大伯的信中这样描述他的生活和工作：

大哥：

　　三年来，弟在美术影片厂担任作曲，领导上关怀备至，工作都力所能及，有时间参加市政协举办的各班学习，并鼓励提供文史资料，加以宿疾暂愈，心神舒畅。永远跟党走，乐享天年。

弟晖　上　一九六〇年二月三日

这封信很有意思，一是向大伯报告了目前的工作生活状况，"心神舒畅"；二是婉转地告诉大伯不用为自己担心，"永远跟党走，乐享天年"。父亲认识到，要"乐享天年"，必须"永远跟党走"，相比之前的天真，有了很大的进步。

1960年，还有一件事值得一说。这年天马电影厂拍摄电影《聂耳》，影片开拍前，剧组带着剧本上门来征求父亲的意见，声称父亲在剧中是"为艺术而艺术的团长"，又说影片所述只是"故事"而已。父亲觉得影片对自己的处理很好，表示接受。但到了7月影片正式上映，上海《解放日报》同步配发社论，其中有一段话称："他（聂耳）用描写劳工大众生活的《扬子江暴风雨》那样雄浑的歌声，横扫了'毛毛雨下个不停'、'桃花江是美人窝'那样的靡靡之音。"借《毛毛雨》《桃花江》指代影射父亲；又从"为艺术而艺术的团长"变成了"恶霸班主"，"恶霸班主"带着歌舞团去劳军大跳特跳"大腿舞"，《聂耳》也就从"故事片"变成批判父亲的"纪录片"。影片上映后的一天，父亲带着全家去观看《聂耳》，放映过程中，旁边座位有人叽叽喳喳议论，议论声飘到我们耳中，说片中的歌舞班主赵梅农就是指黎锦晖。我们兄妹中年幼的只觉得把父亲处理成反面角色比较含蓄，虽然不真实，但还是团结对象，不是反革命分子，没有老坍台，而且因父亲又上电影了，竟有几分莫名高兴。

父亲表面上没有不适意，只是对家里人讲："这是故事片嘛"。但我知道，父亲实际上还是介意的，只是他不说而已。我当年已在上海工作，经常陪他去看芭蕾、听京戏，以排遣他内心的郁结。他聚精会神，偶尔也谈他的见解。他会说俄国芭蕾舞大气，英国芭蕾舞细腻；童芷伶、赵燕侠的唱腔、做功"海派"，吐字运腔好。

另外，明月社的老人们对此也是有看法的。他们私下和父亲闲谈时，都掩饰不住内心对该片编造的不满，反倒是父亲安慰他们，说没关系，不要再说了，免得惹祸上身。

1961 年，父亲仍是搁笔。

三

父亲虽然被打成"黄色音乐的祖师爷"而遭到批判，但仍有许多人关注他、帮助他、喜欢他。这些人包括同事、朋友、街坊，也包括当年明月社的一些老人，甚至当年骂过他的敌人。父亲当年收养的二姐黎莉莉、三姐黎明健更是对父亲关怀备至。我的弟弟泽宁在《忆父亲与郭沫若》一文里，详述了三姐明健和郭沫若先生与父亲交往的一些情况，现摘录如下：

> ……五六十年代，我父亲被选为全国音乐家协会理事，常去北京出席和参加全国文艺界的会议和活动。我父亲每次去北京，只要郭沫若先生知道，他总是要亲自打电话邀请我父亲上他家去做客，而且每次都要派出专车前往饭店去接，因为进郭公馆是很不容易的，一路上有好几个警卫室。
>
> 郭沫若一贯很尊敬我的父亲。……解放后，郭沫若虽身居高位，任政

务院副总理、科学院院长等职，但他仍然很关心很尊重我的父亲。他们之间时有书信往来，有的是纯粹的生活信件，也有工作信件，如有一封是我父亲向郭沫若请教关于太平天国的一个问题。郭沫若读罢转给了范文澜先生。有了结果之后，又回信说自己对太平天国时代毫无研究，交范先生处理了，并附上范文澜给他的信。范文澜让秘书查到并寄上我父亲所需要的资料。我们看了这些信件，都很佩服老一辈这种一丝不苟、认真负责的治学精神。但是许多具有历史价值的宝贵信件及资料在"文化大革命"中全部散失了。"文革"初期，我父母在上海的住处被抄。父亲去世后，"四人帮"仍不甘罢休，还反复抄家，并在全国报刊上开展大批判。我1967年初回沪时，将大抄家遗留的一些信件、照片等转移新疆。可悲的是我在新疆又被抄。至今，宝贵的资料已所剩无几。

五六十年代，我父亲上郭沫若家，郭沫若都要亲自迎送。郭夫人于立群一见到我父亲，更是热泪盈眶，扑入父亲的怀抱。少年时代的于立群漂亮聪慧，曾在我父亲创办的明月歌舞团学艺当演员。我父亲把她当亲生女儿一样宠爱，教她弹琴、唱歌、舞蹈。当时于立群的艺名叫黎明健，大家都亲热地称呼她健健。她同中共早期革命家钱壮飞烈士的女儿、早期歌舞电影明星黎莉莉，我的大姐姐黎明晖，"金嗓子"周璇，早期影星王人美以及人民音乐家聂耳等相继成名的小伙伴们一起，度过了那些难忘的岁月，因而一见到我父亲当然会情不自禁地回忆起自己的少年时代。

于立群也非常重感情。佳节来临，时而也给我父亲写上一封信。记得有一次她随信寄给我家一张"全家福"。她和郭沫若端坐前排中间，夫妇俩都显得年轻而又精神。六个清秀又聪明的孩子围着坐在父母周围。从相片上一眼就可以看出是一个幸福美满的家庭。……

四

到了1962年，71岁的父亲闲中找了个事儿，拟将20年代后期编创、演出过的歌舞剧《长恨歌》重新改摄为影片。他在创作手札里勾勒了摄制提要：

　　　　　　　　　　　　　　　　民国风华：我的父亲黎锦晖

1.活的"连环画"——全部采用连环画笔调；2.旧诗新谱——全部用白居易原作，根据过去发表的曲谱加以整理。但均未实现。

到了 1963 年，父亲的创作稍稍有了一些，但仍是不多。这一年，他继续为儿童创作音乐作品，多带歌舞表演性质，如要求"唱的人不踢，踢的人不唱"的表演唱《小毽子》（郑懿词）；儿童歌舞表演曲《我们暑假过得好》（圣野词），儿童歌舞曲《唱得朝霞照山坡》（沈新民词），幼儿歌曲《好阿姨多又多》（圣野词）。

自此以后，父亲再没有进行音乐创作了。1964 年和 1965 年他的主要精力放在《我和明月社》的写作上。1965 年，父亲因高血压、心脏病，经领导批准在家休养，生活比较安宁。

1966 年 5 月，"文化大革命"迅猛爆发。5 月，中共中央政治局扩大会议和同年 8 月八届十一中全会的召开是"文化大革命"全面发动的标志。两次会议相继通过了《五一六通知》和《关于无产阶级文化大革命的决定》，对所谓"彭真、罗瑞卿、陆定一、杨尚昆"反党集团和"刘少奇、邓小平司令部"进行了错误的批判。5 月 16 日，"中央文革小组"改组，江青任副组长。以后，"文革小组"逐步取代中央政治局和中央书记处，成为"文化大革命"的实际指挥机构。由此，历时十年的"文革"全面发动。

八届十一中全会后，全国掀起批判"资产阶级反动路线"的狂潮，矛头直指刘少奇、邓小平。8 月，红卫兵运动波及全国。10 月，毛泽东主持召开以批判"资产阶级反动路线"为主题的工作会议，点名批判刘少奇、邓小平，强调让群众自己教育自己，自己解放自己。

刘少奇倒了霉，作为刘点过名的父亲自然也逃脱不了。1966 年，《人民日报》《解放军报》《红旗》杂志发表评论员文章《沉渣的泛起——看刘少奇吹捧的黎锦晖何许人也》，点名批判父亲是"黄色音乐的祖师爷"。很快，我的家就被红卫兵抄了，有关书籍文稿资料，全被搜缴，"文革"结束后我们也没能要回来，从此不知下落。

"文革"甫起，父亲就有预感，估计自己在劫难逃。那些天，父亲老是心神不宁，避着我们和母亲说悄悄话，母亲安慰他，那么多年都过来了，没事的。到了年底，电影厂的红卫兵来到我家抄家，爸爸战战兢兢，坐在那里一动不动，我们兄妹缩在角落里，大气不敢出，倒是母亲出奇地镇静，你来我往地和抄家者应答。

老实天真的父亲哪经过这等阵势啊！哪怕在抗战期间，我们一家的生活虽然清苦，但也没有经历抄家之变。经过这一次的惊吓，又每日心惊胆战看着街坊和同事一个个被拖出去批斗，流放的、自杀的消息时有传来，老友、兄弟间也多遭磨难，甚至连罗静予、五弟黎亮也未能幸免，父亲忧惧交加，终于支持不住，自此一病不起，身体日渐虚弱。

1966年，上海的冬天特别寒冷。父亲躺在病榻上，盖上被子还冻得直哆嗦。那年上海住户均不准生炉取暖，否则就是资产阶级生活方式，且满上海也买不到取暖的煤。父亲又冻又病，转过年，病情越来越重，终至因受冻而导致心脏病发作。父亲发病之初，发烧咳嗽，同弄蔡医生来诊视，开方后速命往静安寺药房配药，服后，父亲平静入睡。至2月11日，父亲吐血不止，蔡医生再来，诊断后急说已入危急状态，母亲叫了救护车，把父亲送往延安医院。我和大哥把他抬上救护车时，他已人事不省。时值愚园路翻修，沿路坑洼颠簸，救护车进入医院，父亲已经没了知觉，虽经抢救，延至2月15日，父亲嘱咐家人将遗体献给祖国的医学研究单位后，在母亲的怀里咽下最后一口气，恋恋不舍地闭上双目，终年76岁。

父亲去世后，单位为他举行了小型的追悼会。参加追悼会的除了家人，只有好友黎鹤凌、王人艺等寥寥数人。大伯锦熙的女儿泽瑜适来上海治疗眼疾，得以参加。

"棺未盖而论已定"，父亲走得不甘心啊！

明
月
曾
照
彩
云
归

第二十章

父亲去世后不久，又被戴上了刘少奇资产阶级文艺黑线人物的大帽子。刘少奇曾说："我们是否有歌剧历史呢？……是从黎锦晖起。"刘少奇作为曾经的白区领导人，对《葡萄仙子》《麻雀与小孩》等黎派歌舞在学校、在社会上的影响知之甚细。但这话却惹恼了江青。江青一直认为，她指导的歌剧《白毛女》才是中国的第一部新歌剧。

1967年，江青在文艺界的写作班子"中国音乐研究所"发表文章《看，周扬吹捧的"黄色音乐"祖师爷黎锦晖是个什么东西？！》。文章说：党内头号走资派刘少奇给旧文化部指示叫嚷"歌剧祖宗是黎锦晖，是父亲，《白毛女》是儿子"。周扬真不愧是刘少奇的忠实奴才，公然把黎锦晖捧上全国音乐周的主席团，贩卖"黎派歌剧"，并把他的大毒草塞进社会主义的舞台。田汉之流秉承他们主子的意图，竟然把黎的大毒草列入"五四以来的优秀作品"。让我们揭开黎锦晖的画皮，他贩卖的"亲爱、仁慈、善良、诚实"，"自然界、动物们、植物们，大家相爱，亲如一家"和刘少奇鼓吹的"阶级斗争熄灭论"、取消阶级斗争多么一致！这是他们复辟资本主义罪恶滔天的政治阴谋！……黎锦晖是第一个把欧美"大腿舞"搬上中国舞台的文化买办，是为国民党反动派、为帝国主义服务的反动文人！

与此同时，鲁迅 30 年代写的《沉滓的泛起》被两报一刊转载，造成对父亲的大批判，家中再次被抄，连弟弟泽宁带往新疆的部分资料也被抄走，自此，这些资料我们再也没有看到过，随着岁月就此流失了。

江青恨父亲，恨到了一种不可理喻的程度。曾采写《黎锦晖为"抒情歌曲"鸣不平》的记者被打成"右"派。有一次，她听样板戏《红色娘子军》的插曲《我爱万泉河》，听着听着就大发脾气，责骂作曲者，你的音乐简直就是黎锦晖的味道！

父亲去世后，母亲带着孩子们艰难度日。好在我们兄妹陆续长大，帮着母亲分担家庭的担子，一家人虽然清贫，却也平安宁静。此后十几年间，父亲一直顶着"黄色音乐祖师爷"的帽子，在死后仍不得安宁。

浮云终不能蔽日。1991 年，中国音乐家协会、文化部等八个单位联合举办的黎锦晖诞辰一百周年纪念会在北京召开，在父亲去世 24 年后，历史终于给了父亲一个正确的评价。

2001 年 11 月母亲应邀参加了文化部主办的纪念黎锦晖诞辰 110 周年学术研讨会，母亲真正感受到："冬天已经过去，春天不会太远了。锦晖去世将近 40 年了，竟然还有这么多海内外的、素不相识的专家学者、领导和与他同时代的民众为他讨取公平和公正，我想，锦晖在天之灵一定会安息了。"

在这次会议上，与父亲同时代的左翼音乐家周巍峙即席发言，引起了所有与会者的高度关注：

　　我们对过去很多音乐界的情况、历史的发展、人物的研究都缺乏必要的知识和系统的研究，在某些方面表现得很幼稚。"左"的思潮影响，在三十年代就有。当时所谓"学院派"，就是资产阶级；还有，将任光叫买办音乐家，而有些作品如《春天里》《四季歌》叫小资产阶级情调，或者叫没落情调的表现……所以，各种各样的人或事，排上这个队以后，除了"救亡派"，天下都是资产阶级。带着这种偏见，对排上这个队的人，或者不屑一顾，漠视他的历史作用，或者加以夸大、攻击。我的"有名"文章《批判黄色音乐》就属于在政治运动中说了错话的，应该加以分析，不要使它流毒人间。

周巍峙的这个发言让我们很感动。多年来，批评、攻击过父亲的人如过江之鲫，但勇于自我批评的人却寥若晨星。在那个疯狂的年代，周巍峙不得已批判父亲，实属正常，但他能坦承"说错了话""不要使它流毒人间"，这就很难得了。

接下来，周巍峙评价父亲道：

黎锦晖先生的创作，应该更明确地说是在中国音乐的普及方面，并且产生了非常大的作用。黎锦晖音乐的影响，是很难精确估计的。他以音乐宣传民主思想、平等思想、父爱思想、劳动观念，很深入人心。

同样在这次会议上，对三四十年代流行音乐研究有独到见解的学者、《解语花》的编者吴剑发言道：

有人至今坚持说"当时国难当头，《毛毛雨》之类流行歌曲的流行不合时宜，消磨人们的斗志，不利于抗战"，这种说法是把流行歌曲的功能扩大化也简单化了。抗战八年还没听说过哪一个人原本是抗日的，因为唱了流行歌曲就不抗日了。相反，许多抗战的勇士、志士，同样喜欢流行歌曲。我选编的三本三四十年代的流行歌曲集——《解语花》出版以来，收到了1000多封读者来信。在向我倾诉他们如何喜欢这些歌曲的读者当中，这样的朋友大有人在。其实，在国破家亡的年代里，人们都有一个他自己的一个心灵的、情感的世界。人的情感是复杂的，一个浴血奋战的人也需要爱，也有个人的情感需要倾诉，要寻觅知音，要和心爱的人交流，不能要求人们只唱"大刀向鬼子们头上砍去"。

吴剑的发言说明人的情感需求的多样性，音乐欣赏的多样性。唱流行歌曲怎么了？它不但没有不利于抗战，反而能及时有效地疏导、抚慰勇士、志士们的心理。小民们需要爱，浴血奋战的人更需要爱。《毛毛雨》歌颂的爱情是为大众所需要的，所以它也为大众所喜爱。从这个意义上来说，《毛毛雨》在中国流行音乐发展史的开创性地位是不容置疑的。

音乐史家刘再生发言说：

> 历史在评价人类功绩时，更着眼于文化的价值。历史需要总结人类是怎样在物质文化和精神文化不断创造的基础上，一步步走向更高级的社会形态。所以（历史）对人的属性的了解，往往胜过人类自己。它对普通人而言，是常常淡出政治的，它不会挑剔某一个人在某一个时期，说过某一句错话或做过某一件错事，而是看重他在文化上的创造，为人类留下了什么值得保存的遗产。

刘先生的发言高屋建瓴，一语中的。回想父亲几十年来所遭受的批判，共产党也好，国民党也好，甚或是醒狮派诸人，无一不与政治有关。终于等到"淡出政治"了，斯人已逝，斯魂已杳。好在"历史在评价人类功绩时，更着眼于文化的价值"，父亲的功绩，是谁也抹杀不了的，岁月愈久，愈显厚重。

2005 年 9 月 30 日，时任国务院副总理的李岚清在《文汇报》上发表《中国近现代儿童歌舞音乐的开创者——黎锦晖》一文，文中写道：

> 黎锦晖是"五四"运动前步入社会的一位音乐家。他所选择的路，许多是前人没有走过的。他除致力于推广国语和改革儿童教育等外，在音乐艺术方面有着一系列的创新和建树。他开创近现代儿童歌舞表演曲和儿童歌舞剧的崭新体裁，创办第一所专门培养歌舞人才的学校，编写流行通俗

歌曲等等，无一不是 20 世纪我国音乐史上的创举。

　　艺术的发展和繁荣需要创新。环顾古今中外的音乐史，我们发现举凡受到后人重视和研究的人物，最主要的是他的作品对社会产生了积极的影响，特别是做出了有利于音乐艺术发展的开拓性贡献。今天我们依然重视和研究黎锦晖，也正是因为他在我国近现代管乐史上做出过开创性的贡献，特别是开创了近现代儿童歌舞音乐事业。尽管他生前身后毁誉相随，我们还是要很好地借鉴和发展他在这方面的贡献，以改进我们的儿童音乐教育，进一步提高素质教育的水平。

　　李岚清高度评价了父亲的成就，说父亲"最主要的是他的作品对社会产生了积极的影响，特别是做出了有利于音乐艺术发展的开拓性贡献，特别是开创了近现代儿童歌舞音乐事业"。强调"要很好地借鉴和发展他在这方面的贡献，以改进我们的儿童音乐教育，进一步提高素质教育的水平"。文章在结尾写道：

　　　　我由此想起了德国音乐家勃拉姆斯对"圆舞曲之王"约翰·施特劳斯的评价："他总是能够不断地创造一些新东西，这就是他和我们最不一样的地方。"

　　李岚清在他 2010 年出版的新书《李岚清音乐笔谈》和各地演讲中，都称黎锦晖是中国儿童歌舞剧创始人和中国流行音乐的开拓者。2005 年 10 月，他在无锡谈及现代时尚的音乐剧时说："中国早就有了音乐剧，黎锦晖的儿童歌舞剧就是音乐剧。"2007 年 12 月 24 日，李岚清以"音乐·艺术·人生"为主题，在国家大剧院为参加"打开艺术之门"活动的师生举行了首堂讲座，在讲座中，他不但亲自演唱了由刘半农作词、赵元任谱曲的《让我如何不想他》，还让他孙女演唱父亲的《毛毛雨》。

　　以后对父亲的介绍就慢慢多了起来，很多人由此而知道了黎锦晖、了解了黎锦晖。在 2001 年播出的琼瑶电视剧《情深深，雨濛濛》里，《毛毛雨》唱响；2006年播出的电视连续剧《周璇》,《毛毛雨》的旋律再度飘扬……

另外再说一个有趣的事儿。《辞海》是中国最大、最权威的综合性辞典，它以字带词，兼有字典、语文词典和百科词典功能。我们无意之中发现《辞海》关于黎锦晖的条目内容，几个版本之间都不一样，变动得厉害。现摘抄如下：

1979年版：曾编演过一些黄色歌舞音乐，如《毛毛雨》《桃花江》等；

1988年版：曾编演过一些不健康的歌舞音乐，如《毛毛雨》《桃花江》《特别快车》等；

1989年版：曾编演过一些不健康的歌舞音乐；

1999年版：全面肯定父亲的艺术成就，再也没有了"黄色""不健康"之类的词语。

现在国内外的学者对父亲的研究，越来越深入，论文、专著每年都有出版。人们也越来越多地了解父亲、喜欢父亲。父亲谱写的那些歌曲，仍受到人们的喜爱，在世界各地唱响，可以说有人类的地方就有父亲的音乐。近年来，中央电视台和上海电视台陆续放映电视片《走进黎锦晖》《音乐宝典》《一百年歌声》《大师》《回忆父亲黎锦晖》和《回家》等，凤凰出版集团推出的《流行音乐一百年》，在海内外介绍父亲。

近年来，父亲的儿童文学和儿童歌舞音乐全集由我弟弟泽荣主编出版发行；父亲的流行音乐集由母亲主编出版发行。凤凰卫视播放了父亲的大合唱《义勇军进行曲》；中央电视11台播放的《凤阳纪》专题介绍父亲改编的《凤阳花鼓》，中国三大男高音在全球巡演中为英国女王献唱，英国女王一边听一边打拍子高度赞赏这首安徽民歌。潇潇和中国电影集团合作在筹划父亲电影"明月星晖"，这部剧本获中国电影优秀剧本奖；美国狮门电影公司也在筹拍父亲电影《明月》。

《大师》说："在他之前，中国的音乐歌舞，从来不曾和人民大众发生那么密切的关系。他的努力，使中国歌舞和音乐走向现代。"

我在百度上输入"黎锦晖"，找到相关结果约311000个；输入《毛毛雨》找到相关结果约71700个；输入《桃花江》找到相关结果约51300

《明月星晖》电影海报

个。对于一个已经逝去 44 年的音乐家来说，这无疑是值得骄傲的。

李敖曾说，中国近世有"三大文妖"——刘海粟、张竞生和黎锦晖，都因超前行为而招来群起攻之，其中黎锦晖被正式解冻承认是最迟的。

逝者已矣。说起父亲的死，母亲至今感叹万分，"还好，他在 1967 年就走了，没有受特别大的苦"。又说，迁居到四明别墅以后的十多年间，是"一段最安定的生活"，言语间不无欣慰。

父亲和母亲的一辈子，是真正爱着的一辈子。自从两人结缡后，父亲再也没有了烦闷、躁动、悲愁等等不良情绪，两人携手共涉险阻，生活遂心适意、朴素宁静，真正做到了《爱的新生》里所唱的"从今我俩一生共守，到老同偕无虑无忧。愿春常在、愿月长圆、愿花常留，更愿我俩爱情万载千年永不朽！"

1987 年，母亲带着我们兄妹将父亲的骨灰安葬在苏州凤凰山。凤凰山状如展翅的凤凰，树木葱绿，风景优美，愿父亲在此歇息，灵魂安妥！

纵观父亲一生的艺术创造和人生历程，可以说，他的作品有些也许谈不上高尚伟大，但他的人格高尚。民国二十多年间，国难重重，却是文化艺术空前繁荣的难得时代，民国风华，尽显风流。黎锦晖把自己的青春年华、聪明才智和金钱财富都献给了中国的歌舞事业，去实现他的"平民音乐"梦想，这是一个伟大的梦想，他的梦想实现了。

黎氏八兄弟简述

附

　　在近代中国历史上，"黎氏八兄弟"是一个传奇，也是一道绚丽的文化奇观。19世纪末20世纪初，出生于湖南湘潭县一个偏僻小山村的黎氏八兄弟黎锦熙、黎锦晖、黎锦曜、黎锦纾、黎锦炯、黎锦明、黎锦光、黎锦扬，为我国的科学和文化事业作出了卓越的贡献，所以也有人赞誉"黎氏八兄弟"为"黎氏八骏"。除八兄弟皆在各自的领域独领风骚外，另外的黎氏三姐妹黎锦珈、黎锦皇、黎锦文亦各有所成。《湘潭黎氏家谱·代序》里说："湘潭黎氏一家十一位子女在辛亥革命成功以后至中华人民共和国成立前后几十近百年间，为人民做出过各自的贡献，大多在中国历史上留下了适当的记载，有的人有极高的学术成就，有的人在祖国的革命和建设中尽了自己的毕生努力和贡献。以一个旧知识分子家庭中而产生了这样一代大多有益于人民，有益于民族，有益于国家，在科学技术、文化教育、文化艺术领域里各自都有着相当高的成就和贡献大的人物，在我们近百年历史上是罕见的。"

一、与主席的师生情

黎锦熙（1890—1978），字劭西，著名国学大师。清光绪三十一年（1905）入县学为附生，次年考入省立中学堂，毕业后就读于湖南优级师范学堂史地部，宣统三年以第一名成绩毕业。1911 年加入同盟会，1912 年与友人创办《湖南公报》，任总编辑。1913 年至 1915 年先后任湖南第四、第一师范历史教员，学生中有毛泽东、蔡和森等。1914 年与杨昌济（杨开慧的父亲）、徐特立、方维夏等创办宏文图书社，任主任，编写课本、介绍欧美新书，用白话文编写中小学课本并引入实用新学知识，是中国教育史上的首创。1915 年任国民政府教育部教科书特约编纂员及文科主任，在全国率先提出推行白话文。此后在北京女子师范大学、北京师范大学、北京大学、西北联大等多所大学任教。他是五四运动后新文化运动的主将之一，是中国白话文运动的先驱，推广普通话并为之奋斗七十年的学者。新中国成立后，任北京师大中文系教授、中国文字改革委员会副主席、中科院哲学社会科学部委员，全国人大第一、第二、第三届代表并参加主席团，第一、第二、第五届全国政协委员。著作有《新著国语文法》《中华新韵》《国语新文字论》等多种，其《新著国语文法》是全国师范学校的必修课，他创造的注音字母、汉语拼音也是全国学校的必修课。

关于大伯黎锦熙与毛泽东六十年的师生情，国内学者多有述及，在此我不赘述。

1913 年，大伯黎锦熙受聘到第四师范任历史教员（1914 年 3 月，湖南公立第一师范学校与湖南省立第四师范学校合并成立湖南省立第一师范学校），当时毛泽东是他的学生。

毛泽东青年时代尊师重教，尤其尊敬"铁肩担道义，妙手著文章"的正直报人。黎锦熙一方面在一师任教，一方面先后创办《长沙日报》和《公言杂志》，后又办《湖南公报》及与一师同事杨昌济、徐特立等创办"宏文图书编译社"，毛泽东给他做助手抄写文稿，就是在这段时间。毛泽东1917年8月23日给大伯的信中有"弟自得阁下，如婴儿得慈母"之语；又1920年6月17日的信中盛赞大伯的学识："弘通广大，最为佩服。"当大伯第一次见到毛泽东时，大伯对他的印象是："毛泽东个子高，沉静儒雅，衣着朴素，言谈之间流露出以天下为己任的气概。"

后来大伯去北京在教育部任职，两人一直都有书信来往。毛泽东从一师毕业后赴京，在北大旁听，并在北大图书馆工作，经常去大伯家拜访，年夜饭也是在大伯家吃的。大伯家的院子里有棵枣树，枣熟的季节，大伯总是送些给毛泽东。那时毛泽东抽烟很凶，手头又拮据，所以每次他来访的时候，大伯总是送些烟让他带回去抽。

他们在一起的时候，或畅谈国家大事，或细研学问。那时出国留学渐成风气，毛泽东认为"赴法勤工俭学"是教育界的"新生命"，也希望留洋历练，同时毛泽东希望他在长沙创办的"新民学会"向海外发展，"看点新东西，学

黎氏八骏（左起：黎锦扬、黎锦光、黎锦明、黎锦炯、黎锦纾、黎锦曜、黎锦晖、黎锦熙 1930 年）

点新道理，研究有用的学问来改造我们的国家"。毛泽东计划去欧洲或日本，但考虑到国内形势，"现在留下来研究本国问题更加重要"，大伯表示赞同。

1919年2月，毛泽东因他母亲病重返回故里。他母亲去世后，毛泽东和张平子、李抱一等创办《湘江评论》，是年7月14日《湘江评论》创刊号出版。为了资助《湘江评论》，大伯汇寄了400元，章士钊汇寄了400元，蔡元培、胡适和我的父亲也汇寄了一些钱，数目不详。

自1919年始，师生俩一别30年，直到1949年才重又聚首。30年间，大伯虽然和毛泽东失去了联系，但一直在报纸和广播里关注他的学生，默默地祈祷他平安地摆脱险恶环境，祝愿他的事业取得成功。在白色恐怖之下，大伯始终保存毛泽东与他来往的六封书信、毛泽东在长沙主编的《湘江评论》以及《新民学会会员通信集》等珍贵文献。抗战胜利后，大伯响应中国共产党建立统一战线的号召，与许德珩、潘菽等在重庆共同发起组织九三学社，团结有名望的知识分子，配合毛泽东在中共的外围开展反蒋斗争。1948年底，解放军包围了北平。国民党军政官员纷纷溃逃，在北京师范大学任教的大伯却无动于衷。北京师范大学教务长黄金鳌几次登门，叫黎锦熙登机去台湾，遭到他的拒绝。1949年北平解放了，全国解放也就在眼前。1949年6月的一天，毛泽东看到北京师范大学代校长汤藻贞（毛泽东的同乡和幼年同学）的来信，便托人打电话给汤藻贞，问他北平现在还有什么老相识。汤藻贞说有黎锦熙、黄国璋等，并说："我叫他们来看你吧！"毛泽东忙说："不要，不要，我去看他们。"面对国民党蒋介石残留下来的一片废墟，毛泽东工作繁忙，日理万机，却仍然抽空亲自登门看望故友。6月17日，毛泽东坐车来到和平门北师大宿舍，大伯已先从家中赶去迎接。毛泽东一见大伯就叫黎老师，大伯感动不已。汤藻贞要家里弄点腊肉招待毛泽东，毛泽东说："不麻烦你了，今天我请客。"毛泽东掏钱让工作人员从饭店叫来两桌酒席，款待老师和几位知名教授，席间毛泽东紧挨大伯就座，直到日落才依依不舍离去。此后，毛泽东几次接大伯去中南海家中叙谈，有时也把齐白石一同请去。有一次荷花盛开，毛泽东还饶有兴味地和大伯一起泛舟共赏。在舟上，两人一边赏荷，一边天南海北闲聊。毛泽东问道："苏美两大国，如何以对之？"大伯答："一个兄弟，一个朋友，都要友好，不要对抗。"毛泽东稍稍沉吟，很快把话题转向了别处。可惜后来世界局势骤变，中国先是抗美援朝，与美国血战三年，后中苏论战又与苏联交恶，几与世界隔绝，经济上一蹶不振。

1949年10月，大伯受中共中央和毛泽东之邀，参加了开国大典。

毛泽东60岁生日时，大伯把珍藏了三十多年的《新民学会会员通信集》和《湘江评论》全部交给毛泽东当作生日礼物，毛泽东十分感动。

不久，毛泽东指定大伯和吴玉章、范文澜、成仿吾、马叙伦、郭沫若、沈雁冰七人共同组成"中国文字改革协会"，大伯被选为理事，后又被选为常务理事、副主席，兼方案委员会副主任和汉字整理委员会主任。这些都是经过毛泽东点头同意的。

此后，大伯便尽其所长，为汉字改革殚精竭虑，作出了重大贡献。正如1958年公布"汉语拼音方案"时，周恩来在《当前文字改革的任务》这一报告里所说："黎锦熙、钱玄同等人制订'国语罗马字'的功劳是不能不承认的。"

1953年的一天，毛泽东派人给黎锦熙送来了不少礼物，并附有中央人民政府办公厅的一封信，信中说，"黎锦熙委员：各兄弟民族先后敬献毛主席、周总理礼物一批，奉命分送给您。人参果一包，阿胶四块，红参一盒，冰糖一块，麝香2支，贝母1包，虫草半斤。并请查收，此致敬礼！"来人还转告了毛泽东的问候，望他多多进补，保重身体。这些关怀，大伯不胜感激。

对大伯的学术研究，毛泽东给予了支持和肯定。早在1950年大伯出任《中国大辞典》编纂处总主任时，毛泽东就有关问题给大伯回信说："劭西先生：五月十七日惠书敬悉。所提大辞典处各点均可同意。并和胡乔木同志说了，他也同意。请用电话和胡同志接洽为荷。顺祝健康。毛泽东一九五〇年五月二十二日。"

在"文化大革命"中，大伯也受到冲击。一大帮红卫兵气势汹汹地来抄家，大伯被逼无奈，只好把毛泽东的六封书信拿出来摆在案上，这才有惊无险。旋即，毛泽东和周恩来指示保护他，还通过毛泽东的表兄、大伯的好友王季范等劝阻红卫兵，不许抄家，更不许去批斗。

1972 年，毛泽东、周恩来得知大伯居住条件较差时，特地过问他的住房问题，使他迁到朝阳门内北小街一个四合独院，他从此有了一个幽静舒适的环境，在这里一直生活到逝世。

1976 年，对于大伯来说是沉痛的一年。先是年初周恩来逝世，后又毛泽东逝世。噩耗传来，大伯犹如五雷轰顶，数日不思茶饭，不久即病，衰弱日盛。1978 年 3 月 27 日，大伯在书房不小心摔倒，竟致不治，享年 89 岁。

二、中国的歌、舞大王

黎锦晖（1891—1967），著名音乐家、儿童文学家，我国儿童音乐和儿童歌舞剧鼻祖，流行歌曲之父，"黎派歌舞""黎氏音乐"的创始人；和大哥锦熙一样，他同样也是新文化运动的骁将。他第一个用白话文并以中国民间音乐为主，创作了大量的儿童歌曲、儿童歌舞及儿童歌舞剧，他所创作的《葡萄仙子》《麻雀与小孩》《蝴蝶姑娘》《小小画家》等儿童歌舞剧是二三十年代全国中小学校的音乐必修课。他 30 年代曾在上海创办明月歌舞社，王人美、黎莉莉、周璇、徐来、白虹以及聂耳、黎锦光等都是他的弟子；他是第一个率团出国演出并取得极大成功的中国文化的传播者。他创办的儿童刊物《小朋友》及发表的大量儿童文学作品风靡全国。他是中国流行歌曲之父，《毛毛雨》《桃花江》等名曲传唱至今。新中国成立后任上海市政协委员、中国音乐研究所特约研究员、上海电影厂音乐编辑。出版的主要著作有《明月歌曲 128 首》及《黎锦晖流行歌曲集》《黎锦晖儿童歌舞剧选》等多种。

三、老三采矿悲情录

黎锦曜（1895—1954），字叔翊，矿冶学家。1917 年毕业于湖南高等工业学校采矿冶金科，20 世纪 30 年代任矿学社主事和《中华矿学杂志》主编。抗战期间杂志停办，上海的经销书店也人去楼空。"八一三"之前，他离开南京，在途中传来南京大屠杀的消息，他一面为死难同胞哀伤，一面又庆幸自己逃过一劫，下定决心留着有用之身为抗战出力。

回到湘潭后，他开始翻译《矿物学教程》《矿床学》等。后来他听说湘潭一带藏有煤、铁矿，顿感到这些矿藏若是开采，对国家、对民众都有大利，于是他利用国外矿床学和矿物学知识，到家乡找矿。他花了五天工夫，先后在中路铺响鼓岭找到了煤矿、在宝塔岭找到了盐矿。他立马赶到长沙报告省政府。省政府也非常高兴，但考虑到开煤矿要长期投资，又在战争期间，日寇朝夕之间或可来袭，省政府不敢投资。他没气馁，辗转又找到一位华侨商人。华侨商人对他的知识和人品都非常钦佩，很支持他的采矿计划，第一笔投资十万。但未等第二笔投资到账，日军攻下武汉，华侨商人吓得逃之夭夭。眼看煤矿投产在即，放弃实在可惜。但若不放弃，谁来支持第二期工程？谁来支付国外的半机械化设备的采购款？好在他的父母深明大义，认为采煤于国于民都有好处，就卖掉二百亩祖地，凑了几万大洋给他，煤矿得以继续建设。

当第一车乌黑的煤块传到地面时，大家欢呼雀跃，热泪盈眶。但没过多久，日军先后攻下临湘、岳阳，摆出一副南下进攻长沙的架势。面对日军的攻势，蒋介石没有信心阻敌，决定坚壁清野。1938 年 11 月 12 日，长沙发生了震惊中外的"文夕大火"，2000 年古城毁于一旦。消息传来，人心惶惶，他不得不停办煤矿，把卖地余款作为遣散费发给矿工。他的"工业救国"的美梦就此破灭。

黎家因为卖地开矿失败，经济状况一落千丈。但祸福相依，解放后的土改运动中，黎家因为只剩下几十亩土地，划分成分时够不上地主，由此而逃过了一劫，也算是不幸中之大幸。

1949 后，他任湖南省工业厅高级工程师。1953 年，他年近六旬，不顾家人劝阻，自告奋勇接受中央有关部门交给的任务，带领一班人去海南岛探矿。第二年，因为跋山涉水、风餐露宿而身染重病，不幸病故在海南的矿藏考察工地。著有《新原子说杂编》《四川井盐卤水的分析》等。

四、黎老四

黎锦纾（1898—1954），教育家。1918 年毕业于北大文科。当时文科由李大钊执掌，他受李的共产主义思想影响较深。1921 年赴上海在他二哥创办的《小朋友》周刊任编辑。当时中华书局选派年轻职员去国外留学深造，他被选中，遂于 1922 年去德国留学，后获柏林大学哲学博士学位。1925 年在德国参加中国共产党，与朱德、邓小平、徐冰同在一个党小组，被选为柏林党小组长。

在柏林，他们党小组的几个人租了一间房同住。房东是一位将军的遗孀，提供食宿，每月收取房租和伙食费。几个勤工俭学的穷学生，囊中羞涩，经常会拖欠房租，有时会拖上几个月。房东并不富裕，靠着收点儿房租生活，房租欠久了她会不高兴，脸色难看，要轰他们走。

有次，又是几个月房租没付，房东火了，坚持要他们搬家。大家急得团团转，邓小平出了个主意，大家凑了点钱，叫黎锦纾去买了几张歌剧《茶花女》的票，还是包厢，又雇了马车，大家团团陪着请房东看戏。按照德国的习俗，这是非常隆重的友好表示。房东愣了半天，然后梳妆打扮得高贵典雅，和大家一起兴奋地去了剧院。自从将军去世，她就再也没有心情去剧院看戏，是中国来的学生让她重新有了看戏的心情。《茶花女》是悲剧，看到伤心处，大家一起叹息伤心。出了剧院，房东怒气全消，痛快地答应再延后房租三十天。这件小事表现了邓小平机敏的应变能力，也让锦纾非常佩服。

1925 年，他因参加德国共产党声援"五卅"运动被德国当局驱逐出境，遂于 1926 年和朱德等人一起入莫斯科东方大学研究成人教育，又拿到了一个博士学位。回国后参加北伐，任国民革命军总政治部教育股长兼武汉军事政治分校筹备委员、武汉中山大学教授，1927 年兼任由宋庆龄倡办的武昌第一、第二、第三伤兵医院筹备主任，北伐战争中收容和接纳受伤官兵三千余人。大革命失败后，黎锦纾长期从事教育工作，对于促进全国平民教育的普及作出了巨大的贡献。解放后在湖南省民政厅任职，后来又担任过湖南省教育局局长。1954 年调北京，任人民教育出版社副总编辑。

五、小五弟舌战洋人

黎锦炯（黎亮）（1901—1981），著名铁道和桥梁专家。他于1921年进入唐山交通大学铁路及造桥工程系读书，毕业后在京奉铁路先后当过见习工程师、工程师和主任工程师。

我国第一个设计建造铁路的是有"中国铁路之父""中国近代工程之父"之称的詹天佑，他于1906年负责修建了京张铁路。他修筑了滦河大桥，却没有修筑滦河铁路大桥。当时滦河大桥年久失修，开滦煤矿外运受到影响，当局想修建一座新的铁路大桥。在30年代的中国，重要的铁路大多控制在帝国主义手中，重要的铁路桥梁，都是外国桥梁专家承担设计和修建的。比利时人欲承担设计和建造滦河铁路大桥，其报价很高。当时还是助理工程师的黎锦炯很不服气，提出由他主持设计，大桥标准和质量可以高于比利时人的设计，而造价只有其报价的三分之一。

听说中国人自己造铁路桥，而且造桥的还是一个毛头小伙子，英、法、比、日等国的专家和记者抱着看笑话、出他的洋相的心态云集现场。专家们抛出一个又一个刁钻的技术问题，他均以流利的英语作答。眼看难不住他，老外们问他的年龄和学历。他说，我1927年毕业，学习和实习了六年，今年29岁。一个法国专家别有用心地笑道："大学毕业不久啊，小小年纪就要造铁路大桥，很像我们法国的拿破仑。"一群老外轰然大笑，都用讥讽的眼光看着他。

黎锦炯淡然一笑，答道："你们西方人才辈出，爱迪生31岁发明留声机，达尔文30岁提出进化论，爱因斯坦26岁写下相对论；在我们中国，甘罗12岁拜相，周瑜16岁拜将，诸葛亮27岁初出茅庐三分天下。你刚刚说到了拿破仑，那你知不知道拿破仑24岁当上准将，25岁当上陆军中将兼巴黎卫戍司令，30岁就成为法兰西共和国第一执政官？中国有句俗话，有志不在年高。"法国专家狼狈不堪，众老外也哑口无言。颇有眼光的管理当局同意了他的"毛遂自荐"，任命他来主持建造滦河铁路大桥。经过艰苦努力，他主持设计并建成了中国北方第一座大型的铁路大桥——滦河铁桥，他也因此破格晋升为工程师。

抗日战争期间，他被日本宪兵队关押，出狱后，在北京大学工学院担任土木系主任兼教授。抗战胜利后，在晋察冀解放区先后任边区政府交通局技正、工业交通学院院长、石家庄铁路局副局长兼总工程师、华北人民政府交通部副部长。因为四十天就主持修复了北平到张家口之间的康庄铁路大桥，为解放区争了气，边区政府授予了他"人民工程师"荣誉称号。新中国成立后，他在铁道部负责设计领导工作（总工），为修铁路踏遍了祖国的大江南北，全国每一条新修的铁路都凝结了他的心血，周恩来总理这样评价他："党内技术权威，是我党的好同志，为我国铁路建设作出了重大贡献。"

六、一本书苦了一辈子

黎锦明（1906—1999年），著名作家。黎锦明 1917 年入北京美术学校。那时他住在大哥锦熙家里，大哥的各种藏书汗牛充栋，他在这里饱览群书，尤喜欧美文艺和五四以来的新文艺作品，萌发了文学创作的冲动。1924 年发表处女作短篇小说《小画家》，大哥锦熙和钱玄同读后认为他应该走文学创作的道路，遂转入北京师范大学学习。在北伐的影响下，他与好友沈从文、郁达夫、丁玲等人一起奔赴上海，先在中华书局工作，在《洪水》上发表《烈火》等 4 部中篇和 11 部短篇，并翻译了《世界短篇小说集》。

1926 年，他在广东海丰中学任教期间参加海陆丰农民运动，亲身体验血与火的残酷战斗。大革命失败后，他化装从海丰逃出，转乘海轮回到上海，住在二哥锦晖的明月社，并参与一些管理工作。30 年代加入左翼作家联盟。"为苦难的人生而写，写人生的苦难"。他以海陆丰农民运动为题材的中篇小说《尘影》，在我国现代文学史上第一次较为全面地反映了党领导下的农民运动和武装斗争，被誉为"中国无产阶级文学第一章"，得到鲁迅先生的充分肯定，先生称赞他是"湘中作家"，并为之作序《〈尘影〉题辞》。《尘影》出版后引起文坛轰动，后来多次再版。

1928 年他赴河南郑州任《朝报》副刊编辑，不久因《尘影》一书被人告发，国民党军警以"煽动暴乱"罪将他逮捕入狱。在狱中遭严刑拷打威胁，使他从小患有的脑病发作，造成精神错乱，后经大伯锦熙的学生、《朝报》总编以及几位教育局长的保释，当局又知道他是同盟会长老黎锦熙的亲弟弟，遂被放出。出狱后，先后任中国大学讲师、河北大学和浙江大学教授。1937年"七七"事变后回到湖南，在家乡从事教育工作和抗战宣传工作，曾给茅盾在香港主办的《文艺阵地》和郁达夫在新加坡主办的《星洲日报》等报刊写过很多抗战题材的作品。他还是一位很有鉴赏力的批评家，曾出版《新文艺批评谈话》和《文艺批评概说》，对《沉沦》等作品作了大胆而独特的批评。解放后先后任教于福建师院中文系、湘西永顺中学、湘西民族中学等校。1952年被选为湖南省政协委员、省文联委员。"文革"中，因性格直爽、口无遮拦，被打入牛棚，80年代初还住在四处漏风、上无片瓦、和牲畜同眠的真正牛棚里。

六叔锦明一生几乎都在穷困、病痛之中挣扎，《尘影》使他得享大名，又使他痛苦了一辈子，和我的八叔因《花鼓歌》而悠闲自在了一辈子形成鲜明的对照。尽管如此，他的生命力却很顽强，他活到1999年，差点看到了新世纪的曙光。

七、《夜来香》传奇往事

黎锦光（1909—1993），音乐家，中国流行歌坛的开拓者和奠定者。1920年7月入湖南第一师范补习班学习，9月进入湖南高等工专附中。1926年毕业于黄埔军校第三期，旋即参加北伐，任国民革命军总政治部宣传队分队长、宣传组长。在北伐战争中迭逢恶战，沿途被封建残余势力红枪会、大刀会袭击，全连几乎全军覆灭，家里也收到了他的"阵亡通知书"。大革命失败后，死里逃生的他参加二哥黎锦晖创办的明月歌舞社，期间任演员、作曲、指挥，成为"黎派"歌曲最重要的传人。1939年任百代唱片公司音乐编辑，为上海各电影公司作曲。他为当时上海滩最红的歌星如周璇、白光、白虹、李香兰等写了很多名曲。

他的《香格里拉》是美国电影《升起在地平线上》的主题曲，描写了一个"世外桃源"，曾轰动欧美，享誉海外；由李香兰原唱的《夜来香》全球有八十

山口淑子（李香兰）

多个版本，使李香兰拥有"亚洲第一女高音"之称而大红大紫，此曲深受日本作曲家服部良一的激赏，将歌词译成日语后流行日本。他的经典之作还包括：周璇唱红的《采槟榔》、姚莉的成名曲《白兰香》、梁萍的成名曲《少年的我》、电影《西厢记》中的《拷红》、《红楼梦》中的《葬花》以及《五月的风》《叮咛》《慈母心》《疯狂世界》《星心相印》《相见不恨晚》等数百首流行歌曲。

他被认为是中国流行乐坛成熟期最杰出的代表之一，有"歌王"之称。全国解放后在中国唱片厂任音响导演，曾任中央芭蕾舞团交响乐团首任首席指挥。1986年创作的《我们一同去溜冰》曾获上海电视台通俗歌曲一等奖。晚年，日本歌星李香兰曾来上海看望他，并带他去日本接见日本的"夜来香"迷。1993年春节前后，央视播放了以《夜来香》的旋律贯穿全剧的电视连续剧《别了，李香兰》，轰动全国。

八、一时糊涂享安乐

黎锦扬（1917—），著名旅美华裔作家，是继林语堂之后以英文写作而著称于西方的早期华裔作家之一。他出生的时候，大哥黎锦熙的孩子都已经会识字了。六岁那年，在北师大文学院当院长的黎锦熙把他接到京城，和两个比他大的侄女和侄子一起长大。他1941年毕业于西南联大，1943年赴美留学，起先在纽约哥伦比亚大学攻读比较文学，次年转入耶鲁大学戏剧学院就读，1947年毕业。这年他本拟回国，但家里人认为国内仍是战乱不止，没有一个平安的立足之地，待战争停止了再回国为宜。哪知这一决定，竟至他在以后三十多年的岁月里无法回国，只能远隔着重洋眺望祖国和亲人！

那时他刚好找到了一份在《世界日报》写稿的工作。这一年，他的小说《被禁止的金钱》获得由《作家文摘》主办的短篇小说比赛头奖，收益不菲，让他下定了文学创作的决心。

这段生活，在他写于1990年的回忆录《我的命运》里有生动幽默的描述：

> 1947年，我在耶鲁大学毕业，取得硕士学位。离开耶鲁，住进一所公寓的小房子里，这时，奖学金停发了，平日节省下来的钱，用来用去差不多用光了。我很着急，每天到华埠一家小面馆去吃一碗叉烧面，每碗二十五美分。在这里，喝茶和看中文报纸都是免费的。有一天，我翻着旧金山《世界日报》，上面登有英文版征文消息，稿费每篇五元。真是"天无绝人之路"，我立寄去一篇。不久，报社主编回信给我，说准备采用并问我每周能不能写五篇？我计算写五篇的稿费能买一百碗面，生活上可以不发愁了。……旧金山《世界日报》对我的作品很满意，为我在报社安排

了长期工作。……

有一天，我接到一个电话。对方不断向我问这问那。我心怀"鬼胎"，以为是移民局要赶我出境了，就向他直说："我的行李早准备好了。请随时'驱逐'我出境吧！"

对方听了一笑，赶紧声明不是移民局的，是《作家文摘》的主编。他说他们举办的短篇小说比赛揭晓了。我所写的《被禁止的金钱》得了首奖，奖金七百五十元。……他还告诉我 Wllery Qveen 杂志要买这篇小说的翻译版，也出七百五十元。以后还有一家出版公司要编印《最佳创作短篇小说选》，需要这篇文章，又给了五百元。一篇不到两页的短文，居然一次收益两千元，几乎比我在报社一年的收入还多。由此可证，摇笔杆子也是大有可为的。我真是欣喜若狂。一切顺心，很快，我又到移民局顺利地取得了居留权。

我写的长篇小说《花鼓歌》(The Flo Werdovn Song)是描写旧金山埠华人中守旧的父亲在儿子的婚姻上和儿子的矛盾冲突。儿子喜欢一个摩登浪漫的歌女，父亲则要他娶一位从中国来的姑娘。父子俩争执不休，发生了许多戏剧性的冲突。最后，儿子听从父命，姻缘巧合，皆大欢喜。我将原稿寄给纽约文艺经纪人 Missannflwo。差不多等了一年半，她才给我回信。她几乎跑遍了纽约所有的出版商。《花鼓歌》的稿件都遭到回绝。只有一家要求很高的出版商，本来不打算送去，后来还是送去了。这是最后的一家。如果仍然遭回绝，她劝我改行。因为，她知道，搞写作挨饿的，纽约比比皆是。

美国有这么一种情况，出版商接到来稿，往往以每篇五元的酬金交给学生、秘书、退休老人先看，看完写个简要报告。《花鼓歌》也是如此，由这家标准很高的出版社 Tarr Ar Straus 交给了一位住院的重病号。这位八十岁、生命垂危的老人，勉强看完《花鼓歌》原稿后，来不及写报告，只在稿纸上写下 "Read This"（可读）两个字便一命呜呼了。出版商 TARRAR 只得亲自审阅。他看稿后，给经纪人打电话："黎君这本小说写得不很好，但还有点新奇感，决定买下。希望他的第二本小说能赚钱。"就这样，我的第一部长篇小说《花鼓歌》终于出版了。

没想到，《花鼓歌》在美国是由三家出版社出版的。此外还有英国版、意大利版、德国版、西班牙版。中文版在香港、台湾发行。这真是出乎我和出版商意料之外的。

经纪人因为很多人要买《花鼓歌》的电影版权和舞台版权，打电话给我，说她从中挑选了两家，请我做决定。一家电影公司出五万元，一次付清。另一家舞台公司出三千元，付给版税。考虑再三，我选定了后者："只要三千"。这一决定，竟然使我名利双收。

《花鼓歌》音乐剧，是由美国著名作曲家罗杰斯（Rodgers）配乐，美国荣获奥斯卡奖电影《音乐之声》的作曲家哈马斯戴恩（Hammerrtein）作词合写而成的。在百老汇上演，获巨大成功，得到了音乐、服装、摄影三个金像奖。好莱坞 Universal Studio 环球电影公司，又将《花鼓歌》一举拍成电影。终于一举成名。

我补充一些细节:《花鼓歌》创作于1956年，上架不久，就登上了《纽约时报》的畅销书排行榜，被翻译成多种文字，连日本、南非都可以买到。两强争夺他的版权时，八叔有些飘飘然。要5万还是3000？八叔拿不定主意。在当时5万美元可不是小数目，可以买套房子，剩下的可以到欧洲旅游一趟；3000美元虽少，但版权还是自己的，可前景难料。八叔想了三天三夜，也没想出答案，在最后期限的前一个晚上，他想得脑袋痛，就进了夜总会，在酒醉中作出了最后的选择。待清醒后，经纪人告诉他，手续已全部办妥。当得知自己选择的是3000美元时，他傻眼了，喃喃道:"我说过吗？"然而，后来的好运却让他庆幸不已。《花鼓歌》被改编成歌舞剧后，1958年10月在波士顿首演，造成轰动。随后在百老汇连演600场，到伦敦演了454场，直到现在久演不衰，每演一场他都坐享其成。《花鼓歌》获美国第十三届"托尼"最佳导演奖。他的小说还被改编成电影、广播、电视。2005年，美国托尼奖得主黄哲伦再度改编《花鼓歌》，在百老汇和洛杉矶等地巡演，又获当年"百老汇十大经典"荣耀。一本《花鼓歌》，让八叔悠闲地享用了一辈子。

《花鼓歌》女主角荣登《时代》杂志封面

成名后的八叔，日子就丰富多彩起来。他继续写道：

从此，很多人找我写文章。如二十世纪福克斯电影制片公司请我写剧本。我的社交活动也增多了。如日本航空公司和美国总统轮船公司邀请我游历东南亚。《花鼓歌》在伦敦演出时，我被邀请参加开幕式。马格利公主在后台亲切接见了我，同我握手，向我祝贺。我送给马格利公主一本书，作为这次《花鼓歌》演出的纪念品。

为表彰我在创作上的成就，三藩市（旧金山）举办了《花鼓歌》日活动，组织了游行，市长给了我赠予"三藩市钥匙"的荣誉。在当晚举行的盛大宴会上，中华商会赠予一枚金质领带别针。当华埠皇后向我献礼时，因为我打的是领结而不是领带，她不知把针别在哪里好，引起一场大笑。

各种约稿纷至沓来。《纽约人》杂志要我写一篇关于芒市的故事。我写了五篇。另一家书局也找上门来，要我再增加五篇，合起来出版一本名叫《土司与秘书》的书。这本书以后由英国版改名为《天之一角》，台湾、香港都有翻译版本。台湾还拍了电视剧。

《天之一角》的袖珍本非常畅销，也销到了澳大利亚。当年我们在芒市相处很久的爱达小姐，忽然从澳大利亚给我来了信。她说她看完了《天之一角》感动不已，回想起在芒市的那些欢快的日子，不禁神往。她觉得有很多话想说，但远隔重洋，只能望洋兴叹了。

我一共写了十本书：《花鼓歌》、《土司与秘书》（英文版改名为《天之一角》）、《爱人角》、《赛金花夫人》、《处女市》、《金山》、《百年风云》、《堂斗》、《中国传奇》、《上帝的儿子》。

我先后成为美国作协和戏剧家协会成员。获得的主要奖目有：

联邦社小说金牌奖、金山新闻社年度奖、电影超级票房奖、电视剧作家年度奖。

波士顿大学在该校穆歌（Mugar）纪念图书馆成立了黎锦扬个人文库。

我再度补充一些细节：八叔后来还写了一本叫《乱世春秋》的长篇小说。他的舞台剧《中国妈妈》《新疆米客》《一个女人的灵与肉》和《桃李争春》都在美国演出过。《花鼓歌》不但给八叔带来了滚滚钱财，还给他带来了桃花运。成名后，他经常被邀请参加作家们的文学沙龙。一日，有人提议让他给大家朗诵一篇新作，他推辞说自己的英语有家乡口音。这时，一位金发碧眼的漂亮小姐举起手，自告奋勇要替他朗读。之后两人便成了朋友，再后来，这位小姐就成了我的八婶。

有趣的是，我的大伯提出要统一国语，推行白话文；我的父亲说推行国语最好从唱歌入手，开创了中国的新歌舞剧和流行音乐；七叔提高了流行音乐的艺术层次和品位，发扬光大了"黎派音乐"；而八叔则把"黎派歌舞"推向世界，扬名四海。

本书作者和 95 岁的八叔黎锦扬在央视"同一首歌——2009 走进美国舞台"上

八叔一直思念故国，思念亲人。他最后不无深情地写道：

　　我的一生，是不平静的一生，充满波折的一生。命运之神几次戏弄我，使我受到不少的苦难和折磨。由于从小受自学、自立、自强家风的影响，经过挣扎与苦斗，刻苦自励，奋发进取，终于峰回路转，进入了柳暗花明又一村的境界。而今，我已年届耄耋，离开家乡已六十多年，在美国定居也快半个世纪了，但我已是风烛残年，不能回归祖国，只能远在异国他乡怅然唔叹。我是多么思念自己的家乡，多么怀念伟大的祖国和生活在祖国的亲人啊！

　　好在中国自中共十一届三中全会之后，政治日益开放，思想日益自由，国门也逐渐打开，海外的游子终于有机会重踏故国的土地。1979 年 10 月，八叔终于回到了他魂牵梦萦的祖国。

　　黎氏三姐妹虽成长于清末民初，但都是有较高文化修养和新思想的知识女性。大妹锦珈（1896—1968），湖南周南女校最早期的学生；二妹锦皇（1903—1994），天津师范大学肄业，北伐时在国民革命军总政治部工作，后在二哥锦晖创办的中华歌舞专门学校任音乐教员；三妹锦文（1910— ），北京女子文理学院毕业，后在北京任农工民主党中央机关职员。